KB246118

My Voca Perfect

Pig Books

PigBooks.co.kr

My Voca Perfect

초판 1쇄 발행 2010년 10월 4일

펴낸이	신성현, 오상욱
만든이	피그북스컨텐츠기획팀
펴낸곳	도서출판 피그북스
	153-778 서울시 금천구 가산동 327-32 대륭테크노타운 12차 1116호
	Tel. (02)6343-0999　Fax. (02)6343-0995
출판등록	2010년 7월 15일 제 315-2010-000035호
ISBN	978-89-964933-0-3 53740

www.iambooks.co.kr

My Voca Perfect

머리말
(Preface)

　어휘를 많이 아는 것은 영어 학습에 좋은 밑거름이 됩니다. 영어 실력 향상의 기초가 되는 읽기와 듣기, 그리고 문법 역시 어휘 실력을 갖추지 못하면 무용지물이 되고 맙니다. 또한 아무리 좋은 자료가 주어지더라도 그 자료에 사용된 어휘를 모르면, 그 자료는 이해할 수 없는 것이 되고 맙니다. 그럼에도 많은 학생들이 기초적인 어휘를 익히는 데에도 어려움을 겪고 있고, 그 어휘가 어떻게 쓰이는가에 대해서는 더 큰 어려움을 겪고 있는 것이 현실입니다.

　어휘 학습은 어휘의 수를 늘리는 것뿐만 아니라, 그 단어가 실제로 문장 속에서 어떻게 쓰이고 있는지 아는 것이 매우 중요합니다. 흔히 강조되는 '문장 단위의 학습과 암기' 는 바로 이 맥락에서 나온 학습 방법으로, 어휘를 익힐 때는 단순히 뜻을 암기하는 것이 아니라 그 어휘가 사용된 문장을 여러 번 읽어가며 그 어휘에 익숙해져야 합니다. 그러나 일부 어휘 학습서는 어휘의 뜻만 알려주며, 어휘가 사용된 예문을 제시하지 않아 학습자는 시간이 지나면 단어의 뜻과 쓰임을 잊어버리는 기계적 암기에 그치고 맙니다. 설령 예문이 풍부하게 사용된 어휘 학습서라 하더라도 학생들의 실제 생활과 관계가 없는 낯설고 어색한 예문이 사용되는 경우가 많아, 이것 역시 학생들의 어휘 학습에 큰 도움을 주지 못하고 있습니다.

My Voca Perfect는 어휘 학습에서의 이러한 문제점을 개선시키기 위해, 18종의 중학교 교과서에 많이 쓰이는 핵심 단어를 학년별로 1,000여개씩 엄선하여 학생들이 평소에 쉽게 접하는 실생활과 관련된 예문들을 함께 제시했습니다. 어휘와 예문을 함께 익힘으로써 학생들은 자신 주위에서 일어나는 일들을 문장으로 묘사해 볼 수도 있으며, 잊어버리기 쉬운 어휘들을 오래 기억할 수 있을 것입니다.

어휘는 영어 학습의 힘입니다. 어휘를 정확히 익힐 때 읽기, 듣기, 쓰기, 말하기라는 영어의 네 영역으로 여러분들은 힘차게 나아갈 수 있습니다. 아무쪼록 My Voca Perfect를 통해 영어 학습의 기초가 되는 어휘를 마스터함으로써 여러분에게 무궁무진한 세계를 열어줄 영어 공부를 위한 눈을 가지게 되기를 바랍니다.

피그북스컨텐츠기획팀

a. 좋은, 친절한, 훌륭한

Nice to see you a
다시 만나서 좋아요. (다
The English teach
그 영어 선생님은 우리o

● 뜻 중요도 순으로 단어 뜻을
실었습니다.

Be careful! 조심해!
I am 14 years old. ㄴ
A big cat is on my (
커다란 고양이가 내 책상 ㅇ
[was/were-been-being

● 예문 외운 단어를 효과적으로
사용할 수 있도록 예문을
함께 실었습니다.

v. 오다 (opp. go 가다)

She always comes l
그녀는 언제나 7시에 집에
[came-come-coming]

● 반의어 opp. 로 표기했습니다.

n. 국가 (syn. state)

New Zealand is ar
뉴질랜드는 농업 국가이ㄱ
■national[n″ nl] a.

● 유의어 syn. 으로 표기했습니다.

She always comes h.
그녀는 언제나 7시에 집에
[came – come – coming]

rep. ~에, ~에게

● **동사의 변화형** 중요 동사의 과거
형 – 과거분사 – 현재분사를 [   ]안
에 실었습니다.

사람   **a. 이 (pl. these)**
friend, Alex.
친구 알렉스야.
 yellow shirt.
 셔츠를 사고 싶습니다.

● **복수형** 불규칙 복수형의 경우
pl. 로 표기했습니다.

숲의 아름다운 풍경은 경탄
■amaze[əméiz] v. 놀ㄷ
He sometimes amaz
그는 가끔 나를 놀라게 한디

● **파생어** 단어 밑에 실었으며 발음
기호와 예문도 함께 실었
습니다.

■for example 예를 들어
For example, one pl
예를 들어, 1 더하기 1은 2ㄷ

● **숙어/일상표현** 숙어나 일상표현을
함께 실었습니다.

목차 (Contents)

D·A·Y 01

be / am / are / is
[biː/æm/ɑːr/iz]

v. ~이다, ~가 있다

Be careful! 조심해!
I am 14 years old. 나는 열 네 살이다.
A big cat is on my desk.
커다란 고양이가 내 책상 위에 있다.
[was/were – been – being]

who
[huː]

pron. 누구, 어떤 사람

Who is the girl with a big red cap?
저 빨간 야구 모자를 쓴 소녀는 누구니?

name
[neim]

n. 이름, 성명

My name is Tommy.
내 이름은 토미다.

this
[ðis]

pron. 이것, 이 사람   a. 이 (pl. these)

This is my friend, Alex.
이 아이는 내 친구 알렉스야.
I want this yellow shirt.
나는 이 노란색 셔츠를 사고 싶습니다.

nice
[nais]

a. 좋은, 친절한, 훌륭한

Nice to see you again.
다시 만나서 좋아요. (다시 만나서 기뻐요.)
The English teacher is nice to us.
그 영어 선생님은 우리에게 친절하시다.

come
[kʌm]

v. 오다 (opp. go 가다)

She always comes home at 7 o'clock.
그녀는 언제나 7시에 집에 온다.
[came – come – coming]

to
[tu:]

prep. ~에, ~에게

I go to school with my friends.
나는 내 친구와 함께 학교에 간다.
She is very kind to me.
그녀는 나에게 무척 친절하다.

today
[tədéi]

n. 오늘

I will not play soccer today.
나는 오늘 축구를 하지 않을 것이다.

what
[hwɑt]

pron. 무엇, 어떤 것　**a.** 무슨, 어떤

What is your name?
당신의 이름은 무엇입니까?
What color do you like?
당신은 어떤 색깔을 좋아합니까?

how
[hau]

ad. 어떻게, 얼마나　**a.** (상태가) 어떤

How do you go to school?
학교에 어떻게 가나요?
How old are you?
당신은 몇 살입니까?
How are you?
지금 (기분이) 어떻습니까?

old
[ould]

a. 늙은, ~살이 된

My grandmother is old.
우리 할머니는 늙으셨다.
I am 14 years old.
나는 열 네 살입니다.

year
[jiər]

n. 해, ~살(~s)

I will be a middle school student this year.
나는 올해(이번 해) 중학생이 될 것이다.
My brother is 8 years old.
나의 남동생은 여덟 살입니다.

fine
[fain]

a. (기분이) 좋은, (날씨가) 좋은

A : How are you today?
오늘 어때요?
B : I'm fine.
좋습니다.
It is fine today.
오늘 날씨가 좋습니다.

glad
[glæd]

a. 반가운, 기쁜

Glad to meet you.
만나서 반갑습니다.

meet
[mi:t]

v. 만나다

I want to meet you soon.
곧 만나기를 바라요.
[met – met – meeting]

see
[si:]

v. 보다, (~의) 말을 알다

I want to see the soccer game so much.
나는 그 축구 경기가 너무 보고 싶어.
I see you.
네 말 잘 알겠어.
[saw – seen – seeing]

let
[let]

v. 하게 하다, 허락하다

Let me introduce myself.
소개하도록 해 주세요. (제 자신을 소개하겠습니다.)
[let – let – letting]

introduce
[ìntrədjúːs]

v. 소개하다

I want to introduce my family.
내 가족을 소개하고 싶습니다.
[introduce – introduced – introducing]

■ introduction[ìntrədʌ́kʃən]　n. 소개, (글의) 머리말

I'd like to make an introduction of you to my parents.
너를 우리 부모님께 소개하고 싶어.

do
[duː]

v. 하다(동사를 대신하는 조동사로 쓰였을 경우에는 뜻 없음)

A : What are you doing in your room?
방 안에서 뭐하니?
B : I am doing my homework.
숙제를 하고 있어요.
I don't(do not) like apples.
나는 사과를 좋아하지 않는다.
Do you have some money?
돈 좀 갖고 있나요?
[did – done – doing]

where
[hwɛər]

ad. 어디에, 어디로　n. 어떤 곳

Where is your mother?
어머니는 어디에 계십니까?
Where is your homctown?
당신의 고향은 어떤 곳(어디)입니까?

thank
[θæŋk]

v. 감사하다

Thank you for helping me.
도와주셔서 감사합니다.
[thanked – thanked – thanking]

too [tuː]	**ad.** 역시, 또한 I'm a student, too. 나 역시 학생이다.
from [frʌm]	**prep.** ~에서, ~로부터 Where are you from? 어디에서 오셨습니까? (당신은 어느 나라 사람입니까?)
again [əgén]	**ad.** 또, 다시 I'll see you again. 또 보자!
later [léitər]	**ad.** 나중에, 뒤에 See you later. 나중에 보자.
everybody [évribàdi]	**pron.** 모든 사람, 누구나 (syn. everyone) Thank you, everybody! 모두들, 고맙습니다!
everyone [évriwʌ̀n]	**pron.** 모든 사람, 누구나 (syn. everybody) Good bye, everyone. 잘 가요, 모두들.

city
[síti]

n. 시(市), 도시

The English teacher is from New York city.
그 영어 선생님은 뉴욕시 출신이시다.

like
[laik]

v. 좋아하다

I like apples and oranges.
나는 사과와 오렌지를 좋아한다.
[liked – liked – 없음]

morning
[mɔ́ːrniŋ]

n. 아침, 오전

I go to school in the morning.
나는 아침에 학교를 간다.

afternoon
[æ̀ftərnúːn]

n. 오후

I play soccer in the afternoon.
나는 오후에 축구를 한다.

evening
[íːvniŋ]

n. 저녁, 해질녘

I watch TV in the evening.
나는 저녁에 TV를 본다.

night
[nait]

n. 밤, 심야

I study at night.
나는 밤에 공부한다.

much
[mʌtʃ]

ad. 매우, 많이　**a.** 많은

Thank you very much.
정말 고맙습니다.
The man has much money.
그 남자는 많은 돈을 가지고 있다.(돈이 많다.)

hobby
[hábi]

n. 취미

A : What's your hobby?
취미가 무엇입니까?
B : My hobby is playing soccer.
제 취미는 축구하는 것입니다.

job
[dʒɑb]

n. 직업, 일자리

A : What is your job?
직업이 무엇입니까?
B : I am a computer programmer.
저는 컴퓨터 프로그래머입니다.

hometown
[hóumtàun]

n. 고향, 출생지

My hometown is Busan.
제 고향은 부산입니다.

live
[liv]

v. 살다, 거주하다

A : Where do you live?
어디에 사십니까?
B : I live in Seoul.
서울에서 살고 있습니다.
[lived – lived – living]

☐ **in**
[in]

prep. (장소) ~의 안에서, (시간) ~때에

I study in my room.
나는 내 방 안에서 공부한다.
I study math in the morning.
나는 아침에 수학 공부를 한다.

☐ **family**
[fǽməli]

n. 가족, 집안

A : Tell me about your family.
가족에 대해 말해 주세요.
B : I have dad, mom, and a brother.
아빠, 엄마, 그리고 형이 한 명 있어요.

☐ **father**
[fáːðər]

n. 아버지 (opp. mother)

My father is 45 years old.
제 아버지는 45살이십니다.

☐ **mother**
[mʌ́ðər]

n. 어머니 (opp. father)

My mother is a teacher.
제 어머니는 선생님이십니다.

☐ **sister**
[sístər]

n. 여자 형제 : 언니, 누나, 여동생 (opp. brother)

I have two sisters.
나는 2명의 여자 형제가 있다.

☐ **brother**
[brʌ́ðər]

n. 남자 형제 : 오빠, 형, 남동생 (opp. sister)

My brother is an elementary school
student.
내 남동생은 초등학생이다.

18

and
[ænd]

I like soccer **and** baseball.
나는 축구와 야구를 좋아한다.
I had breakfast **and** went to school.
나는 아침을 먹고 학교에 갔다.

tell
[tel]

Tell me about your new school.
새로운 학교에 대해서 말해 봐.
[told – told – telling]

parent
[pέərənt]

I am living with my **parents**.
나는 부모님과 살고 있습니다.

have
[hæv]

I **have** many friends.
나는 많은 친구들을 가지고 있다.
(※ '가지고 있다' 는 뜻일 때는 현재분사가 없음)
[had – had – having]

about
[əbáut]

It takes **about** one hour to get to the park.
공원까지 가는 데는 약 1시간 정도 걸린다.
She is talking **about** her family.
그녀는 그녀의 가족에 대하여 말하고 있다.

school
[sku:l]

I go to **school** at 8 o'clock.
나는 여덟 시에 학교에 간다.

child
[tʃaild]

n. 아이, 자식 (pl. children)

There are many **children** in the playground.
운동장에 많은 아이들이 있다.

good
[gud]

a. 좋은, 훌륭한, 착한 (opp. bad)

Jane is a **good** student.
제인은 좋은 학생이다.

man
[mæn]

n. 남자, 사람 (opp. woman)

The **man** in the classroom is my homeroom teacher.
교실에 있는 남자는 제 담임선생님이세요.

woman
[wúmən]

n. 여자 (opp. man)

Who is the **woman** in the picture?
이 사진 속의 여자는 누구지?

student
[stjúːdnt]

n. 학생

I am a middle school **student**.
나는 중학생이다.

middle
[midl]

n. 한가운데, 중간　**a.** 중학교의 (syn. junior high)

There is a big building in the **middle** of this town.
이 도시의 한가운데에는 큰 건물이 있다.
There are three **middle** schools in the town.
이 도시에는 3개의 중학교가 있다.

only
[óunli]

a. 유일한, 하나 뿐인   **ad.** 다만, 오직

Jack is the only child in his family.
잭은 그의 가족에서 유일한 아이(외동아이)이다.
I have only 500 won in my wallet.
나는 지갑에 500원만 있다.

study
[stʌ́di]

v. 공부하다, 연구하다

I study English everyday.
나는 매일 영어를 공부한다.
[studied – studied – studying]

read
[ri:d]

v. 읽다

Read the sentence loudly.
이 문장을 큰 소리로 읽으세요.
[read – read – reading]

write
[rait]

v. 쓰다

She can write diaries in English.
그녀는 영어로 일기를 쓸 수 있다.
[wrote – written – writing]

listen
[lísn]

v. 듣다

Listen to the CD carefully.
그 CD를 주의 깊게 들어라.
[listened – listened – listening]

hear
[hiər]

v. 듣다

I can't hear you. Please speak louder.
당신 말을 들을 수 없습니다. 조금 더 크게 말해주세요.
[heard – heard – hearing]

speak
[spiːk]

v. (어느 나라 말을) 말하다, 이야기하다

Can you **speak** English?
영어로 말할 수 있습니까?(영어할 수 있나요?)
[spoke – spoken – speaking]

talk
[tɔːk]

v. 이야기하다, 말하다

Don't **talk** with your friends now.
지금은 친구와 이야기하지 마라.
[talked – talked – talking]

open
[óupən]

v. 열다 **a.** 열린

Open your books to page 10.
책을 열고 10쪽을 펴세요.
The door is **open** to everybody.
그 문은 모두에게 열려 있다.
[opened – opened – opening]

close
[klouz]

v. 닫다, (눈을) 감다 (syn. shut)

Close the window, please.
창문을 닫아라.
[closed – closed – closing]

think
[θiŋk]

v. 생각하다

He is always **thinking** about the computer games.
그는 언제나 컴퓨터 게임만 생각한다.
[thought – thought – thinking]

very
[véri]

ad. 매우, 대단히

The bus driver is **very** kind.
그 버스 운전사는 매우 친절하다.

play
[plei]

v. 놀다, (운동, 경기를) 하다, (악기를) 연주하다

My brother is playing in the garden.
내 동생은 정원에서 놀고 있다.
The boys are playing soccer now.
남자 아이들은 지금 축구를 하고 있다.
I can play the piano well.
나는 피아노를 잘 칠 수 있다.
[played – played – playing]

sleep
[sli:p]

v. 자다

My mother is sleeping now.
어머니는 지금 자고 계십니다.
[slept – slept – sleeping]
■ sleepy[slí:pi] a. 졸린
I feel sleepy because I went to bed very late yesterday.
어제 늦게 잠자리에 들어서 지금 졸려.

eat
[i:t]

v. 먹다

I can't eat breakfast. I am late for school.
아침 식사를 할 수는 없어요. 학교에 늦었거든.
[ate – eaten – eating]

early
[ə́:rli]

ad. 일찍이 (opp. late)   a. 이른, 빠른 (opp. late)

I get up early in the morning.
나는 아침에 일찍 일어난다.
I eat early breakfast.
나는 이른 아침밥을 먹는다.

late
[leit]

ad. 늦게 (opp. early)　**a.** 늦은, 더딘 (opp. early)

I always go to bed late.
나는 언제나 늦게 잔다.
The boy was late for school again.
그 아이는 학교에 또 늦었다.

home
[houm]

n. 집, 주택 (syn. house)　**adv.** 집으로

I'll stay at home in the evening.
나는 저녁에 집에 머물러 있을 것이다.
I'd like to go home now.
나는 지금 집으로 가고 싶습니다.

window
[wíndou]

n. 창, 창문

It is too hot now. Open the window, please.
지금 너무 덥다. 창문을 좀 열어줘.

door
[dɔːr]

n. 문

He opened the door to me.
그는 나에게 문을 열어 주었다.

know
[nou]

v. 알다, 이해하다

I know the girl well.
나는 저 여자 아이를 잘 알아.
[knew – known – knowing]

■knowledge[nálidʒ]　n. 지식, 이해

He has a lot of knowledge about Korea.
그는 한국에 대한 지식이 많아.

say
[sei]

v. 말하다, 이야기하다

Please say yes if you want to go to movies
with us.
우리랑 영화 보러 가고 싶으면 꼭 그렇다고 말해 주세요.
[said – said – saying]

☐ **friend**
[frend]

n. 친구, 벗

I go to school with my friends.
나는 친구들과 함께 학교에 간다.

☐ **but**
[bʌt]

conj. 그러나, 하지만

She is not a teacher, but a doctor.
그녀는 교사가 아니라 의사입니다.

☐ **bad**
[bæd]

a. 나쁜, 틀린, 건강하지 않은(opp. good)

Your behavior is too bad. Don't do so.
네 행동은 너무 나쁘다. 그렇게 하지 마라.
My mother is bad today.
오늘 어머니께서 몸이 아프셔.

☐ **new**
[njuː]

a. 새로운, 새것의 (opp. old)

Did you see the new student?
너 그 새로 온 학생을 만났니?

☐ **water**
[wɔ́ːtər]

n. 물

Give me some water, please. I'm thirsty.
물 좀 줘. 목이 말라.

☐ **boy**
[bɔi]

n. 남자 아이, 소년 (opp. girl)

There are twenty boys in my class.
우리 반에는 20명의 남자 아이들이 있다.

☐ **girl**
[gəːrl]

n. 여자 아이, 소녀 (opp. boy)

The girl with a blue ribbon is my sister.
저 파란 리본을 단 여자 아이가 내 여동생이야.

Mr.
[místər]

n. (남자) ~씨, ~님, ~군

Mr. Longfellow 롱펠로우 씨

■Mrs.[mísiz] (결혼한 여자) ~씨, ~부인

Mrs. Baker 베이커 부인

■Miss[mis] (결혼 안 한 여자) ~씨, ~양

Miss Shin 신 양

teacher
[tíːtʃər]

n. 선생님, 교사

My mother is a music teacher.
우리 어머니는 음악 선생님이시다.

doctor
[dáktər]

n. 의사

The doctor is very kind to me.
그 의사는 내게 매우 친절하다.

scientist
[sáiəntist]

n. 과학자

Mr. Ahn is a very famous scientist in Korea.
안 박사는 한국에서 매우 유명한 과학자이다.

singer
[síŋər]

n. 가수

I want to be a singer when I grow up.
나는 커서 가수가 되고 싶다.

programmer
[próugræmər]
= computer programmer

n. 프로그래머

My uncle is a programmer.
우리 삼촌은 프로그래머이다.

engineer
[èndʒiníər]

n. 기술자, 공학자

My father is an engineer.
우리 아버지는 기술자이시다.

homemaker
[hóummèikər]

n. 가정주부

This is my mother. She is a homemaker.
이분이 우리 어머니예요. 가정주부십니다.

nurse
[nə:rs]

n. 간호사

I want to be a nurse like Nightingale.
나는 나이팅게일처럼 간호사가 되고 싶다.

cook
[kuk]

n. 요리사　**v.** 요리하다

I want to be a cook when I grow up.
나는 커서 요리사가 되고 싶다.
He cooks well.
그는 요리를 잘한다.

player
[pléiər]

n. 운동선수

My brother is a soccer player.
우리 형은 축구 선수야.

get
[get]

v. 도착하다, 이르다, 얻다

How can I get to the library?
어떻게 해야 도서관에 도착할 수 있나요? (도서관에 어떻게 갑니까?)
Where did you get those shoes?
그 신발을 어디서 얻었나요?
[got – got(gotten) – getting]

■ get up　일어나다
What time do you get up in the morning?
아침에 몇 시에 일어나니?

■ get on　타다
You should get on number 8 bus to go to school.
학교에 가기 위해서는 8번 버스를 타야한다.

happy
[hǽpi]

a. 행복한, 즐거운, 유쾌한 (opp. sad)

I feel happy when I play soccer.
나는 축구를 할 때 즐겁다.
■ happily[hǽpili]　ad. 행복하게, 즐겁게
She ate dinner with him happily.
그녀는 그와 즐겁게 저녁을 먹었다.

house
[haus]

n. 집, 가옥

Jane's family has a large house.
제인의 가족은 큰 집을 가지고 있다.

tall
[tɔːl]

a. (키가) 큰, 높은 (opp. short)

My father is very tall.
아버지는 키가 크시다.

short
[ʃɔːrt]

a. (키가) 작은 (opp. tall)　**a.** (길이, 거리가) 짧은 (opp. long)

The student is very short, but strong.
그 학생은 키는 작지만 힘은 세다.
She has short brown hair.
그녀는 짧은 갈색 머리를 가지고 있다.

walk
[wɔːk]

v. 걷다, 산책하다

My brother and I walk to school in the morning.
나와 형은 아침마다 학교에 걸어간다.
[walked – walked – walking]

run
[rʌn]

v. 뛰다, 달리다

I have to run to school. I'm late.
학교까지 뛰어가야 해. 늦었거든
[ran – run – running]

classmate
[klǽsmèit]

n. 반 친구, 동급생

Let me introduce my classmate, Dongjun.
반 친구인 동준이를 소개할게요.

for
[fɔːr]

prep. ~을 위하여, ~에 적당한, ~동안

She cooked beefsteak for me.
그녀는 나를 위해 쇠고기 스테이크를 요리했다.
I haven't seen my mother for a long time.
저는 오랫동안 어머니를 만나지 못했습니다.

young
[jʌŋ]

a. 젊은 (opp. old)

My math teacher is very young.
우리 수학 선생님은 무척 젊으시다.

ugly
[ʌ́gli]

a. 못생긴, 추한 (opp. pretty)

My dog, Danbi is fat and ugly.
나의 개, 단비는 뚱뚱하고 못생겼다.

pretty
[príti]

a. 예쁜, 사랑스러운 (opp. ugly)   **ad.** 꽤, 상당히

My cousin, Heesu is very little and pretty.
내 사촌, 희수는 어리고 예쁘다.
The story book is pretty interesting.
그 소설책은 꽤 재미있다.

□ **handsome**
[hǽnsəm]

a. 잘생긴, 멋진 (syn. good-looking)

Minsu is tall and handsome.
민수는 키가 크고 잘 생겼다.

□ **aunt**
[ænt]

n. 고모, 이모, 아주머니 (opp. uncle)

My aunt is living in Daegu.
우리 고모는 대구에 살고 계신다.

□ **uncle**
[ʌ́ŋkl]

n. 삼촌, 고모부, 이모부, 아저씨 (opp. aunt)

My father has two brothers. They are my uncles.
아버지에겐 두 명의 형제가 있다. 그 분들은 내 삼촌들이다.

□ **hair**
[hɛər]

n. 머리카락, 털

Most Koreans have dark brown hair.
대부분의 한국인들은 짙은 갈색 머리를 가지고 있다.

□ **police**
[pəlíːs]

n. 경찰

The police help us in many ways.
경찰은 여러 면에서 우리를 도와준다.

□ **can**
[kæn]

aux. 할 수 있다(가능), ~해도 좋다(허가)

The students of this school can speak English well.
이 학교 학생들은 영어를 말할 수 있다.

A : Can I use your pen?
펜 좀 사용해도 될까요?
B : Yes, of course.
예, 물론입니다.
[could-없음-없음]

favorite
[féivərit]

a. 가장 좋아하는, 마음에 드는
n. 마음에 드는 사람, 마음에 드는 것

What is your favorite food?
가장 좋아하는 음식이 무엇입니까?
This movie is my favorite.
그 영화는 내가 가장 좋아하는 거야.

great
[greit]

a. 멋진, 굉장한, 큰

A : How about going to the movie?
영화 보러 갈까?
B : That sounds great!
그거 멋진걸!

cute
[kju:t]

a. 귀여운

The puppy is very cute to me.
이 강아지는 내게 무척 귀엽다.

watch
[watʃ]

v. 지켜보다, 구경하다   **n.** 손목시계

My mother always watches TV after dinner.
우리 어머니는 저녁 식사 후에 언제나 TV를 보신다.
I lost my new watch at school.
나는 어제 학교에서 새 손목시계를 잃어 버렸다.
[watched – watched – watching]

wash
[waʃ]

v. 씻다, 세탁하다

I wash my hands before lunch.
나는 점심 전에 손을 씻는다.
[washed – washed – washing]

beautiful
[bjú:təfəl]

a. 아름다운

The weather is beautiful in fall in Korea.
한국에서는 가을에 날씨가 아름답다.
■beauty[bjú:ti]   **n.** 아름다움, 미인

flower
[fláuər]

n. 꽃

There are many beautiful flowers in her house.
그녀의 집에는 예쁜 꽃들이 많이 있다.

pet
[pet]

n. 애완동물

Don't bring your pet to school again.
학교에 다시는 애완동물을 데려오지 말아라.

officer
[ɔ́:fisər]

n. 공무원, 관리, 장교

My father is a police officer. He works at the police station.
우리 아버지는 경찰관이십니다. 그는 경찰서에서 일합니다.

want
[wɑnt]

v. 원하다, 하고 싶다

I want to study abroad someday.
언젠가는 외국에서 공부하고 싶다.
[wanted – wanted – wanting]

small
[smɔ:l]

a. 작은 (opp. big) (syn. little)

My cat is small and cute.
내 고양이는 작고 귀엽다.

big
[big]

a. 큰 (opp. small, little) (syn. large)

There is a big tree on the playground.
운동장에는 커다란 나무가 있다.

long
[lɔːŋ]

a. (물건, 거리, 시간이) 긴, 길쭉한 (opp. short)

She has long and black hair.
그녀는 검고 긴 머리카락을 가지고 있다.

fat
[fæt]

a. 뚱뚱한 (opp. thin)

The little boy is too fat. He eats too much.
그 어린 소년은 너무 뚱뚱하다. 그는 너무 많이 먹는다.

thin
[θin]

a. 마른 (opp. fat), 얇은 (opp. thick)

My science teacher is tall and thin.
우리 과학 선생님은 키가 크고 마르셨어.
I have thin bread and ham for breakfast.
나는 아침으로 얇은 빵과 햄을 먹는다.

little
[litl]

a. 어린, (크기가) 작은 (opp. big, large), (양이) 적은

I have a little sister and an older brother.
나는 여동생과 오빠가 있다.
My uncle has a little farm.
삼촌은 작은 농장을 갖고 있다.

wear
[wɛər]

v. 입다, 몸에 걸치다

I always wear blue jeans.
나는 항상 청바지를 입는다.
I wear sunglasses when I drive a car.
나는 자동차를 운전할 때 선글라스를 쓴다.
[wore - worn - wearing]

glasses
[glǽsiːz]

n. 안경

Look at the boy wearing glasses.
안경을 낀 저 소년을 봐라.

uniform
[júːnəfɔ̀ːrm]

n. 제복, 유니폼

We must wear a school uniform at school.
우리는 학교에서 교복을 입어야만 한다.

take
[teik]

v. 가지고 가다, 시간이 걸리다

We must take all the books to my house.
우리는 나의 집으로 모든 책을 가지고 가야만 한다.
It takes 20 minutes to go to school.
학교까지 가는 데 20분 걸린다.
[took – taken – taking]

with
[wið]

prep. ~과 함께, ~과, ~을 가지고

I live with my parents.
나는 부모님과 함께 산다.
Hit the ball with the bat.
이 방망이를 가지고 공을 쳐라.

drink
[driŋk]

v. 마시다　**n.** 음료, 마실 것 (syn. beverage)

I drink juice when I am thirsty.
나는 목이 마르면 쥬스를 마신다.
I take some bread and drink for lunch.
나는 점심으로 빵과 음료수를 가지고 간다.
[drank – drunk – drinking]

help
[help]

v. 돕다

I help my mother with her housework.
나는 어머니의 집안일을 돕는다.
[helped – helped – helping]

sing
[siŋ]

v. 노래하다

My brother and I will sing a song for my mother tomorrow.
형과 나는 내일 어머니를 위해 노래할 것이다.
The music teacher sings very well.
음악 선생님은 노래를 아주 잘 부르신다.
[sang – sung – singing]

D·A·Y 05

wrong
[rɔːŋ]

a. 틀린, 부적당한 (opp. right)

The answer to the question is wrong.
그 질문에 대한 답은 틀렸다.

swim
[swim]

v. 수영하다

It is too hot today. I want to swim in the sea.
오늘은 너무 더워. 바다에서 수영하고 싶어.
[swam – swum – swimming]

smart
[smɑːrt]

a. 영리한, 재치 있는 (opp. stupid)

He is a smart student.
그는 영리한 학생이다.

computer
[kəmpjúːtər]

n. 컴퓨터, 계산기

Many students use computers to do their homework.
많은 학생들은 숙제를 하려고 컴퓨터를 사용한다.

why
[hwai]

ad. 왜, 어째서

A : Why are you worried?
왜 그렇게 걱정하고 있어?
B : I have a math test tomorrow.
내일 수학 시험이 있어.

☐ **sad**
[sæd]

She looks sad because her mother is sick.
어머니가 아프시기 때문에 그녀는 슬퍼 보인다.

☐ **angry**
[ǽŋgri]

The teacher was angry that I was late for school.
선생님은 내가 학교에 늦어 화를 내셨다.
■angrily[ǽŋgrəli] ad. 화가 나서, 화난 듯이
She shouted at me angrily.
그녀는 화가 나서 내게 소리쳤다.

☐ **tired**
[táiərd]

I am tired with a long walk.
나는 오래 걸어서 지쳤다.
I am tired of studying English.
나는 영어 공부를 하는 데 싫증이 났다.

☐ **busy**
[bízi]

He is always busy at work.
그는 직장에서 언제나 바쁘다.

☐ **hungry**
[hʌ́ŋgri]

I want to eat lunch. I am very hungry.
저녁 먹고 싶어. 배고파.

☐ **best**
[best]

Alex is my best friend.
알렉스는 내 최고의 친구다.

sick
[sik]

a. 병든 (opp. healthy), 메스꺼운

She is sick with a cold.
그녀는 감기로 아프다.
I got sick when I went to Japan by ship.
일본에 가기 위해 배를 탔을 때 나는 속이 메스꺼워졌다.

famous
[féiməs]

a. 유명한, 이름난

The student is famous as a teenage model.
그 학생은 10대 모델로 유명하다.

begin
[bigín]

v. 시작하다 (syn. start) (opp. end)

School begins at eight thirty.
학교는 8시 30분에 시작합니다.
[began – begun – beginning]

sorry
[sári]

a. 미안하게 생각하는, 아쉬운

I am sorry for being late.
늦어서 미안합니다.
I am sorry that you cannot join our club.
네가 우리 클럽에 들지 못해서 아쉬워.

kind
[kaind]

a. 친절한, 인정 있는　　**n.** 종류 (syn. sort)

The old doctor is very kind to children.
그 나이든 의사는 아이들에게 무척 친절합니다.
A terrier is a kind of dog.
테리어는 개의 한 종류다.

interesting
[íntərèstiŋ]

a. 재미있는, 흥미로운 (syn. exciting, amusing)

The cartoons in the newspaper are interesting.
신문의 이 만화는 재미있다.

difficult
[dífikʌlt]

a. 어려운, 까다로운 (opp. easy) (syn. hard)

The book is difficult to read.
그 책은 읽기 어렵다.

easy
[íːzi]

a. 쉬운, 편안한 (opp. difficult, hard)

The homework is very easy.
이 숙제는 무척 쉬워요.

many
[méni]

a. 많은, 다수의 (opp. few)

I have many friends. I like them all.
나는 많은 친구들이 있다. 나는 그들 모두를 좋아한다.

important
[impɔ́ːrtənt]

a. 중요한

English is a very important subject.
영어는 매우 중요한 과목이다.

quiet
[kwáiət]

a. 조용한, 평온한

Be quiet in the classroom.
교실 안에서는 조용히 해라.

dnoisy
[nɔ́izi]

a. 시끄러운, 떠들썩한

The children are too noisy.
그 아이들은 너무 시끄럽다.

class
[klæs]

n. 수업, 학급

I like English class best.
나는 영어 수업을 가장 좋아해.
We are in the same class at school.
우리는 학교에서 같은 반이야.

desk
[desk]

n. 책상

There are many desks and chairs in the classroom.
교실 안에 책상과 의자가 많이 있다.

chair
[tʃɛər]

n. 의자

The girl is sitting on the chair quietly.
그 소녀는 의자 위에 조용히 앉아 있다.

classroom
[klǽsrù(:)m]

n. 교실

Let's clean the classroom together.
함께 교실을 청소하자.

book
[buk]

n. 책

I bought some books yesterday.
나는 어제 책 몇 권을 샀다.

high
[hai]

a. 고등의, 높은 (opp. low)

My sister is a high school student.
우리 언니는 고등학생이야.
The mountain is very high.
그 산은 매우 높다.

elementary
[èləméntəri]

a. 초등학교의, 기초의

My brother is an elementary school student.
내 남동생은 초등학생이다.

lesson
[lésn]

n. 수업, (교과서 중의) 과

Today's lesson is about greetings.
오늘 수업은 인사말에 대한 것입니다.

word
[wəːrd]

n. 단어, 말

Do you know many English words?
영어 단어를 많이 알고 있니?

of
[ʌv]

prep. ~의, ~에서의

Look at the end of the stick.
막대기의 끝을 보세요.

room
[ruːm]

n. 방, 실(室)

There are four rooms in this house.
이 집에는 네 개의 방이 있습니다.

arm
[ɑːrm]

n. 팔

I got hurt my arm while playing baseball.
야구를 하다 팔을 다쳤어.

game
[geim]

n. 게임, 경기

Many students are enjoying computer games too much.
많은 학생들이 컴퓨터 게임을 너무 즐긴다.

sport
[spɔːrt]

n. 운동

What is your favorite sport?
가장 좋아하는 운동이 무엇입니까?

■ sports[spɔːrts]　**a.** 스포츠의, 스포츠용의

I will buy sports shoes this weekend.
나는 이번 주말에 운동용 신발(운동화)를 살 것이다.

basketball
[bǽskitbɔ̀ːl]

n. 농구

Many boys are playing basketball in the park.
많은 소년들이 공원에서 농구를 하고 있다.

soccer
[sákər]

n. 축구

Let's play soccer after school.
방과 후에 축구하자.

swimming
[swímiŋ]

n. 수영

My hobby is swimming.
내 취미는 수영이다.

playground
[pléigràund]

n. 운동장

Boys are playing soccer in the playground.
남자 아이들이 운동장에서 축구를 하고 있다.

make
[meik]

v. 만들다

We are making curry in the kitchen.
우리는 부엌에서 카레를 만들고 있어.
[made – made – making]

ask
[æsk]

v. 물어보다, 질문하다

He asked me what the thing on the table was.
그는 탁자 위에 있는 것이 무엇인지 물었다.
[asked – asked – asking]

thing
[θiŋ]

n. 물건, 것

There are many small things in the box.
그 상자 안에는 조그만 물건들이 많이 들어있다.

breakfast
[brékfəst]

n. 아침 식사

I have bread and milk for breakfast.
나는 아침 식사로 빵과 우유를 먹어.

lunch
[lʌntʃ]

n. 점심 식사, 가벼운 식사

Let's have lunch at 1 o'clock.
1시에 점심 먹자.

dinner
[dínər]

n. 저녁 식사, 만찬

My family had late dinner at 9 o'clock yesterday.
우리 식구들은 어제 9시에 늦은 저녁을 먹었다.

kitchen
[kítʃən]

n. 부엌

Can you come to the kitchen and help me?
부엌으로 와서 나 좀 도와 줄래?

refrigerator
[rifrìdʒəréitər]

n. 냉장고 (syn. fridge, freezer)

There is a big refrigerator in my kitchen.
내 주방에는 커다란 냉장고가 있어.

knife
[naif]

n. 나이프, 칼

I cut the beef into pieces with the knife.
나는 쇠고기를 나이프로 작게 잘랐다.

fork
[fɔːrk]

n. 포크

The waiter will bring a new knife and fork to you.
웨이터가 새 나이프와 포크를 가져다 줄 것이다.

there
[ðɛər]

ad. 거기서, 거기에(opp. here) **n.** 거기, 그곳(opp. here)
ad. 유도부사 : be동사와 함께 쓰여 "~이 있다"라는 의미

What are you doing there?
거기서 무얼 하고 있나요?
It takes 30 minutes from here to there.
이곳에서 그곳까지 가는 데 30분이 걸립니다.
There are many books in that library.
저 도서관에는 책이 많다.

□ **here**
[hiər]

ad. 여기에, 여기서 (opp. there)
n. 여기, 이곳 (opp. there)

He will come here tomorrow.
그는 내일 여기에 올 것이다.
There is no school around here.
이 근처에는 학교가 없습니다.

□ **by**
[bai]

prep. ~으로, ~에 의해서, ~의 옆에

I usually go to school by bus.
나는 보통 학교에 버스로 간다.
The post office stands by the bank.
우체국은 은행 바로 옆에 있다.

□ **subway**
[sʌ́bwèi]

n. 지하철 (syn. 영 underground)

The Korean subway is called "Metro" now.
한국의 지하철은 현재 "메트로"라 불린다.

□ **car**
[kɑːr]

n. 자동차 (syn. automobile)

There are many cars on the street.
길 위에 자동차가 많이 있다.

□ **street**
[striːt]

n. (동서로 뻗은) 길, 거리

Cross the street, and you can see the park.
길을 건너면 공원을 볼 수 있을 거예요.

□ **crosswalk**
[krɔ́ːswɔ̀ːk]

n. 횡단보도 (syn. 영 zebra crossing)

Cross the crosswalk when the green light is on.
파란 불이 들어왔을 때 횡단보도를 건너세요.

☐ **excuse**
[ikskjúːz]

v. 용서하다, 변명하다　　**n.** 변명, 해명

Excuse me.
용서해 주세요.(실례하겠습니다.)
[excused – excused – excusing]

■ make an excuse for　～에 대해 변명을 하다
He made an excuse for being late for school.
그는 학교에 늦은 것에 대해 변명을 했다.

☐ **use**
[juːz]

v. 사용하다, 쓰다

I can't use the computer now. My brother
is using it.
나는 지금 컴퓨터를 쓸 수 없어. 형이 그것을 쓰고 있어.
[used – used – using]

☐ **at**
[æt]

prep. ～에 (장소, 시간)

He works as a teller at the bank.
그는 은행원으로서 은행에서 일한다.
I usually get up at six thirty.
나는 보통 6시 30분에 일어난다.

☐ **on**
[ɑn]

prep. ～위에

There are cookies and candies on the table.
탁자 위에 쿠키와 사탕이 있다.

☐ **next**
[nekst]

a. 다음의, 이웃의　　**prep.** ～의 옆에

I'll have a test next week.
나는 다음 주에 시험이 있다.
The boy is standing next to the old man.
그 소년은 그 노인 옆에 서 있다.

☐ **library**
[láibrèri]

n. 도서관, 도서실

I have to go to the library to prepare for
the midterm exam.
나는 중간고사를 준비하기 위해 도서관에 가야 한다.

45

bookstore
[búkstɔ̀:r]

n. 서점

Is there any bookstore around here?
이 근처에 서점이 있습니까?

hospital
[háspitl]

n. 병원

There are two big hospitals in the downtown.
도심에는 2개의 큰 병원이 있다.

market
[má:rkit]

n. 시장, 장

I go to the market with my mother twice a week.
나는 일주일에 두 번 어머니와 함께 시장에 간다.

around
[əráund]

prep. 근처에, 주위에

There is an elementary school around the park.
공원 근처에는 초등학교가 하나 있다.

building
[bíldiŋ]

n. 건물, 건축

There are many tall buildings in the main street.
그 큰 도로에는 높은 건물들이 많다.

also
[ɔ́:lsou]

ad. 또한 (syn. too)

I also saw the missing child.
나 또한 그 실종된 어린아이를 보았다.

garden
[gá:rdn]

n. 정원, 뜰 (syn. yard)

We don't have a large garden.
우리 집 정원은 크지 않다.

avenue
[ǽvənjù:]

n. 거리, 길 (syn. street)

The building is on the fifth avenue of New York.
그 건물은 뉴욕 5번가 거리에 있다.

sidewalk
[sáidwɔ̀:k]

n. 인도, 보도 (syn. 영 pavement)

Some people were waiting for the bus on the sidewalk.
몇몇 사람들이 인도 위에서 버스를 기다리고 있었다.

office
[ɔ́:fis]

n. 사무실, 진료소

Where is Mr. Olsen's office?
올슨 씨의 사무실이 어디에 있나요?

bakery
[béikəri]

n. 제과점

My sister has a part-time job at the bakery.
우리 누나는 제과점에서 아르바이트를 한다.

bank
[bæŋk]

n. 은행

My mother works at the bank as a teller.
우리 어머니는 은행에서 행원으로 근무하신다.

hot
[hɑt]

a. 더운, 뜨거운 (opp. cold)

It is too hot today. Let's go swimming.
오늘은 너무 덥다. 수영하러 가자.

weather
[wéðər]

n. 날씨

A: How's the weather today?
오늘 날씨가 어때?
B: It is fine. 맑아.

■ weather cast 일기 예보

There is no weather cast for the weekend.
이번 주말에는 일기 예보가 없습니다.

sunny
[sʌ́ni]

a. 햇빛이 비치는, 양지 바른

Today is a sunny spring day.
오늘은 햇빛이 비치는 봄날이다.

rain
[rein]

n. 비 **v.** 비가 오다

The boys are playing in the rain.
소년들이 빗 속에서 놀고 있다.
It rains a lot in summer. 여름에는 비가 많이 온다.
[rained – rained – raining]

■ rainy[réini](=raining) a. 비가 오는, 비의

It's rainy outside. Take this umbrella.
밖에 비가 온다. 우산 가지고 가라.

cloudy
[kláudi]

a. 흐린, 구름 낀

It is cloudy today. We can't see the Sun.
오늘은 날이 흐려서 해를 볼 수 없다.

■ cloud[klaud] n. 구름

There are many clouds in the sky.
하늘에 구름이 많다.

together
[təgéðər]

ad. 함께, 같이

My father and I go hiking on the mountain together every Sunday.
아버지와 나는 매주 일요일마다 함께 등산을 간다.

snowy
[snóui]
=snowing

a. 눈이 내리는, 눈의

January is a snowy month.
1월은 눈이 내리는 달이다.
[snowed – snowed – snowing]

■ snow[snou] n. 눈 v. 눈이 내리다
We have much snow in winter.
겨울에는 눈이 많이 내린다.
It snows outside. Let's go out.
밖에 눈이 내린다. 밖으로 나가자.

cold
[kould]

a. 추운, 차가운 (opp. hot)   n. 감기

It is snowy and cold today. Wear the coat.
오늘은 눈이 내리고 날이 춥다. 코트 입어.
He didn't go to school because he had a
bad cold. 그는 심한 감기에 걸려 학교에 갈 수 없었다.

windy
[wíndi]

a. 바람이 부는

It is very windy today because the typhoon
is coming toward.
태풍이 올라오고 있기 때문에 오늘은 바람이 무척 분다.
■ wind[wind] n. 바람
I like the gentle spring wind.
나는 부드러운 봄바람을 좋아한다.

season
[síːzn]

n. 계절

We have four seasons ; spring, summer,
fall, and winter.
우리는 봄, 여름, 가을, 겨울의 네 계절을 갖고 있다.

spring
[spriŋ]

n. 봄

I met my girl friend in this spring.
나는 여자 친구를 올해 봄에 만났다.

□ **summer**
[sʌ́mər]

n. 여름

It rained a lot this summer.
올해 여름에는 비가 많이 내렸다.

□ **winter**
[wíntər]

n. 겨울

It is very windy and cold in winter.
겨울에는 바람이 몹시 불고 춥다.

□ **clear**
[kliər]

a. 맑게 갠, 밝게 빛나는, 환한 (syn. fine)

It is clear and cool today.
오늘은 날이 맑고 서늘하다.

□ **cool**
[ku:l]

a. 서늘한, 시원한, 상쾌한 (opp. warm)

It is windy and cool in fall.
가을에는 바람이 불고 서늘하다.

□ **umbrella**
[ʌmbrélə]

n. 우산

Take this umbrella to school. It will rain in the afternoon.
학교에 우산 가져가라. 오늘 오후에 비가 올 것이다.

□ **coat**
[kout]

n. 코트, 외투

It is very cold outside. Put on your coat.
밖이 몹시 춥습니다. 코트를 입으세요.

□ **jacket**
[dʒǽkit]

n. 재킷, 짧은 웃옷

I feel cold. I need a jacket.
좀 춥다. 재킷이 필요해.

subject
[sʌ́bdʒikt]

n. 과목, 주제

We learn 12 subjects in middle school.
우리는 중학교에서 12과목을 배운다.
What is the subject of this book?
이 책의 주제는 무엇입니까?

mathematics
[mæ̀θəmǽtiks]
= math

n. 수학

She is good at math.
그녀는 수학을 잘한다.

physical education
[fízikəl édʒukèiʃən]
= P.E.

n. 체육

Many boys like physical education class best.
많은 소년들이 체육과목을 가장 좋아한다.

music
[mjúːzik]

n. 음악

Ms. Shin teaches music to us.
신 선생님은 우리에게 음악을 가르치십니다.
■ musician[mjuːzíʃən] n. 음악가
She plays the piano well. She must be a musician.
그녀는 피아노를 잘 친다. 음악가가 틀림없다.

social
[sóuʃəl]

a. 사회의, 사회에 관한

It is important to have social experience.
사회적 경험을 하는 것은 중요하다.
■ social studies (중학교의) 사회과목
My favorite subject is social studies.
내가 가장 좋아하는 과목은 사회이다.

science
[sáiəns]

n. 과학, 기술

We have three science classes a week.
우리는 1주일에 세 시간씩 과학을 배운다.

interested
[íntərestid]

a. 흥미를 가진, 재미있는

I am interested in math and science.
나는 수학과 과학에 흥미가 있다.

art
[ɑːrt]

n. 미술, 예술

I'm busy. I'm doing the art homework now.
나는 바빠. 지금 미술 숙제 중이거든.

■artist[áːrtist]   n. 예술가(화가, 조각가)

My sister wants to be an artist when she grows up.
우리 누나는 커서 예술가가 되고 싶어한다.

grade
[greid]

n. 학년, 등급

I am in the first grade in middle school.
나는 중학교 1학년입니다.

■grader[gréidər]   n. ~학년생, 학생 (초등, 중학교)

My brother is the second grader in middle school.   우리 형은 중학교 2학년생입니다.

hard
[hɑːrd]

a. 어려운, 곤란한 (syn. difficult)   **ad.** 열심히, 힘껏

This problem is very hard. I can't solve it.
이 문제는 너무 어려워서 풀 수가 없어.
I have a test tomorrow. I have to study hard.
내일 시험이 있어. 공부를 열심히 해야만 해.

must
[mʌst]

aux. ~해야 한다 (의무=have to), ~임에 틀림없다(추측)

You must keep the school regulations.
학교 규칙은 반드시 지켜야만 한다.
You must not park here.
이곳에서 주차하시면 안 됩니다.
It must be rainy outside. I heard the sound of rain.
밖에 비가 오는 게 틀림없어. 빗소리를 들었으니까.

answer
[ǽnsər]

v. 답하다, 답을 말하다　**n.** 답, 응답

Answer to my questions after this lesson.
이 과가 끝난 후 제 질문에 답하세요.
I know the answer to the math problem.
나는 그 수학 문제의 답을 알고 있다.
[answered – answered – answering]

question
[kwéstʃən]

n. 질문, 논제

She could not answer to the question. She didn't know it.
그녀는 질문에 답을 할 수 없었다. 그것을 몰랐기 때문이었다.

problem
[prάbləm]

n. 문제, 의문점

I can't solve this math problem. It is difficult.
나 이 수학 문제 못 풀겠어. 어려워.

story
[stɔ́:ri]

n. 이야기, 동화

Here is the story about our school teachers.
여기 학교 선생님들에 대한 이야기가 있다.

sentence
[séntəns]

n. 문장, 글

I couldn't read the sentence well.
나는 그 문장을 잘 읽을 수 없었다.

language
[lǽŋgwidʒ]

n. 언어, 말

She can speak five languages.
그녀는 5개 언어를 말할 수 있다.

finish
[fíniʃ]

v. 끝내다, 마치다 (syn. complete)

When can you finish your homework?
언제 숙제가 끝나니?
[finished – finished – finishing]

sound
[saund]

v. 들리다, 소리가 나다   **n.** 소리

A : Let's play soccer after school.
방과 후에 축구를 하자.
B : That sounds good.
좋게 들려. (그게 좋겠다.)

The piano makes a good sound.
그 피아노는 좋은 소리를 낸다.
[sounded – sounded – sounding]

visit
[vízit]

v. 방문하다, 찾아가다

She is visiting her uncle's house in Busan.
그녀는 부산의 삼촌 댁을 방문 중이다.
[visited – visited – visiting]

daughter
[dɔ́:tər]

n. 딸

The English teacher has two pretty
daughters.
영어 선생님에게는 두 명의 예쁜 딸이 있다.

son
[sʌn]

n. 아들

The old man was walking with his son in
the park.
그 노인은 공원에서 아들과 함께 산책하고 있었다.

clean
[kliːn]

v. 청소하다　**a.** 깨끗한

My mother cleans the house on Sundays.
어머니는 일요일마다 집을 청소하신다.
My room is very clean.
내 방은 매우 깨끗하다.
[cleaned – cleaned – cleaning]

exercise
[éksərsàiz]

v. 운동하다, 체조하다　**n.** 운동, 체조

Do you exercise every morning?
매일 아침마다 운동을 하니?
I need some exercise.
나는 운동이 좀 필요해.
[exercised – exercised – exercising]

when
[hwen]

ad. 언제 (syn. what time)　**conj.** ~할 때

When do you get up?
언제 일어납니까?
He was sleeping when I came home.
내가 집에 왔을 때 그는 자고 있었다.

o'clock
[əklák]

ad. 정각 ~시

The teacher entered the classroom at eight o'clock.
선생님은 정각 8시에 교실에 들어오셨다.

hour
[áuər]

n. 시간, 시

It takes more than an hour to go to the park.
공원까지 가는 것은 한 시간이 넘게 걸린다.

day
[dei]

n. 하루, 날 (opp. night)

She studies English for 3 hours a day.
그녀는 하루에 3시간씩 영어 공부를 한다.

week
[wi:k]

n. 주

We take 4 English classes a week.
우리는 한 주에 4시간씩 영어 수업을 받는다.

month
[mʌnθ]

n. 달, 월

There are four weeks in a month.
한 달에는 4주가 있다.

tomorrow
[təmɔ́:rou]

n. 내일

It will rain tomorrow morning.
내일 아침에는 비가 올 것이다.

yesterday
[jéstərdèi]

n. 어제

He didn't come to school yesterday.
그는 어제 학교에 오지 않았다.

time
[taim]

n. 시간, 때, 세월

What time is it now? I'm hungry.
지금 몇 시야? 나 배고파.

before
[bifɔ́:r]

prep. ~전에

I must finish my homework before dinner.
나는 저녁 먹기 전에 숙제를 끝마쳐야 해.

after
[ǽftər]

prep. ~후에

He takes a shower after playing soccer.
그는 축구를 한 후 샤워를 한다.

■after school 방과 후의

I'll go to the movies after school today.
오늘은 방과 후에 영화를 보러 갈거야.

often
[ɔ(ː)fən]

ad. 자주, 종종

How often do you go to school by bus?
얼마나 자주 학교에 버스로 가니?
I often go to Internet cafe after school.
나는 종종 방과 후에 PC방에 가.

always
[ɔ́ːlweiz]

ad. 언제나, 늘

The boys always run around the playground.
그 소년들은 언제나 운동장 주위를 뛰어다닌다.

sometimes
[sʌ́mtàimz]

ad. 때때로

My homeroom teacher is sometimes angry at me.
담임선생님은 때때로 나에게 화를 내신다.

clock
[klɑk]

n. 벽시계

The clock is broken. It does not work.
벽시계가 고장 났다. 작동하지 않는다.

will
[wil]

aux. ~일 것이다(단순미래), ~하겠다, ~할 것이다(의지미래)

I'll be fifteen next year.
나는 내년에 열다섯 살이 될 것이다.
It will rain in the afternoon.
오후에 비가 올 것이다.
I will take a trip to Japan this summer.
나는 이번 여름에 일본 여행을 할 것이다.
I will not make such a mistake again.
그런 실수를 다시는 하지 않겠다.
[would – 없음 – 없음]

happen
[hǽpən]

v. (사건이) 일어나다, 벌어지다

The traffic accident happened near the park.
그 교통사고는 공원 가까이에서 일어났다.
[happened – happened – happening]
■ happen to 우연히 ~하다
I happened to find the book at the library.
나는 도서관에서 그 책을 우연히 찾아냈다.

well
[wel]

ad. 잘, 훌륭하게 **a.** 건강한 (syn. healthy)

The student can speak English well.
그 학생은 영어를 잘(유창하게) 말할 수 있다.
He became well after he worked out every day.   그는 매일 운동을 해서 건강해졌다.

number
[nʌ́mbər]

n. 번호, 숫자

Let me know your phone number.
네 전화 번호를 알려줘.

fast
[fæst]

ad. 빨리 **a.** 빠른 (opp. slow)

I can run fast.
나는 빨리 달릴 수 있다.
A cheetah is a fast animal.
치타는 빠른 동물이다.

slow
[slou]

a. 느린, 더딘 (opp. fast)

A turtle is a slow animal.
거북이는 느린 동물이다.
■ slowly[slóuli] ad. 느리게, 천천히
Please read slowly. I can't hear well.
천천히 읽어주세요. 잘 들을 수 없습니다.

corner
[kɔ́ːrnər]

n. 모퉁이, 모서리

Your friend is waiting for you at the corner.
네 친구가 모퉁이에서 너를 기다리고 있다.

line
[lain]

n. 선, 줄, (사람들의) 열

Draw a long line with your pencil.
연필로 긴 선을 그으세요.
He is standing in that line.
그는 저쪽 줄에 서 있다.

stone
[stoun]

n. 돌

He threw a stone at the window.
그는 창문을 향해 돌을 던졌다.

become
[bikʌ́m]

v. 되다

The boy became a doctor when he grew up.
그 소년은 자라서 의사가 되었다.
[became-become-becoming]

hope
[houp]

v. 희망하다, 바라다   **n.** 희망, 기대

I hope to be a doctor like my father.
나는 아버지처럼 의사가 되기를 희망한다.
There is no hope about his future.
그의 미래에는 어떤 희망도 없습니다.
[hoped-hoped-hoping]

almost
[ɔ́ːlmoust]

ad. 거의, 대부분 (syn. nearly)

It's almost ten o'clock.
거의 열시 정각입니다.

☐ **all**
[ɔːl]

a. 모두의, 전체의　**pron.** 전부, 모두

All the students should wear school uniforms.
모든 학생들은 교복을 입어야 한다.
All of the students know the teacher.
학생 모두는 그 선생님을 알고 있습니다.

☐ **right**
[rait]

ad. 오른쪽에 (opp. left)　**a.** 오른쪽의

Turn right!
우향우!

☐ **left**
[left]

ad. 왼쪽에 (opp. right)　**a.** 왼쪽의

He is going left at the building.
그는 그 건물에서 왼쪽으로 가고 있다.
Raise your left hand, please.
당신의 왼손을 들어 보세요.

☐ **foot**
[fut]

n. 발, 발걸음

I got hurt my left foot.
왼발을 다쳤어.
■ on foot　걸어서
I usually go to school on foot.
나는 보통 걸어서 학교에 간다.

☐ **wall**
[wɔːl]

n. 벽, 담

There is a big clock on the wall in the classroom.
교실 벽에는 큰 시계가 있습니다.

☐ **bike**
[baik]

n. 자전거 (syn. bicycle)

Many children are riding bikes in the park.
많은 아이들이 공원에서 자전거를 타고 있다.

station
[stéiʃən]

n. ~서(署), ~소(所), 역

There are a fire station and a police station in the town.
읍에는 소방서와 경찰서가 있습니다.
There is no railroad station in the city.
이 도시에는 철도역이 없습니다.

because
[bikɔ́:z]

conj. ~ 때문에, ~이므로

He cannot go to school because he is ill.
그는 아프기 때문에 학교에 갈 수 없다.

worried
[wə́:rid]

a. 걱정하는

A : What's the matter? You look worried.
무슨 일이야? 걱정스러워 보여.
B : I have a math test tomorrow.
나 내일 수학 시험이 있거든.

grow
[grou]

v. 자라다, 작물을 재배하다

Tadpoles grow into frogs.
올챙이는 자라서 개구리가 된다.
My grandparents grow rice and some vegetables in the country.
우리 할아버지 할머니께서는 시골에서 쌀과 채소를 기르신다.
[grew-grown-growing]

■ grow up (아이가) 성인이 되다

What do you want to be when you grow up?
자라서 무엇이 되고 싶습니까?

country
[kʌ́ntri]

n. 시골, 교외, 나라

My family go out into the country on Sundays.
우리 가족은 일요일마다 시골로 나간다.
Which country do you want to go?
어느 나라에 가 보고 싶습니까?

weak
[wi:k]

a. 약한, 힘없는

He became very weak after he had a bad cold.
그는 심한 감기에 걸린 후 아주 약해졌다.

dark
[dɑ:rk]

a. 어두운, 캄캄한

It is very dark in the room. Turn on the light.
방 안이 너무 어둡다. 불을 켜렴.

schedule
[skédʒu(:)l]

n. 일정, 스케줄

I will show you my schedule for next week.
다음 주 일정을 보여 줄게.

buy
[bai]

v. 사다, 사주다 (opp. sell)

Can you buy some bread and eggs for me?
내게 우유와 빵을 좀 사다주겠어?
[bought-bought-buying]

people
[pí:pl]

n. 사람들

There are many people in front of the department store.
백화점 앞에 많은 사람들이 있다.

dentist
[déntist]

n. 치과 의사

I have a toothache. I have to go to the dentist.
이가 아프다. 치과 의사에게 가야겠다.

between
[bitwíːn]

prep. ~의 사이에

I sat between mother and father in the theater.
나는 극장에서 어머니와 아버지 사이에 앉았다.

movie
[múːvi]

n. 영화

Steven Spielberg became very famous because he made lots of good movies.
스티븐 스필버그는 좋은 영화를 많이 만들어서 유명해졌다.

fire
[fáiər]

n. 불, 화재

Put off the fire with water.
물로 불을 꺼라.

department store
[dipáːrtmənt stɔ́ːr]

n. 백화점

I bought this jacket at the department store.
나는 백화점에서 이 재킷을 샀다.

vegetable
[védʒətəbl]

n. 채소

I don't like vegetables, like carrots and onions.
나는 당근이나 양파 같은 채소들을 좋아하지 않는다.

stop
[stɑp]

v. 멈추다, 중지하다　**n.** 정류장

We must stop smoking.
우리는 담배를 끊어야만 한다.
I'm getting off the bus at the next stop.
나는 다음 정류장에서 버스에서 내릴 것이다.
[stopped – stopped – stopping]

opposite
[ápəzit]

prep. ~의 맞은편에

The post office is opposite the fire station.
우체국은 소방서 맞은편에 있습니다.

show
[ʃou]

v. 보여주다, 안내하다

Can you show me the way to the park?
공원까지 가는 길을 알려주시겠어요?
[showed – showed – showing]

across
[əkrɔ́ːs]

prep. ~을 가로질러, 횡단하여

I go to school across the street.
나는 길을 가로질러 학교에 간다.

east
[iːst]

n. 동쪽   **ad.** 동쪽에, 동쪽으로

The sun rises in the east.
태양은 동쪽에서 뜬다.
Korea is east of China.
한국은 중국의 동쪽에 있다.

west
[west]

n. 서쪽   **ad.** 서쪽에, 서쪽으로

The sun sets in the west.
태양은 서쪽으로 진다.
Go west!
서쪽으로 가라.

south
[sauθ]

n. 남쪽   **ad.** 남쪽에, 남쪽으로

This kind of flower can be seen only in the south of the country.
이 종류의 꽃은 이 나라의 남쪽에서만 볼 수 있다.
The birds are flying south.
새들이 남쪽으로 날아가고 있다.

shop
[ʃap]

n. 가게, 상점 (syn. store) **v.** 가게에서 물건을 사다

I have to buy some flowers at the flower shop.
나는 꽃가게에서 꽃을 좀 사야만 해.
Let's go shopping this Sunday.
이번 주 일요일에 쇼핑하러 가자.

restaurant
[réstərənt]

n. 음식점, 식당

He ordered hamburgers and french fries at the restaurant.
그는 음식점에서 햄버거와 감자튀김을 주문했다.

letter
[létər]

n. 편지, 글자

I wrote a letter to my grandmother last week.
나는 지난주에 할머니께 편지를 썼다.
There are 24 letters in the English alphabet.
영어 알파벳에는 24글자가 있다.

need
[niːd]

v. 필요로 하다 (syn. want)

I need some books for the science homework.
나는 과학 숙제를 하기 위한 책이 좀 필요합니다.
[needed – needed – needing]

behind
[biháind]

prep. ~의 뒤에

There is a small park behind the school.
학교 뒤에는 조그만 공원이 있다.

beside
[bisáid]

My best friend sits beside me at school.
나의 가장 친한 친구는 학교에서 내 옆에 앉는다.

straight
[streit]

Go straight to the door and open it.
문을 향해 똑바로 가서 여세요.

block
[blɑk]

Go straight two blocks and turn left.
두 구획을 똑바로 가서 왼쪽으로 꺾으세요.
There are many wooden blocks in the box.
상자 안에 나무 블록들이 많이 있다.

really
[rí:əli]

Do you really want to be a teacher?
정말 선생님이 되고 싶습니까?

over
[óuvər]

The light is over my head.
전등은 내 머리 위에 있다.

tonight
[tənáit]

How about going to the movies tonight?
오늘 밤에 영화나 보러가자.

place
[pleis]

n. 장소, 위치

Is there any place to ride a bike?
자전거를 탈 만한 장소가 있습니까?

near
[niər]

prep. ~가까이에   **a.** 가까운, 근처의

There is a famous bakery near the school.
학교 근처에는 유명한 빵집이 있다.
Where is the nearest bus stop?
가장 가까운 버스 정류장은 어디입니까?

stay
[stei]

v. 머무르다

I will stay at home this Sunday to do my homework.
나는 숙제를 하기 위해 이번 주 일요일에 집에 있을 것이다.
[stayed – stayed – staying]

large
[lɑːrdʒ]

a. 큰, 다수의

I bought a large blue shirt for my father.
나는 아버지를 위해 커다란 푸른 셔츠를 샀다.

body
[bɑ́di]

n. 몸, 신체

We should exercise everyday to make our bodies strong.
우리 몸을 강하게 만들기 위해 매일 운동을 해야 한다.

bathroom
[bǽθrù(ː)m]

n. 욕실, 화장실

My mother can't receive the phone. She is in the bathroom.
어머니는 전화를 받을 수 없습니다. 욕실에 계세요.

shower
[ʃáuər]

n. 샤워, 소나기

I am going to take a shower before dinner.
저녁 먹기 전에 샤워를 하려고 한다.
We will have a shower in the afternoon.
Take an umbrella.
오후에 소나기가 올 것입니다. 우산을 가져가세요.

fruit
[fruːt]

n. 과일

What's your favorite fruit?
가장 좋아하는 과일은 무엇입니까?

bread
[bred]

n. 빵

Americans eat bread and milk for meals.
미국인들은 식사로 빵과 우유를 먹는다.

toast
[toust]

n. 토스트, 구운 빵

I ate some toast, bacon, and milk for breakfast.
나는 아침으로 토스트, 베이컨, 우유를 먹었다.

put
[put]

v. (어떤 장소에) 놓다

Put the key next to the sofa. I'll take it.
열쇠를 소파 옆에 놓으세요. 가져가겠습니다.
[put-put-putting]

■put on 입다
I'll put that yellow coat on.
내가 그 노란색 코트를 입을거야.

call
[kɔːl]

v. 전화를 걸다, 부르다

Can you call me at nine?
아홉 시에 제게 전화를 주시겠어요?
My homeroom teacher is calling students' names.
담임선생님께서 학생들의 이름을 부르고 계신다.
[called-called-calling]

soon
[suːn]

ad. 곧, 빨리

He can finish his homework soon.
그는 곧 숙제를 끝낼 수 있다.

delicious
[dilíʃəs]

a. 맛있는

My mother gave me delicious cookies.
어머니께서는 맛있는 쿠키를 주셨다.

poor
[puər]

a. 가난한 (opp. rich), 서투른, 초라한

The boy was very poor, so he could not buy the shirt.
그 소년은 매우 가난해서, 그 셔츠를 살 수 없었다.
I am poor at English. I can't talk with foreigners.
나는 영어를 잘 하지 못한다. 나는 외국인들과 이야기할 수 없다.

fever
[fíːvər]

n. 열

My father cannot go to work. He has a high fever.
아버지께서는 일을 못 나가십니다. 열이 높으세요.

head
[hed]

n. 머리

He shook his head and said, "No."
그는 머리를 흔들더니, "아니."라고 말했다.

ill
[il]

a. 병든, 건강이 나쁜 (opp. healthy)

My mother was ill in bed all day long.
우리 어머니께서는 병이 들어서 하루 종일 침대에 누워 계셨다.

rice
[rais]

n. 쌀, 쌀밥

Koreans eat rice and kimchi everyday.
한국인들은 매일 쌀밥과 김치를 먹는다.

feel
[fi:l]

v. 느끼다, 느낌을 받다

I feel hungry. Do you have something to eat?
배가 고프다. 뭔가 먹을 것이 없니?
[felt-felt-feeling]

thirsty
[θə́:rsti]

a. 목마른

I feel thirsty. Let's drink something.
목이 마르다. 뭔가 마시자.

money
[mʌ́ni]

n. 돈

I need some money to buy clothes.
나는 옷 살 돈이 필요하다.

heavy
[hévi]

a. 무거운 (opp. light)

This box is very heavy.
이 상자는 매우 무겁다.

bath
[bæθ]

n. 목욕

He wants to go home and take a bath.
그는 집에 가서 목욕하고 싶어 한다.

D·A·Y 11

dessert
[dizə́:rt]

n. 후식, 디저트

A : What would you like for dessert?
후식으로 무엇을 먹고 싶습니까?
B : I'd like some ice cream.
아이스크림을 먹고 싶어요.

some
[sʌm]

a. 약간의, 어떤, 무슨

Do you want some cake? It's delicious.
케이크를 좀 먹을래? 맛있어.
I want to go to some school in Seoul.
나는 서울에 있는 학교에 가고 싶다.

give
[giv]

v. 주다

My parents will give me a new bike this weekend.
부모님께서는 이번 주말에 내게 새 자전거를 주실 것이다.
[gave–given–giving]

telephone
[téləfòun]

n. 전화 (syn. phone)

I can't answer the telephone. I'm in the bathroom.
전화를 받을 수 없어요. 욕실 안에 있어요.

way
[wei]

n. 길, 도로, 방법

Can you show me the way to your school?
학교까지 가는 길을 알려주시겠어요?

smile
[smail]

v. 웃다, 미소 짓다

I wanted to smile at you.

너를 향해 웃고 싶었어.

[smiled – smiled – smiling]

meal
[mi:l]

n. 식사, 식사 시간

We have three meals a day.

우리는 하루에 세 번 식사를 한다.

shoe
[ʃu:]

n. 신발, 구두

The dog chews all the shoes in the house.

그 개는 집에 있는 모든 신발을 씹는다.

fun
[fʌn]

n. 즐거움, 재미

I had a lot of fun today at the park with my friends.

나는 오늘 내 친구들과 공원에서 재미있게 놀았다.

■funny[fʌ́ni]   a. 우스운, 익살맞은

My father laughed at the funny cartoons.

아버지는 그 재미있는 만화를 보고 웃으셨다.

may
[mei]

aux. ~일 지도 모른다(추측), ~해도 좋다(syn. can)

It may rain in the afternoon. Take the umbrella.

오후에 비가 올 지도 모른다. 우산 가져가.

May I use your cell phone?

휴대폰을 쓸 수 있을까요?

May I help you?

(가게에서) 무엇을 도와드릴까요?

[might – 없음 – 없음]

cheap
[tʃi:p]

a. 값 싼, 싸구려의 (opp. expensive)

These sneakers are very cheap. It's only 15,000 won.

이 스니커즈는 매우 값이 싸다. 겨우 15,000원밖에 하지 않아.

expensive
[ikspénsiv]

a. 비싼 (opp. cheap)

Many teenagers want to buy expensive cell phones.
많은 청소년들이 값비싼 휴대폰을 사고 싶어 한다.

color
[kʌlər]

n. 색

What is your favorite color?
가장 좋아하는 색이 무엇입니까?

■ color blind 색맹의

He doesn't have a driver's license because he is color blind.
그는 색맹이라서 운전 면허증이 없다.

size
[saiz]

n. 치수, 크기

What size are you?
어떤 치수를 입습니까?

The size of the bag is too small that I can't put this book in it.
가방의 크기가 너무 작아서 이 책을 넣을 수 없다.

skirt
[skəːrt]

n. 치마

I'm looking for a skirt for my little sister.
나는 여동생에게 줄 치마를 찾고 있어요.

pants
[pænts]

n. 바지 (syn. trousers)

The pants are very cheap. They are only 30 dollars.
이 바지는 매우 싸다. 겨우 30달러 밖에 하지 않아.

shirt
[ʃəːrt]

n. 셔츠

The boy is wearing a blue shirt.
그 남자 아이는 푸른 셔츠를 입고 있다.

□ **thousand**
[θáuzənd]

a. 천(1,000)의　**n.** 천 개, 천 명

A : How much is the book?
이 책은 얼마입니까?
B : It is five thousand won.
그것은 5,000원입니다.
■ thousands of 수천의
There were thousands of students at the concert hall.
그 콘서트 장에는 수천 명의 학생들이 있었다.

□ **hundred**
[hʌ́ndrəd]

a. 백(100)의　**n.** 백 개, 백 명

A : How many students were there at the concert hall?
그 콘서트 장에는 학생들이 몇 명이나 있었니?
B : There were about 5 hundred students.
약 500명 정도의 학생들이 있었어.
■ hundreds of 수백의
You can buy hundreds of candies and cookies at the store.
너는 그 가게에서 수백 개의 사탕과 쿠키를 살 수 있다.

□ **full**
[ful]

a. 배가 부른, 꽉 찬, 가득한 (opp. empty)

A : Do you want some more pizza?
피자 더 드시겠어요?
B : No thanks. I'm full.
괜찮습니다. 배가 불러요.

The box is full of toys.
그 상자는 장난감으로 가득 차 있다.

□ **bag**
[bæg]

n. 가방, 자루, 봉지

She never uses plastic bags for the environment.
그녀는 환경을 위해 결코 비닐 봉투를 쓰지 않는다.

cap
[kæp]

n. 야구 모자, (테 없는) 모자

The actress always wears a cap when she goes out.
그 배우는 외출할 때 언제나 야구 모자를 쓴다.

sock
[sɑk]

n. 양말

I can't find any socks in the closet.
옷장 안에서 양말을 못 찾겠어요.

airport
[ɛ́ərpɔ̀ːrt]

n. 공항

There is a small airport near the city.
그 도시 가까이에는 작은 공항이 하나 있다.

something
[sʌ́mθìŋ]

pron. 무엇, 어떤 것

I'd like something to drink. I'm really thirsty.
무언가 마실 것을 원합니다. 목이 정말 말라요.

anything
[éniθìŋ]

pron. 무엇이든(긍정문), 아무것도(부정문), 무언가(의문, 조건문)

You can buy anything through the Internet shopping.
인터넷 쇼핑으로 무엇이든 살 수 있다.

egg
[eg]

n. 달걀

Beat 2 eggs in the bowl and put flour in it.
그릇에서 달걀 2개를 휘저은 다음 그 안에 밀가루를 넣으세요.

meat
[miːt]

n. 고기

Meat and fish are very expensive now.
고기와 생선이 지금 매우 비싸다.

sweet
[swi:t]

a. 달콤한

I don't like candies. They are too sweet.
나는 사탕을 좋아하지 않는다. 그것은 너무 달다.

idea
[aidí:ə]

n. 생각, 의견

I have no idea what to do in the summer vacation.
나는 방학 동안에 무엇을 해야 할지 생각이 없다.

cousin
[kʌzn]

n. 사촌

My cousin will visit my house next week.
우리 사촌이 다음 주에 우리 집을 방문할 거야.

television
[téləvìʒən]

n. 텔레비전

He always watches television in the evening.
그는 저녁이면 언제나 텔레비전을 본다.

counter
[káuntər]

n. 계산대

The clerk is standing behind the counter.
그 종업원은 계산대 뒤편에 서 있다.

any
[éni]

a. 조금의(의문, 부정, 조건문), 무엇이든지(긍정문)

I don't have any money.
나는 조금의 돈도 갖고 있지 않다.
You can use my computer at any time.
너는 언제라도 내 컴퓨터를 쓸 수 있어.

change
[tʃeindʒ]

v. 바꾸다   **n.** 거스름돈

You should change your broken car.
너는 고장난 차를 바꾸어야 한다.
Here is your change.
여기 거스름돈이 있습니다.

coke
[kouk]

n. 콜라

I'd like a cheese burger and a coke.
치즈버거와 콜라 주세요.

hamburger
[hǽmbə̀ːrgər]

n. 햄버거

Do you want some more hamburgers?
햄버거 더 드시겠어요?

life
[laif]

n. 생활, 삶, 생명 (pl. lives)

How is your new school life?
새로운 학교 생활은 어떻습니까?
Many people lost their lives in the accident.
그 사고에서 많은 사람들이 생명을 잃었다.

sea
[siː]

n. 바다

Swimming in the sea is very dangerous.
바다에서 수영하는 것은 매우 위험하다.

coin
[kɔin]

n. 동전

I have too many coins in my pocket.
I have to change them.
주머니에 동전이 너무 많아. 그것을 좀 바꿔야겠어.

airplane
[έərplèin]
= plane

n. 비행기

An airplane is the fastest vehicle.
비행기는 가장 빠른 탈 것이다.

world
[wəːrld]

n. 세계

I'd like to travel around the world.
나는 세계를 여행하고 싶다.

other
[ʌðər]

a. 다른, 그 밖의   **n.** (둘 중) 다른 하나, 다른 것

Do you have other friends to go to the movies together?
함께 영화 보러갈 다른 친구들이 있니?

■ the other (둘 중의) 다른 하나, 다른 쪽

There are two books on the desk. One is blue. The other is red.
책상 위에 책이 두 권 있다. 한 권은 파랗고, 다른 하나는 빨갛다.

up
[ʌp]

ad. 위쪽으로 (opp. down)

The boys went up to the second floor.
소년들은 2층으로 올라갔다.

down
[daun]

ad. 아래로 (opp. up)

The girls came down from the second floor.
소녀들은 2층에서 아래로 내려왔다.

tea
[tiː]

n. 차, 홍차

A : Would you like a cup of tea?
차 한 잔 드시겠어요?
B : Yes, please.
네, 주세요.

■ green tea 녹차

I like having green tea after dinner.
나는 저녁 식사를 하고 녹차를 마시는 것을 좋아한다.

juice
[dʒuːs]

n. 주스

I drink fresh orange juice every morning.
나는 신선한 오렌지 주스를 매일 아침 마신다.

farm
[fɑːrm]

n. 농장

I'm going to visit my uncle's farm next Saturday.

나는 다음 주 토요일에 삼촌의 농장을 찾아가보려고 해.

■ farmer 농부

My uncle is a farmer. He grows rice and vegetables on his farm.

내 삼촌은 농부이다. 그는 농장에서 쌀과 채소를 기른다.

traffic
[trǽfik]

n. 교통, 통행

Traffic was blocked all day long.

하루 종일 통행이 막혔다.

■ traffic light (교통) 신호등

There is a traffic light in front of the crosswalk.

횡단보도 앞에는 신호등이 있다.

wait
[weit]

v. 기다리다

Let's wait here.

여기서 기다리자.

[waited - waited - waiting]

■ wait for ~을 기다리다

Let's wait for the next bus.

다음 버스를 기다리자.

■ wait on ~을 시중들다

She will wait on you at table.

그녀가 테이블에서 시중을 들어줄 것입니다.

bird
[bəːrd]

n. 새

Many birds are living in the forest.

많은 새들이 그 숲 속에 살고 있다.

husband
[hʌ́zbənd]

n. 남편 (opp. wife)

Her husband is very handsome.

그녀의 남편은 매우 잘생겼다.

wife
[waif]

n. 아내 (opp. husband) (pl. wives)

An old man and his wife were living in the farm.

한 노인과 그의 아내가 그 농장에서 살고 있었다.

first
[fəːrst]

a. 첫 번째의, 1등의   **ad.** 처음으로

We will have the first snow of this year today.

오늘 우리는 올해의 첫눈을 보게 될 것이다.

I first met my best friend when I was 12.

내가 열두 살 때 나는 가장 친한 친구를 처음 만났다.

last
[læst]

a. 마지막의, 지난번의

I cannot read the last sentence of this page.

나는 이 페이지의 마지막 문장을 읽을 수 없다.

■ last night   어젯밤

What did you do last night?

어젯밤에 무엇을 했니?

animal
[ǽnəməl]

n. 동물 (opp. plant)

There are a lot of animals in the zoo.

그 동물원에는 많은 동물들이 있다.

back
[bæk]

ad. 뒤로, 돌려서   **n.** 등, 뒤쪽, 뒷면 (opp. front)

Don't look back yet! I am not ready!

뒤돌아 보지 마. 아직 준비가 안 됐어.

When will he come back?

그는 언제 돌아옵니까?

My teacher patted me on the back.

선생님이 내 등을 두드려 주셨다.

There are many paintings on the back of the classroom.

교실 뒤에는 많은 그림들이 걸려있다.

vacation
[veikéiʃən]

n. 방학, 휴가

What are you going to do during the summer vacation?

이번 여름 방학 동안 무엇을 하려고 하니?

circle
[sə́:rkl]

n. 원, 고리

Make a circle with your thumb and fore finger. It means okay.

엄지손가락과 집게손가락으로 원을 만들어 봐. 그것은 '오케이'를 의미해.

square
[skwɛər]

n. 사각형

Draw a small square on the paper.

종이 위에 작은 사각형을 그리세요.

triangle
[tráiæ̀ŋgl]

n. 심각형

He drew a triangle on the book cover.

그는 책 표지 위에 삼각형을 그렸다.

mountain
[máuntən]

n. 산

My father climbs up the mountain every weekend.

우리 아버지는 주말마다 산에 오르신다.

far
[faːr]

a. 먼 (opp. near)

The bookstore is far from here. Let's take a bus.

서점은 여기서 멀어. 버스를 타자.

or
[ɔ:r]

conj. 또는

I go to school on foot or by bus.
나는 걸어서 혹은 버스를 타고 학교에 간다.

paper
[péipər]

n. 종이

Prepare a piece of paper to take a test.
시험을 치도록 종이를 한 장 준비하세요.

jean
[dʒi:n]

n. 청바지

Jeans are popular among teenagers.
청바지는 청소년들 사이에 인기가 있다.

theater
[θí:ətər]

n. 극장, 영화관

There are three theaters in the town.
그 도시에는 3개의 극장이 있다.

future
[fjú:tʃər]

n. 미래

What do you want to be in the future?
미래에 무엇이 되고 싶니?

dream
[dri:m]

n. 꿈, 희망사항   **v.** 꿈을 꾸다

I have a dream of traveling around the world.
나는 세계를 여행하고픈 꿈을 갖고 있다.
I dreamed of my old friend last night.
나는 어젯밤 오래된 친구의 꿈을 꾸었다.
[dreamed(dreamt) – dreamed(dreamt) – dreaming]

sleepy
[slí:pi]

a. 졸리는

You look very sleepy. What's wrong?
굉장히 졸려 보여. 무슨 일이야?

□ sun
[sʌn]

n. 태양, 해

We can't see the Sun with bare eyes.
우리는 맨 눈으로 태양을 볼 수 없다.

□ headache
[hédèik]

n. 두통

I have a bad headache. I want to rest.
두통이 심해. 좀 쉬고 싶어.
■ toothache 치통　■ stomachache 복통
I have a toothache and a stomachache,
so I cannot eat anything.
나는 치통과 복통이 생겨서 아무것도 먹을 수 없다.

□ cough
[kɔːf]

n. 기침　**v.** 기침하다

The baby had a cough without stopping.
그 아기는 쉴 새 없이 기침을 했다.
Suddenly, she coughed.
그녀는 갑자기 기침을 했다.
[coughed – coughed – coughing]

□ runny
[rʌ́ni]

a. 콧물이 나는

My nose was runny all night long.
어제 밤새도록 콧물이 났다.
■ a runny nose 콧물이 나는 코
I have a cough and a runny nose.
나는 기침이 나고 콧물이 흐릅니다.

□ sore
[sɔːr]

a. 염증이 난, 아픈

I have a sore throat and I can't talk much.
나는 목에 염증이 나서 말을 많이 할 수 없습니다.

☐ **worry**
[wə́:ri]

v. 걱정하다, 고민하다

Don't **worry** about the test. You did your best.
시험에 관해서는 걱정하지 마. 너는 최선을 다했어.
[worried－worried－worrying]

☐ **ride**
[raid]

v. (탈 것을) 타다   **n.** (탈 것에) 탐, 태움

Many teenagers are **riding** bikes at the square.
많은 십대들이 광장에서 자전거를 타고 있다.
Can you give me a **ride** to school?
학교까지 태워주실 수 있으세요?
[rode－ridden－riding]

☐ **lot**
[lɑt]

n. 많음, 다량

I like seeing movies a **lot**.
나는 영화 보는 것을 많이 좋아합니다.
■ a lot of   많은
I have **a lot of** friends at school.
나는 학교에 많은 친구들을 갖고 있다.

☐ **black**
[blæk]

n. 검은색   **a.** 검은색의

She painted the desk **black**.
그녀는 책상을 검은색으로 칠했다.

☐ **white**
[*h*wait]

n. 흰색   **a.** 흰색의

White is my favorite color.
내가 가장 좋아하는 색은 흰색이다.

☐ **blue**
[blu:]

n. 파랑색   **a.** 파랑색의

Korea is famous for its clear **blue** sky.
한국은 푸르고 맑은 하늘로 유명하다.

red
[red]

n. 빨간색　**a.** 빨간색의

She wanted to put on the red shoes.
그녀는 그 빨간 구두가 신고 싶었다.

yellow
[jélou]

n. 노란색　**a.** 노란색의

A sunflower is a round yellow flower.
해바라기는 둥글고 노란 꽃이다.

green
[griːn]

n. 녹색　**a.** 녹색의

All the trees turn green in spring.
모든 나무들은 봄에 녹색으로 변한다.

table
[téibl]

n. 탁자, 식탁

She put some apples and oranges on the table.
그녀는 식탁 위에 사과와 오렌지를 놓았다.

never
[névər]

ad. 절대 ~않다(syn. not at all)　**ad.** 한번도 ~한 적 없다

I will never argue with my friends.
나는 절대 친구와 말다툼 하지 않을 것이다.
I have never been to America.
나는 한 번도 미국에 다녀온 적이 없다.

invite
[inváit]

v. 초대하다

I'll invite only 5 people to my birthday party.
나는 내 생일 파티에 5명만 초대 할 거야.
■ invitation [ìnvətéiʃən]　n. 초대
I can't accept your invitation to the party.
네 파티 초대를 받아들일 수 없어.

☐ **few**
[fju:]

a. 거의 없는

There are few animals in the Sahara Desert.
사하라 사막에는 동물이 거의 없다.

■a few 약간의

There are a few people in the park.
공원 안에는 사람들이 약간 있다.

☐ **then**
[ðen]

ad. 그 다음에, 그리고 나서

Do your homework and then eat dinner.
숙제를 다 한 다음 저녁을 먹어라.

■now and then 때때로, 가끔

I miss Michael. I think of him now and then.
마이클이 보고 싶어. 때때로 그를 생각해.

☐ **milk**
[milk]

n. 우유, 젖

Can you buy me some milk and butter on your way home?
집에 오는 길에 우유와 버터를 사다 주시겠어요?

☐ **butter**
[bʌtər]

n. 버터

She spread some butter on bread to eat.
그녀는 먹으려고 빵에 버터를 발랐다.

☐ **cheese**
[tʃi:z]

n. 치즈

The foreign teacher eats bread, cheese, and juice for lunch.
그 외국인 선생님은 점심으로 빵, 치즈, 그리고 주스를 드신다.

☐ **flour**
[flauər]

n. 밀가루, 고운 가루

She mixed flour and milk in the bowl.
그녀는 밀가루와 우유를 그릇 안에서 섞었다.

steak
[steik]

n. 스테이크

A : How would you like your steak?
스테이크를 어느 정도 익혀 드릴까요?
B : Well-done, please.
잘 익힌 것으로 부탁합니다.

cookie
[kúki]

n. 쿠키

Would you like some cookies and milk?
쿠키와 우유를 좀 먹겠어요?

should
[ʃud]

aux. 의무, 충고 : ~해야 한다(shall과거형)

The doctor said, "You should be in bed for a while."
의사는 내게 "당분간 자리에 누워 있어야 합니다." 라고 말했다.

light
[lait]

n. 빛, 불빛   **a.** 밝은, 가벼운 (opp. heavy)

You can cross the crosswalk when the green light is on.
녹색불이 켜졌을 때 횡단보도를 건널 수 있다.
The box looks light, but it is very heavy.
그 상자는 가벼워 보이지만 매우 무겁다.

smell
[smel]

n. 향기, 냄새   **v.** 냄새 맡다, 냄새나다

I like the wonderful smell of lavender.
나는 라벤더의 멋진 향기를 좋아한다.
I could smell something bad in the classroom.
나는 교실 안에서 무언가 나쁜 냄새를 맡을 수 있었다.
[smelled(smelt) – smelled(smelt) – smelling]

test
[test]

n. 시험   **v.** 시험하다, 검사하다

I'm worried because I have a math test tomorrow.   내일 수학시험이 있어서 걱정 된다.
The doctor tested his hearing.
그 의사는 그의 청력을 검사했다.

beef
[biːf]

n. 쇠고기

I like beef.
나는 쇠고기를 좋아한다.
- pork   돼지고기

I had pork for lunch.
나는 점심으로 돼지고기를 먹었다.

ticket
[tíkit]

n. 표, 승차권, 입장권

I have two tickets of Sweet Box's concert.
나는 Sweet Box의 콘서트 표가 2장 있어.

holiday
[hálədèi]

n. 공휴일, 휴일, 휴가

Thanksgiving Day is a big holiday in America.
추수감사절은 미국에서는 큰 공휴일이다.

honest
[ánist]

a. 정직한, 솔직한

Be honest to your parents.
부모님께 정직하게 행동하세요.
- honesty [ánisti]   n. 정직, 솔직

Honesty is the best policy.
(속담) 정직은 최고의 정책이다.

soup
[suːp]

n. 수프, 국물

I eat a bowl of soup and some bread as breakfast.
나는 아침으로 수프 한 그릇과 빵을 좀 먹는다.

oil
[ɔil]

n. 기름, 석유

Fry the onions and potatoes with oil in the pan.
프라이팬에 양파와 감자를 기름으로 볶으세요.
Nowadays the oil price is very high.
요즘은 석유 가격이 매우 높다.

D·A·Y 14

club
[klʌb]

n. 동호회, 곤봉

How about joining a movie club?
영화 동호회에 드는 게 어떨까?
He hit the sand bag with a club.
그는 샌드백을 몽둥이로 쳤다.

basket
[bǽskit]

n. 바구니, 광주리

Bring a shopping basket when you go to the supermarket.
슈퍼마켓에 갈 때는 장바구니를 챙겨 가라.

cut
[kʌt]

v. 자르다, 잘라내다   **n.** 베인 상처

She cut the potato into pieces.
그녀는 감자를 삭게 잘랐다.
The boy showed the cut on his finger to the teacher.
그 남자아이는 손가락의 베인 상처를 선생님에게 보여주었다.
[cut – cut – cutting]

just
[dʒʌst]

ad. 단지, 다만(syn. only), 정확히

I just want to go home and take a rest.
나는 단지 집에 가서 쉬고 싶어.
It is just eleven ten.   정확히 11시 10분입니다.

another
[ənʌ́ðər]

a. 다른, 별개의   **n.** 다른 것, 별개의 것

This book is not interesting. Show me another book.
이 책은 재미없어요. 다른 책을 보여주세요.

loud
[laud]

a. (소리가) 큰, 시끄러운, 요란한 (opp. quiet)

His voice was too loud. We could hear it in the next classroom.

그의 목소리는 너무 컸다. 우리는 그것을 옆 교실에서 들을 수 있었다.

■ loudly [láudli] ad. 큰 소리로, 요란하게

Would you speak loudly? I cannot hear you.

크게 말씀해 주시겠어요? 안 들려요.

concert
[kánsə:rt]

n. 음악회, 콘서트

I have two tickets of a piano concert. How about going together?

피아노 음악회 표가 2장 있어. 함께 가지 않을래?

exact
[igzǽkt]

a. 정확한, 틀림없는

Do you know the exact number of the students of the school?

이 학교의 정확한 학생 수를 알고 있니?

■ exactly [igzǽktli] ad. 정확히, 엄밀히

She wrote the answer exactly.

그녀는 답을 정확하게 썼다.

date
[deit]

n. 날짜, (연)월일

What date is it today?

오늘은 날짜가 어떻게 됩니까?

Write down the date of birth.

생년월일을 쓰세요.

elephant
[éləfənt]

n. 코끼리

I've never seen an elephant before.

나는 코끼리를 본 적이 없다.

under
[ʌndər]

prep. ~의 밑에 (opp. over)

There is a big cat under the table.

탁자 밑에 큰 고양이가 한 마리 있다.

understand
[ʌ́ndərstǽnd]

v. 이해하다

The foreign worker cannot understand Korean.
그 외국인 노동자는 한국어를 이해하지 못한다.
[understood – understood – understanding]

against
[əgénst]

prep. ~에 반대하여, ~에 기대어

Many students are against regulating the hair style.
많은 학생들이 두발 규제에 반대한다.
He is leaning against the door.
그는 문에 기대어 서 있다.

village
[vílidʒ]

n. 마을

My uncle lives in a farm village.
우리 삼촌은 시골 마을에 사신다.

fox
[fɑks]

n. 여우

There are many scary stories about foxes in Korea.
한국에는 여우에 관한 많은 무서운 이야기들이 있다.

plan
[plæn]

v. 계획하다   **n.** 계획, 약속

I plan to go to the movies after dinner.
저녁 먹고 영화관에 갈 계획이다.
Do you have any plans on the weekend?
주말에 무슨 약속 있어?
[planned – planned – planning]

mouse
[maus]

n. 쥐 (pl. mice)

There are two birds and a mouse in my room.
내 방에는 새 두 마리와 쥐 한 마리가 있어.

river
[rívər]

n. 강, 흐름

What is the longest river in the world?
세계에서 가장 긴 강은 무엇입니까?

enter
[éntər]

v. 들어가다, 입학하다, 참가하다

The student entered the classroom after the class started.
그 학생은 수업이 시작된 후 교실에 들어갔다.
She entered the elementary school when she was five years old.
그녀는 다섯 살 때 초등학교에 입학했다.
[entered – entered – entering]
■ entrance[éntrəns]   n. 입학, 입장, 들어가기
She didn't pass the entrance examination.
그녀는 입학시험에 합격하지 못했다.

brown
[braun]

n. 갈색   **a.** 갈색의

She has brown hair and blue eyes.
그녀는 갈색 머리에 파란 눈을 가지고 있다.

ship
[ʃip]

n. 배

There are many ships on the sea.
바다 위에 많은 배들이 있다.

mistake
[mistéik]

n. 잘못, 실수

It wasn't your mistake.
그것은 너의 잘못이 아니었어.
■ make a mistake   실수하다
I did make a big mistake to you. I'm really sorry.
내가 당신에게 큰 실수를 저질렀군요. 정말 미안합니다.

maybe
[méibi:]

ad. 아마도 (syn. perhaps)

Maybe you're right.　아마도 당신이 맞을 거예요.

free
[fri:]

a. 자유로운, 공짜의, 약속이 없는

The slaves became free finally.
그 노예들은 마침내 자유로워졌다.
Many people read the free newspaper,
Metro.
많은 사람들이 무료 신문인 메트로를 읽는다.
■ freedom[frí:dəm]　n. 자유
The student wanted the freedom of
religion.　그 학생은 종교의 자유를 원했다.

dress
[dres]

n. 드레스(여성용 원피스), 옷

You look great in your new blue dress.
새 푸른 드레스를 입으니 멋져 보인다.

glass
[glæs]

n. 잔, 유리

Could you give me a glass of water?
물 한 잔만 주시겠습니까?

present
[prézənt]

a. 참석한, 출석한 (opp. absent)　**n.** 현재

His parents were not present at his wedding.
그의 부모는 그의 결혼에 참석하지 않았다.
My past made my present.
나의 과거가 나의 현재를 만들었다.

same
[seim]

a. 똑같은 (opp. different)

I don't want to eat the same food every day.
나는 매일 똑같은 음식을 먹고 싶지 않아요.
He and I are 14 years old. We are the same
age.　그와 나는 14살이다. 우리는 같은 나이이다.

stamp
[stæmp]

n. 우표, 인지

My hobby is collecting stamps.
내 취미는 우표를 모으는 것이다.

popular
[pápjulər]

a. 인기 있는, 평판이 좋은

Mr. Kim, the math teacher is very popular with the students.
수학 선생님인 김 선생님은 학생들 사이에서 무척 인기가 있다.

church
[tʃəːrtʃ]

n. 교회

My family goes to church on Sundays.
우리 가족은 일요일마다 교회에 간다.

bowl
[boul]

n. 그릇, 사발

She put a salad bowl on the table.
그녀는 테이블 위에 샐러드 그릇을 놓았다.

crazy
[kréizi]

a. 미친, 열중한

He looked crazy. 그는 미친 것 같이 보였다.
Many boys are crazy about computer games.
많은 소년들이 컴퓨터 게임에 열중한다.

moon
[muːn]

n. 달

We saw the moon in the sky.
우리는 하늘에서 달을 보았다.

rock
[rɑk]

n. 바위

The students were sitting on the huge rock.
학생들은 거대한 바위 위에 앉아 있었다.

pleasure
[plézər]

n. 즐거움, 기쁨

Watching soap operas gives much pleasure to my mother.
드라마를 보는 것은 어머니에게는 큰 즐거움이다.

seat
[si:t]

n. 좌석, 자리

Is this seat taken?
여기 자리가 비었습니까?

gesture
[dʒéstʃər]

n. 몸짓, 동작

The gesture means okay.
그 몸짓은 "okay"를 뜻한다.

raise
[reiz]

v. 올리다, 기르다

Raise your hand when you'd like to ask a question.
질문이 있으면 손을 드세요.
My father raises rice.
아버지는 쌀을 기르신다.
[raised – raised – raising]

fly
[flai]

v. 날다, 날리다

A big bird is flying in the air.
큰 새가 공중에서 날고 있다.
The children are flying kites.
아이들이 연을 날리고 있다.
[flew – flown – flying]

pan
[pæn]

n. 프라이팬, (납작한) 냄비

Would you put some beef into the pan?
프라이팬에 쇠고기를 넣어 주시겠어요?

exciting
[iksáitiŋ]

a. 흥미진진한, 자극적인

Soccer games between Korea and Japan are very exciting.
한국과 일본 사이의 축구 시합은 아주 흥미진진하다.

sincerely
[sinsíərli]

ad. 진심으로, 충실히

I sincerely wished him happy.
나는 진심으로 그의 행복을 빌었다.
■ sincere[sinsíər] a. 진심의, 솔직한, 성실한
I helped you with sincere mind.
나는 진심어린 마음으로 너를 도왔어.

yet
[jet]

ad. 아직 ~않다 (부정문), 벌써, 이제 (의문문, syn. already)

The student has not come yet.
그 학생은 아직 오지 않았습니다.
Is it snowing yet?
벌써 눈이 오고 있어?

leaf
[li:f]

n. 잎, 잎사귀 (pl. leaves)

Trees lose their leaves in fall.
나무들은 가을에 잎을 떨어뜨린다.

pancake
[pǽnkèik]

n. 팬케이크 (핫케이크)

Would you like some more pancakes?
팬케이크 좀 더 먹을래?

bake
[beik]

v. 굽다

Bake the potatoes in the oven.
오븐에서 감자를 구우세요.

album
[ǽlbəm]

n. 사진첩, 앨범

Jane showed me her photo album.
제인은 나에게 사진첩을 보여주었다.

hiking
[háikiŋ]

n. 하이킹, 도보 여행(소풍)

How about going hiking next Sunday?
다음 주 일요일에 하이킹 가는 게 어때?

fresh
[freʃ]

a. 신선한, 새로운

I need some fresh milk and eggs.
신선한 우유와 달걀이 필요합니다.

score
[skɔːr]

n. 점수, 성적, 득점

She got a perfect score in the math test.
그녀는 수학 시험에서 만점을 받았다.

dirty
[də́ːrti]

a. 더러운 (opp. clean)

My school uniform is too dirty. I have to wash it.
교복이 너무 더럽다. 빨아야겠다.

diary
[dáiəri]

n. 일기

She keeps her diary in English every day.
그녀는 매일 영어로 일기를 쓴다.

tiger
[táigər]

n. 호랑이

He saw a big tiger in the forest.
그는 숲 속에서 커다란 호랑이를 보았다.

museum
[mjuːzíːəm]

n. 박물관

I have to visit the National Museum to do my art homework.
미술 숙제를 하기 위해 국립 박물관을 방문해야만 한다.

trip
[trip]

n. (짧은) 여행

I am planning a short trip to Singapore.
나는 싱가폴로 짧은 여행을 계획하고 있다.

■business trip 출장

I'm going on a business trip to Seoul tomorrow.
나는 내일 서울로 출장을 간다.

start
[staːrt]

v. 출발하다, 시작하다(syn. begin)

The express will start in 10 minutes.
급행열차는 10분 후에 출발할 것입니다.
The concert starts at 9 o'clock.
음악회는 9시에 시작합니다.
[started – started – starting]

excellent
[éksələnt]

a. 우수한, 뛰어난

He got an excellent grade in math.
그는 수학에서 우수한 성적을 받았다.

■excellent student 우수생

He is an excellent student.
그는 우수생이다.

paint
[peint]

v. 그리다　**n.** 페인트

The kids are painting their favorite animals with crayons.
아이들이 크레용으로 가장 좋아하는 동물을 그리고 있다.
I bought a blue paint at the store.
나는 가게에서 파랑색 페인트를 샀다.

cry
[krai]

v. 울다, 울부짖다

It is no use crying over the spilt milk.
(속담) 엎지른 우유 앞에서 울어봤자 소용없다.

envelope
[énvəlòup]

n. 봉투

Put the letter and photos into this envelope.
편지와 사진들을 이 봉투 속에 넣으세요.

brush
[brʌʃ]

v. 닦다, 솔질하다   n. 솔, 브러시

The kid brushed his teeth clean.
그 어린아이는 이를 닦아 깨끗이 했다.
[brushed – brushed – brushing]

■ toothbrush 칫솔

I didn't bring my toothbrush. I should buy one.
칫솔을 가져오지 않았어. 하나 사야겠다.

tail
[teil]

n. 꼬리, 끝부분

The puppy wagged its tail with joy.
그 강아지는 반가움으로 꼬리를 흔들었다.

as
[æz]

prep. ~처럼   ad. ~만큼   prep. ~로서

She is as busy as a bee.
그녀는 일벌처럼 바쁘다.
He is as tall as I.
그는 나만큼 키가 크다.
You should be polite as a student.
학생으로서 예의바르게 해야 한다.

■ as soon as 하자마자

As soon as the bell rings, students came out of the classroom.
종이 울리자마자, 학생들이 교실 밖으로 나왔다.

photo
[fóutou]

n. 사진(syn. photograph, picture)

He showed a lot of photos to me.
그는 나에게 많은 사진들을 보여 주었다.
- photography [fətágrəfi] 사진 촬영, 사진술

I'm taking a photography class.
나는 사진 촬영 강좌를 수강하고 있다.

beverage
[bévəridʒ]

n. 음료, 마실 것

Milk, tea, coffee, and juice are beverages.
우유, 차, 커피, 주스는 모두 음료이다.

magazine
[mǽgəzíːn]

n. 잡지

Many girls buy fashion magazines nowadays.
요즘은 많은 소녀들이 패션 잡지를 산다.

key
[kiː]

n. 열쇠

Give me the key to this door.
이 문의 열쇠를 주세요.
- lock[lak] 자물쇠

Put the key into the lock.
자물쇠에 열쇠를 넣으세요.

dead
[ded]

a. 죽은 (opp. living, alive)

There is a big dead tree behind my house.
우리 집 뒤에는 커다란 죽은 나무가 있다.

yard
[jɑːrd]

n. 마당, 뜰 (syn. garden)

My father and I were working in the yard when you called me.
네가 전화 걸었을 때 나는 아버지와 함께 마당에서 일하고 있었어.

D·A·Y 16

able
[éibl]

a. 할 수 있는 (syn. can) (opp. unable), 유능한, 재능 있는

You will be able to speak English in one month.
한 달 정도면 영어를 말할 수 있을 것이다.
She is an able teacher.
그녀는 유능한 교사입니다.

message
[mésidʒ]

n. 메시지, 알림, 통지

A : Would you like to leave a message?
메시지 남기시겠습니까?
B : No, I will call you later.
아뇨, 나중에 다시 전화하겠습니다.

party
[pá:rti]

n. 파티, 잔치, 사교모임

Would you come to my birthday party on Friday?
금요일에 내 생일 파티에 올래?

address
[ədrés]

n. 주소

Let me know your address.
주소를 알려주세요.

soap
[soup]

n. 비누

Do you wash your hair with soap?
당신은 비누로 머리를 감습니까?

shampoo
[ʃæmpúː]

n. 샴푸

She bought a bottle of shampoo at the supermarket.
그녀는 슈퍼마켓에서 샴푸 한 병을 샀다.
■ conditioner [kəndíʃənər] 린스
I don't like using conditioner.
나는 린스 사용을 좋아하지 않는다.

dull
[dʌl]

a. 멍청한 (syn. foolish), 둔한, 감각이 무딘

All work and no play makes Jack a dull boy.
(속담) 놀지 않고 공부만 하는 것은 잭을 멍청한 아이로 만든다.
The man has a dull eye sight.
그 남자는 좋지 않은 시력을 갖고 있다.

awesome
[ɔ́ːsəm]

a. 굉장한

Look at the luxurious house! It is awesome.
저 호화로운 집을 봐! 굉장해.

thick
[θik]

a. 두꺼운 (opp. thin)

I spread butter on the thick bread.
나는 두꺼운 빵에 버터를 발랐다.

off
[ɔːf]

prep. ~에서 떨어져서, ~에서 내려서, ~에서 벗어나

He fell off the second floor.
그는 2층에서 떨어져 버렸다.
■ turn off 끄다, 잠그다
Would you turn off the television?
텔레비전 좀 꺼 주시겠어요?

weekend
[wíːkènd]

n. 주말

What are you going to do this weekend?
이번 주말에 뭐 할 거니?

bottle
[bátl]

n. 병

We should recycle glass bottles.
우리는 유리병을 재활용해야 합니다.

toothpaste
[túːθpèist]

n. 치약

We need to buy toothpaste and soap.
우리는 치약과 비누를 사야해.

downtown
[dáuntáun]

n. 중심가, 상업지구

There are many shopping malls in downtown.
중심가에는 쇼핑몰이 많다.

gray
[grei]

a. 회색의, 흐린   **n.** 회색

Look at the gray sky. It will rain soon.
저 회색 하늘을 봐. 곧 비가 올 것 같아.
She was dressed in gray.
그녀는 회색 옷을 입고 있었다.

afraid
[əfréid]

a. 무서워하는, 걱정하는

I am afraid of a high place.
나는 높은 곳을 무서워한다.
I am afraid that I can't go on a picnic tomorrow.
내일 소풍을 못 갈까 걱정된다.

lose
[luːz]

v. 잃다, 지다

I lost my wallet in the school bus.
학교 버스에서 지갑을 잃어버렸다.
Our baseball team lost in the game.
우리 야구팀이 그 시합에서 졌다.
[lost – lost – losing]

☐ **scissors**
[sízərz]

n. 가위

I need scissors to cut this paper.
종이를 자를 가위가 필요하다.

☐ **wet**
[wet]

a. 젖은, 축축한

She got wet because she caught a shower on her way home.
그녀는 집에 오는 길에 소나기를 만나 젖어 버렸다.
The street was wet with the rain.
땅은 비로 축축해졌다.

☐ **apartment**
[əpá:rtmənt]

n. 아파트, 공동주택

Many Koreans live in apartments nowadays.
요즘 많은 한국인들이 아파트에서 산다.

☐ **map**
[mæp]

n. 지도

There is a world map on the wall of the classroom.
교실 벽에는 세계 지도가 붙어 있다.

☐ **doughnut**
[dóunət]

n. 도넛

I ate some doughnuts and milk for lunch.
나는 점심으로 도넛 약간과 우유를 먹었다.

☐ **greenhouse**
[grí:nhàus]

n. 온실

There are many kinds of tropical trees in the greenhouse.
온실 안에는 많은 종류의 열대 나무가 있다.

riverbank
[ríⱱərbæ̀ŋk]

n. 강둑

We took a walk along the riverbank.
우리는 강둑을 따라 산책을 했다.

heart
[hɑ:rt]

n. 심장, 마음, 가슴

My heart is beating fast.
내 심장이 빠르게 뛰고 있다.
I love her with my whole heart.
나는 그녀를 진심으로 사랑한다.

jump
[dʒʌmp]

v. 뛰어오르다

The boy jumped in joy.
그 소년은 기뻐서 뛰어 올랐다.
[jumped – jumped – jumping]

miss
[mis]

v. 놓치다, 그리워하다

I was late for school today because I
missed the bus.
오늘 버스를 놓쳐 지각했다.
I will miss you very much if you leave
this school.
네가 이 학교를 떠나면 무척 그리울 거야.
[missed – missed – missing]

gym
[dʒim]

n. 체육관, 체조

Today we will take the P.E. class at the
gym.
오늘은 체육관에서 체육 수업을 받을 것이다.

gas
[gæs]

n. 가스, 가솔린, 휘발유

Be careful when you use the gas oven.
가스레인지를 사용할 때는 주의해라.
There is a gas station near the park.
공원 근처에 주유소가 하나 있습니다.

lamp
[læmp]

n. 등불, 램프

She turned off the lamp.
그녀는 등불을 껐다.

plastic
[plǽstik]

n. 플라스틱, 플라스틱 제품

This chair is made of plastic.
이 의자는 플라스틱으로 만들어졌다.

enough
[inʌ́f]

a. 충분한

We have enough sandwiches for five people to eat.
우리는 다섯 명에게 충분한 샌드위치가 있다.

dry
[drai]

a. 건조한, 비가 안 오는 (opp. wet)

You should keep this matter dry.
이 물질은 건조하게 보관해야 합니다.
It is very dry in early spring.
이른 봄에는 날씨가 매우 건조하다.

dictionary
[díkʃənèri]

n. 사전

Look up this word in the dictionary.
사전에서 이 단어를 찾아 봐라.

draw
[drɔː]

v. 그리다, 끌다

Can you draw animals with a pen?
펜으로 동물을 그릴 수 있습니까?
The big dog drew the milk cart.
그 큰 개는 우유 수레를 끌었다.
[drew-drawn-drawing]

wood
[wud]

n. 목재, 재목, 작은 숲

This desk is made of hard wood.
이 책상은 단단한 목재로 만들어져 있다.
I walked to school through the woods.
나는 숲을 통해 학교로 걸어갔다.

nation
[néiʃən]

n. 국가 (syn. state)

New Zealand is an agricultural nation.
뉴질랜드는 농업 국가이다.
- national[nǽʃənl]　a. 국가의, 국가적인

The Liberation Day is the national holiday.
광복절은 국가 휴무일(국정일)이다.

flag
[flæg]

n. 깃발

Taegeukgi is the national flag of Korea.
태극기는 한국의 국기이다.
- black flag　해적기

I can see the black flag over there.
저 멀리에 해적기가 보인다.

fog
[fɔːg]

n. 안개

The car accident happened in thick fog.
그 자동차 사고는 짙은 안개 속에서 일어났다.
- foggy[fɔ́ːgi]　a. 안개 낀

It was foggy this morning.
오늘 아침에는 안개가 꼈다.

boring
[bɔ́ːriŋ]

a. 지루한, 지겨운 (opp. interesting)

This class is too boring.
이 수업은 너무 지루하다.

forget
[fərgét]

v. 잊다, 기억하지 못하다 (opp. remember)

I forgot to bring my lunch today.
나는 오늘 학교에 점심을 가져오는 것을 잊어 버렸다.
[forgot – forgotten – forgetting]

member
[mémbər]

n. 일원, 회원

She is a member of the tennis club.
그녀는 테니스 동호회의 일원이다.

Olympics
[əlímpiks]

n. 국제적 경기 대회 (the Olympics)

The next Olympics will be held in Brazil.
다음 올림픽은 브라질에서 열릴 예정이다.

toe
[tou]

n. 발가락

I got hurt my right toe while I was playing soccer.
축구를 하는 동안 오른쪽 발가락을 다쳤다.

healthy
[hélθi]

a. 건강한, 건전한 (opp. sick, ill)

She became healthy by exercising everyday.
그녀는 매일 운동을 함으로써 건강해졌다.
■ health[helθ] n. 건강
Smoking is bad for your health.
흡연은 건강에 나쁘다.

nothing
[nʌ́θiŋ]

pron. 아무 것도 아닌 것

Nothing is more important than time.
시간보다 중요한 것은 아무 것도 없다.

once
[wʌns]

ad. 한 번, 일찍이 (옛날에)

I visit the dentist's office once a month.
나는 한 달에 한 번 치과에 방문한다.
Once there lived a beautiful princess.
옛날에 아름다운 공주가 살았다.

twice
[twais]

ad. 두 번, 2배로

I go swimming twice a week.
나는 1주일에 두 번 수영하러 간다.

host
[houst]

n. 주인 (opp. guest)   **v.** 개최하다

The host said, "Thank you for coming."
주인은 "와 주셔서 고맙습니다" 라고 말했다.
Korea and Japan hosted the 2002 World
Cup.
한국과 일본은 2002년 월드컵을 개최했다.
[hosted – hosted – hosting]
■ hostess [hóustis]   여주인
The hostess was very kind.
여주인은 매우 친절했다.

guest
[gest]

n. 손님 (opp. host)

There were a lot of guests at the party.
파티에는 손님들이 많았다.

clerk
[kləːrk]

n. 점원, 판매원

The clerk at the store is very kind to
customers.
저 가게의 점원은 손님들에게 무척 친절하다.

☐ **sandwich**
[sǽndwitʃ]

n. 샌드위치

I want a cheese sandwich and cocoa.
치즈 샌드위치와 코코아를 주세요.

☐ **carry**
[kǽri]

v. 나르다, 운반하다

The man helped me carry the suitcase.
그 남자는 내가 옷가방을 나르는 것을 도와주었다.
[carried ~ carried ~ carrying]

☐ **floor**
[flɔːr]

n. 바닥, 층

He was sitting on the floor.
그는 바닥에 앉아 있었다.

☐ **news**
[njuːz]

n. 뉴스, 소식

Did you hear the news about the flood?
홍수에 대한 뉴스를 들었니?

☐ **above**
[əbʌ́v]

prep. ~위에

There are four fans above our heads.
우리 머리 위에는 4개의 선풍기가 있다.

☐ **strange**
[streindʒ]

n. 이상한, 낯선

There is something strange in the accident.
그 사건에는 무언가 이상한 점이 있다.

☐ **quarter**
[kwɔ́ːrtər]

n. 4분의 1, 25센트(1/4 달러), 15분(1/4 시간)

She gave me a quarter of the cake.
그녀는 케이크의 4분의 1을 내게 주었다.
I have only one quarter in my pocket.
나는 주머니에 25센트 밖에 없다.

camera
[kǽmərə]

n. 사진기, 카메라

I want to buy a digital camera.
나는 디지털 카메라를 사고 싶다.

tasty
[téisti]

a. 맛있는 (syn. delicious)

This fried chicken is very tasty.
이 프라이드치킨은 무척 맛있다.
■ taste[teist]　n. 맛　v. 맛나다
I like a sweet taste.
나는 단맛을 좋아한다.

angel
[éindʒəl]

n. 천사

She is kind like an angel.
그녀는 천사처럼 친절하다.

eraser
[iréisər]

n. 지우개

Can I borrow your eraser?
지우개 좀 빌려 쓸 수 있을까요?

brave
[breiv]

a. 용감한, 용기 있는

The girl was brave enough to tell the truth.
그 소녀는 진실을 말할 수 있을 정도로 용감했다.
■ bravery[bréivəri]　n. 용기, 용감함
He became famous for his bravery.
그는 그의 용기때문에 유명해졌다.

pay
[pei]

v. 지불하다, 돈을 치르다

I paid 25,000 won for this dictionary.
나는 이 사전 값으로 2만 5000원을 지불했다.
How much did you pay for these pants?
이 바지를 얼마 주고 샀습니까?
[paid－paid－paying]

useful
[júːsfəl]

a. 쓸모 있는, 유익한 (opp. useless)

An MP3 player is a useful electric machine.
MP3 플레이어는 쓸모 있는 전자기기이다.

■ use[juːs]　n. 사용

It is no use crying over the spilt milk.
(속담) 엎질러진 우유 앞에서 울어봤자 소용없다.

terrible
[térəbl]

a. 불쾌한, 끔찍한

I felt terrible when I knew the fact.
그 사실을 알았을 때 나는 너무나 불쾌했다.

postcard
[póustkàːrd]

n. 엽서 (syn. postal card, 미)

She sent many postcards when she took a trip to Japan.
그녀는 일본을 여행했을 때 많은 엽서를 보냈다.

air
[ɛər]

n. 공기

The air on the top of the mountain was cool and fresh.
산 정상의 공기는 차고 신선했다.

center
[séntər]

n. 중앙, 중심지

The watch tower was right in the center of the square.
그 감시탑은 정확히 광장의 중앙에 있었다.
Seoul is the center of Korea.
서울은 한국의 중심지이다.

truck
[trʌk]

n. 트럭

His father is a truck driver.
그의 아버지는 트럭 운전사이시다.

D·A·Y 18

snake
[sneik]

n. 뱀

Don't use the trail in the woods. There are lots of snakes.
숲 속의 오솔길을 이용하지 마세요. 뱀이 많습니다.

until
[əntíl]

conj. ~까지　**prep.** ~까지

You should finish your homework until I come back.　내가 돌아올 때까지 숙제를 끝마쳐라.
They studied math until midnight.
그들은 자정까지 수학을 공부했다.

collect
[kəlékt]

v. 수집하다, 모으다

My hobby is collecting DVDs.
내 취미는 DVD를 수집하는 것입니다.
[collected-collected-collecting]

■ collection[kəlékʃən]　**n.** 수집, 수집물

Have you seen his collection of foreign stamps?　너는 그의 외국 우표 수집을 본 적 있니?

end
[end]

v. 끝나다, 마치다 (opp. begin, start)

The movie ends in two hours.
영화는 2시간 후에 끝납니다.
[ended-ended-ending]

smoke
[smouk]

n. 연기　**v.** 담배를 피우다

There is no smoke without fire.
(속담) 아니 땐 굴뚝에 연기 날까.
You must not smoke here.
이곳에서는 담배를 피워서는 안 됩니다.
[smoked-smoked-smoking]

deep
[di:p]

a. 깊은 (opp. shallow)　　**ad.** 깊이, 깊게

This lake is very deep.　이 호수는 매우 깊다.
She dived deep into the lake.
그녀는 호수 깊이 잠수해 들어갔다.

lake
[leik]

n. 호수

Chuncheon is famous for its many beautiful lakes.　춘천은 많은 아름다운 호수로 유명하다.

bowling
[bóuliŋ]

n. 볼링

Let's go bowling after work.
퇴근 후에 볼링이나 치러 가자.

cart
[kɑːrt]

n. 손수레

She pushed the cart toward the counter.
그녀는 계산대 쪽으로 수레를 밀었다.

capital
[kǽpitl]

n. 수도　　**a.** 대문자의, 주요한

Seoul is the capital city of Korea.
서울은 한국의 수도이다.
The beginning letters of the name should be written in capital letters.
이름의 첫 글자는 대문자로 씌어져야 한다.

low
[lou]

a. 낮은 (opp. high)　　**ad.** 낮게

The mountain is quite low and you can climb it easily.
그 산은 꽤 낮아서 너도 쉽게 오를 수 있어.
Swallows fly low before rain.
제비들은 비가 오기 전에 낮게 난다.

card
[kɑːrd]

n. 카드

I received a birthday card from her yesterday.
나는 어제 그녀로부터 생일축하 카드를 받았다.

below
[bilóu]

prep. 아래에 (opp. above)

The temperature dropped below zero.
온도가 0도 이하로 떨어졌다.

branch
[bræntʃ]

n. 나뭇가지

A blue bird is sitting on the branch.
파랑새가 나뭇가지 위에 앉아 있다.

coupon
[kjú:pɑn]

n. 식권, 쿠폰

She gave me five coupons of the school cafeteria.
그녀는 학교 식당에서 쓰는 식권을 5개나 내게 주었다.

move
[mu:v]

v. 움직이다, 이사하다

The huge ship began to move slowly.
그 큰 배는 천천히 움직이기 시작했다.
[moved – moved – moving]

■ movement[mú:vmənt] n. 움직임, 이동

He has observed the movement of the planet for a long time.
그는 그 행성의 움직임을 오래도록 관찰해 오고 있다.

personal
[pə́:rsənl]

a. 개인의, 사적인

Most people have a personal computer at home.
대부분의 사람들은 집에 개인용 컴퓨터를 가지고 있다.

pen-pal
[pén-pæ̀l]

n. 편지 친구, 펜팔

I sent my picture and some books about Korea to my pen-pal in Japan.
나는 일본에 사는 내 편지 친구에게 내 사진과 한국에 대한 책들을 보냈다.

into
[íntu]

prep. 안으로

She came into the room quickly.
그녀는 재빨리 방 안으로 들어왔다.

boat
[bout]

n. 배, 보트

We can go to the island by boat.
우리는 배를 타고 그 섬에 갈 수 있다.

kid
[kid]

n. 어린아이, 젊은이

All the kids in this class can swim well.
이 학급의 모든 어린아이들은 수영을 잘 할 수 있다.

mark
[mɑːrk]

v. 표시하다　　**n.** 표시

Listen to the question and mark your answer sheet.　질문을 듣고 답지에 표시하세요.
She made a mark on that word with a red pen.　그녀는 붉은 펜으로 그 단어 위에 표시를 했다.
[marked – marked – marking]

sunshine
[sʌ́nʃàin]

n. 햇빛

He was enjoying the beautiful sunshine of September.
그는 9월의 아름다운 햇빛을 즐기고 있었다.

guitar
[gitáːr]

n. 기타

Can you play the guitar?
기타 칠 수 있습니까?

balloon
[bəlúːn]

n. 풍선

He bought some balloons for the kid.
그는 어린아이에게 풍선을 사주었다.

somebody
[sʌ́mbàdi]

pron. 누군가, 어떤 사람

I'll ask somebody at home to receive my phone call.

집에 있는 누군가에게 내 전화를 받아달라고 부탁할 거야.

■ anybody[énibàdi]　pron. 누구든지, 아무도

He didn't talk to anybody.

그는 아무에게도 말을 걸지 않았다.

■ nobody[noúbàdi]　pron. 아무도 … 않다

I saw nobody at home.

나는 집에서 아무도 보지 못했다.

graduate
[grǽdʒuèit]

v. 졸업하다

My brother graduated from high school this year.

우리 형은 올해 고등학교를 졸업했다.

[graduated – graduated – graduating]

■ graduation[grǽdʒuéiʃən]　n. 졸업

The graduation ceremony will be held on Friday.

졸업식은 금요일에 거행될 것이다.

pollute
[pəlúːt]

v. 오염시키다, 더럽히다

Using too much shampoo pollutes water.

샴푸를 너무 많이 쓰는 것은 물을 오염시킨다.

[polluted – polluted – polluting]

■ pollution[pəlúːʃən]　n. 오염, 공해

What can we do to reduce air pollution?

공기 오염을 줄이기 위해 무엇을 할 수 있을까?

round
[raund]

a. 둥근, 원형의

She brought a round table into the room.

그녀는 방 안으로 둥근 탁자를 가져왔다.

bright
[brait]

a. 밝은, 빛나는 (opp. dark),
영리한 (opp. dull) (syn. clever)

It is bright outside the classroom.
교실 밖은 밝다.
The boy is bright.
그 소년은 영리하다.

kill
[kil]

v. 죽이다, 살해하다

Kill two birds with one stone.
(속담) 돌 하나로 새 두 마리를 죽이다.

raincoat
[réinkòut]

n. 비옷

My mother bought me a new raincoat at
the department store.
어머니께서 백화점에서 새 비옷을 사 주셨다.

every
[évri]

a. 모든, 모두의

Every student should go to school by 8
o'clock.
모든 학생들은 8시까지 학교에 가야한다.

harmful
[hɑ́ːrmfəl]

a. 해로운

Smoking is harmful to your health.
흡연은 건강에 해롭다.
■harm[hɑːrm] v. 손상을 입히다 n. 손상, 손해
Smoking harms your health.
흡연은 건강에 손상을 입힌다.

throw
[θrou]

v. 던지다

The boy threw a stone at the car.
그 남자 아이는 차를 향해 돌을 던졌다.
[threw – thrown – throwing]

hit
[hit]

v. 치다

Watch the ball and hit it with this bat.
공을 보고 그것을 방망이로 쳐라.
[hit – hit – hitting]

artist
[ɑ́:rtist]

n. 화가, 예술가

She is good at painting. She looks like an artist.
그녀는 그림을 능숙하게 그린다. 그녀는 화가 같다.

badminton
[bǽdmintn]

n. 배드민턴

My parents play badminton together on Sundays.
우리 부모님은 일요일마다 함께 배드민턴을 치신다.

pick
[pik]

v. 고르다, 가려내다

I picked the largest cookie on the plate.
나는 접시에서 가장 큰 쿠키를 골랐다.
[picked – picked – picking]

■ pick up 집어 올리다, 차로 사람을 태우고 가다

She picked up a few spoons and gave them to me.
그녀는 숟가락을 몇 개 집어 올려서 내게 주었다.

relax
[rilǽks]

v. 쉬다, 편안하게 하다

Let's have a seat and relax your legs.
자리에 앉아서 다리를 쉬게 하세요.
[relaxed – relaxed – relaxing]

lost
[lɔːst]

a. 잃어버린, 길 잃은

Did you hear the news about the lost child?
그 잃어버린 아이에 대한 소식 들었니?
We may be lost.
우리는 길을 잃은 것 같다.

bridge
[bridʒ]

n. 다리, 육교

There is a beautiful bridge across the river.
그 강을 가로지르는 아름다운 다리가 하나 있다.

bucket
[bʌkit]

n. 양동이, 물통

She put a bucket of water on the ground.
그녀는 한 양동이의 물을 땅 위에 놓았다.

fish
[fiʃ]

n. 물고기 v. 낚시하다

There are a lot of fish in this river.
이 강에는 물고기가 많다.
■ fisherman[fíʃərmən] n. 어부
I want to be a fisherman.
나는 어부가 되고 싶다.

sneaker
[sníːkər]

n. 스니커, 운동화

I'd like to buy a new pair of sneakers.
새 스니커를 사고 싶다.

greedy
[gríːdi]

a. 욕심 많은, 탐욕스러운

The boy was so greedy that he didn't share cookies with his friends.
그 남자 아이는 욕심이 많아서 그의 친구들과 과자를 나누지 않았다.
■ greed[griːd] n. 욕심, 탐욕
She was blinded by greed.
그녀는 욕심에 눈이 멀었다.

toward
[tɔ:rd]

prep. ~쪽으로

The students were walking toward the bus.
학생들이 버스 쪽으로 걸어가고 있었다.

alphabet
[ǽlfəbèt]

n. 알파벳, 문자

She taught me how to read and write
English alphabets.
그녀는 내게 영어 알파벳을 읽고 쓰는 법을 가르쳐 주었다.

recycle
[ri:sáikl]

v. 재활용하다

She always recycles paper and cans.
그녀는 언제나 종이와 깡통을 재활용한다.
[recycled – recycled – recycling]

■ recyclable[ri:sáikləbl]　a. 재활용이 가능한

Is this plastic bottle recyclable?
이 플라스틱 병은 재활용이 가능합니까?

teenager
[tí:nèidʒər]

n. 청소년, 10대

This book is really popular among teenagers.
이 책은 청소년들 사이에서 매우 인기 있다.

energy
[énərdʒi]

n. 에너지, 활기

What can we do to save energy?
에너지를 절약하기 위해 우리가 무엇을 할 수 있을까?

wild
[waild]

a. 야생의

I am interested in wild plants and animals.
나는 야생 동식물에 관심이 있다.

can
[kæn]

n. 깡통

She bought a few cans of juice at the
supermarket.
그녀는 슈퍼마켓에서 주스 몇 깡통을 샀다.

mall
[mɔːl]

n. 상점가, 쇼핑몰

Have you seen the new mall in the downtown?
중심가의 새 상점가를 봤니?

save
[seiv]

v. 지키다, 구하다, 저축하다

We can do many things to save our nature.
우리는 자연을 지키기 위해 많은 것을 할 수 있다.
He saved up a lot of money to study.
그는 공부하기 위해 많은 돈을 저축했다.
[saved – saved – saving]

several
[sévərəl]

a. 몇몇의

Several students studied in the library last night.
어젯밤 몇몇 학생들이 도서관에서 공부하고 있었다.

shopping
[ʃápiŋ]

n. 물건 사기, 쇼핑

I like shopping at the traditional market.
나는 재래시장에서 물건 사는 것을 좋아한다.

sale
[seil]

n. 팔기, 판매

Sale ends in two days.
판매는 이틀 뒤에 끝납니다.

novel
[návəl]

n. 소설

Her hobby is reading novels.
그녀의 취미는 소설을 읽는 것이다.

Europe
[júərəp]

n. 유럽

I am going to travel around Europe this summer.
이번 여름에 유럽을 여행하려고 한다.
■ European[jùərəpíːən]　a. 유럽의, 유럽 사람의　n. 유럽 사람
I traveled five European countries last summer.
나는 작년 여름에 유럽의 5개국을 여행했다.

chocolate
[tʃɔ́:kəlit]

n. 초콜릿

Do you want some more chocolate?
초콜릿 좀 더 먹을래?

national
[nǽʃənəl]

a. 국가의, 국민의

What's the name of your national flag?
당신 나라의 국기 이름은 무엇입니까?

arrive
[əráiv]

v. 도착하다 (opp. depart)

He arrived at the Incheon airport at night.
그는 밤에 인천 공항에 도착했다.
[arrived – arrived – arriving]

reach
[ri:tʃ]

v. 도착하다

We will reach Seoul at six twenty in the evening.
우리는 저녁 6시 20분에 서울에 도착할 것입니다.
[reached – reached – reaching]

act
[ækt]

n. 행동, 연극의 한 막   **v.** 행동하다

It is a foolish act to say so.
그렇게 말하는 것은 어리석은 행동이다.
He acted so because he was angry.
그는 화가 나서 그렇게 행동했다.
[acted – acted – acting]

■activity[æktívəti]   n. 활동, 행동

Walking is the only physical activity that I am allowed to do.
걷기가 내가 할 수 있는 유일한 신체 활동이다.

sightseeing
[sáitsìːiŋ]

n. 관광, 구경

Let's go sightseeing to the downtown after dinner.

저녁 먹고 시내에 관광하러 가자.

blanket
[blǽŋkit]

n. 담요, 모포

Bring a sleeping bag or a blanket to the camp.

캠프에 침낭이나 담요를 가져와라.

dinosaur
[dáinəsɔ̀ːr]

n. 공룡

Most children are interested in dinosaurs.

대부분의 아이들은 공룡에 관심이 있다.

salt
[sɔːlt]

n. 소금

Would you pass me the salt?

소금 좀 건네주시겠습니까?

■ salty[sɔ́ːlti]　a. 짠, 소금기 있는

This spaghetti is too salty.

이 스파게티는 너무 짜.

comfortable
[kʌ́mftəbl]

a. 편안한, 쾌적한 (opp. uncomfortable)

I feel comfortable when I listen to classical music.

나는 클래식 음악을 들으면 기분이 편안해진다.

D·A·Y 20

hill
[hil]

The boys ran up to the hill to see the firework.
남자 아이들은 불꽃놀이를 보기 위해 언덕 위로 달려 올라갔다.

gentle
[dʒéntl]

Feel the gentle breeze from the south.
남쪽에서 불어오는 부드러운 바람을 느껴보세요.
The boy is so gentle and smart.
그 남자 아이는 온화하고 머리가 좋다.

everywhere
[évrihwɛ̀ər]

Now we can use the Internet everywhere.
이제 우리는 인터넷을 어디에서든지 쓸 수 있다.

button
[bʌ́tn]

I found that I lost all the buttons of my shirt.
나는 셔츠의 단추를 모두 잃어버린 것을 알아 차렸다.

throat
[θrout]

My throat is sore and I can't speak well.
목구멍이 따끔거려서 말을 잘 할 수 없습니다.

□ **examination**
[igzæmənéiʃən]
=exam

n. 시험, 검사

The final exam will start on December 10th.

기말시험은 12월 10일에 시작된다.

□ **pull**
[pul]

v. 당기다, 끌다 (opp. push)

She pulled the child.

그녀는 아이를 당겼다.

My father pulled the bed into my room.

아버지는 침대를 내 방에 끌어다 놓았습니다.

□ **amazing**
[əméiziŋ]

a. 경탄할 만한, 놀라운

The beautiful scenery of the forest was amazing.

숲의 아름다운 풍경은 경탄할 만했다.

■ amaze[əméiz] v. 놀라게 하다, 기막히게 하다

He sometimes amazes me.

그는 가끔 나를 놀라게 한다.

□ **example**
[igzæmpl]

n. 예, 보기

The teacher showed more examples of the case to the students.

선생님은 학생들에게 그 경우에 대한 더 많은 예를 보여주었다.

■ for example 예를 들어

For example, one plus one equals two.

예를 들어, 1 더하기 1은 2다.

□ **destination**
[dèstənéiʃən]

n. 목적지

We will arrive at the destination in 30 minutes.

우리는 30분 내 목적지에 도착할 것입니다.

bubble
[bʌbl]

n. 거품

My dog likes soap bubbles.
우리 개는 비눗방울을 좋아합니다.

secret
[síːkrit]

n. 비밀 **a.** 비밀의

Keep this fact a secret.
이 사실을 비밀로 해 두세요.
The boy opened the door of the secret room.
그 소년은 비밀의 방의 문을 열었다.

flu
[fluː]

n. 독감

My mother is ill in bed with the flu.
어머니가 독감으로 앓아 누우셨습니다.

star
[staːr]

n. 별

The night sky was full of twinkling stars.
밤하늘은 빛나는 별로 차 있었다.

front
[frʌnt]

n. 앞, 앞면 (opp. back)

He entered the house through the front door.
그는 앞문을 통해 집으로 들어왔다.
■in front of ～의 앞에, ～의 정면에
I was standing in front of the door.
나는 문 앞에 서 있었다.

tourist
[túərist]

n. 관광객, 여행자

There were a lot of Japanese tourists at the restaurant.
그 레스토랑에는 일본인 관광객들이 많았다.

locker
[lákər]

n. 사물함

I put my gym suit in my locker.
나는 체육복을 사물함에 넣어 두었다.

overweight
[óuvərwèit]

a. 너무 살찐, 과체중의

She is overweight. She must lose her weight.
그녀는 너무 살이 쪘다. 살을 빼야만 한다.

bark
[bɑ:rk]

v. (개가) 짖다, 소리치다

The little dog barked at me loudly.
그 작은 개는 나를 향해 크게 짖었다.
[barked – barked – barking]

push
[puʃ]

v. 밀다 (opp. pull)

He pushed the boy into the room.
그는 그 소년을 방으로 밀었다.
[pushed – pushed – pushing]

return
[ritə́:rn]

v. 돌아가다, 돌려주다

The foreign teacher will return to America in July.
그 외국인 선생님은 7월에 미국으로 되돌아가려고 한다.
When will you return me the bag I lent you?
제가 빌려드린 가방을 언제 돌려주실 건가요?
[returned – returned – returning]

away
[əwéi]

ad. 저 멀리

The teacher threw away the cell phone angrily.
그 선생님은 화가 나서 핸드폰을 멀리 던져 버렸다.

stadium
[stéidiəm]

n. 경기장

There were many people around the stadium.
경기장 근처에는 사람들이 많았다.

birth
[bə:rθ]

n. 출생

She took care of him from birth to death.
그녀는 출생 때부터 죽을 때까지 그를 돌보아 주었다.

zebra
[zí:brə]

n. 얼룩말

I saw zebras at the zoo for the first time.
나는 그 동물원에서 얼룩말을 처음 보았다.

would
[wud]

aux. ~하겠다, ~이었을 것이다(will의 과거)

He said that he would stay at home this weekend.
그는 이번 주말에 집에 머무르겠다고 말했다.
Would you do me a favor?
부탁 하나 해도 되셨습니까?

friendly
[fréndli]

a. 다정한, 친구다운

The teacher is always friendly to students.
그 선생님은 언제나 학생들에게 다정하다.

drive
[draiv]

v. 운전하다

Can you drive a car?
운전할 수 있습니까?
[drove-driven-driving]
■driver[dráivər]   n. 운전사
I saw two bus drivers next to the hospital.
나는 병원 옆에서 두 명의 버스 운전사들을 보았다.

careful
[kέərfəl]

a. 주의 깊은, 신중한

Be careful when you use the gas oven.
가스레인지를 사용할 때는 주의해야 합니다.

☐ **route**
[ru:t]

n. 노선

What is the best route out of Seoul to Suwon?
서울에서 수원까지 가는 가장 좋은 노선은 무엇입니까?

☐ **travel**
[trǽvəl]

v. 여행하다　**n.** 여행, 여행기

My parents plan to travel to Australia during the Christmas holidays.
우리 부모님은 크리스마스 휴가 동안 호주를 여행할 계획이십니다.
[traveled – traveled – traveling]

☐ **pepper**
[pépər]

n. 후추, 고추

Can you pass me the pepper?
후추 좀 건네주겠어요?

☐ **closet**
[klázit]

n. 옷장, 벽장

She has a lot of jeans in her closet.
그녀는 옷장에 청바지를 많이 갖고 있다.

☐ **goldfish**
[góuldfiʃ]

n. 금붕어

There are five goldfishes in the fishbowl.
어항에는 금붕어가 다섯 마리 있다.

☐ **drop**
[drɑp]

v. 떨어뜨리다　**n.** 방울

She dropped some coins in my hands.
그녀는 내 손바닥에 동전 몇 개를 떨어뜨렸다.
Rain drops are falling on my head.
빗방울들이 내 머리 위로 떨어지고 있다.
[dropped – dropped – dropping]

■drop by　잠깐 들리다

My homeroom teacher wants to drop by my home on his way home.
담임 선생님께서 집에 가시는 길에 우리 집에 잠시 들르고 싶어 하세요.

D·A·Y 21

memory
[méməri]

n. 기억력, 추억

The student has a good memory.
그 학생은 기억력이 좋다.

■ memorize[méməràiz]　v. 외우다

I had to memorize many English words in three days.
나는 많은 영어 단어를 3일 안에 외워야 했다.

college
[kálidʒ]

n. 대학, (대학의) 학부

Which college did you graduate from?
어느 대학을 졸업했습니까?

hero
[híərou]

n. 영웅

You are my hero.
너는 내 영웅이야.

solve
[salv]

v. (문제를) 풀다, 해결하다

I can't solve this math problem.
나는 이 수학 문제를 풀 수 없습니다.
[solved – solved – solving]

shot
[ʃat]

n. 주사, 사격

You need a shot to get better.
회복하려면 주사가 필요합니다.

list
[list]

n. 명단, 목록

Put me on the waiting list.
대기자 명단에 올려주세요.

wrap
[ræp]

v. 포장하다, 싸다

I'll take this shirt. Can you wrap it?
이 셔츠로 하겠습니다. 포장해 주실 수 있으신가요?
[wrapped – wrapped – wrapping]

doll
[dɑl]

n. 인형

The children were playing with dolls in the room.
어린아이들은 방 안에서 인형 놀이를 하고 있다.

god
[gɑd]

n. 하나님, 신

Many people believe in God.
많은 사람들이 하나님을 믿는다.

comic
[kámik]

a. 희극의, 웃기는, 익살맞은

I think he is the best comic actor.
나는 그가 최고의 희극 배우라고 생각해.
■ comic book   만화책
I read comic books in my free time.
나는 여가 시간에 만화책을 읽는다.

ready
[rédi]

a. 준비된

Dinner is ready.
저녁이 준비 되었습니다.

132

beat
[biːt]

v. 치다, 무찌르다, 이기다

He beat the drum all night long.
그는 밤새도록 북을 쳤다.
The Korean soccer team beat the
Japanese team by a large score.
한국 축구팀은 일본 팀을 큰 점수 차로 이겼다.
[beat – beaten – beating]

king
[kiŋ]

n. 왕

The king wanted to meet the wise
man, but he couldn't.
왕은 그 현인을 만나기를 원했지만, 만날 수 없었다.

queen
[kwiːn]

n. 여왕, 왕비

Paris is called the queen of cities.
파리는 도시의 여왕이라고 불린다.왕은 그 현인을
만나기를 원했지만, 만날 수 없었다.

grandparent
[grǽndpὲərənt]

n. 조부모

My grandparents are going to visit
my home this evening.
조부모님께서 오늘 저녁에 우리 집을 방문하려고
하셔.

handkerchief
[hǽŋkərtʃiːf]

n. 손수건 (pl. handkerchieves)

I bought one handkerchief for my
mother.
나는 어머님을 위해 한 장의 손수건을 샀다.

niece
[niːs]

n. 조카딸 (opp. nephew)

I am the niece of that tall lady.
나는 저 키 큰 여자 분의 조카입니다.학생들은 거
대한 바위 위에 앉아 있었다.

cheer
[tʃiər]

v. 응원하다

All the people in the stadium cheered the team.
경기장 안의 모든 사람들이 그 팀을 응원했다.
[cheered–cheered– cheering]

foreign
[fɔ́:rən]

a. 외국의

The students in this school should learn more than two foreign languages.
이 학교 학생들은 2개 이상의 외국어를 공부해야 한다.

bottom
[bátəm]

n. 밑바닥, 아래쪽

This fish lives in the bottom of the sea.
이 물고기는 바다 밑바닥에서 산다.

audience
[ɔ́:diəns]

n. 청중, 관객

There was a large audience in the concert hall.
콘서트 장에는 많은 관객들이 있었다.

spaceship
[spéisʃîp]

n. 우주선

A Korean astronaut may be boarding a spaceship.
한국인 우주비행사가 우주선에 탑승할지도 모른다.

pinkie =
[píŋki]
pinky

n. 새끼손가락

He pushed his glasses up his nose with his pinkie.
그는 새끼손가락으로 그의 안경을 코 위로 올렸다.

errand
[érənd]

n. 심부름

The teacher sent me on an errand to the library.
선생님은 도서관으로 나를 심부름 보냈다.

lady
[léidi]

n. 숙녀, 여성

Look at the lady with a big blue hat.
저 커다란 푸른 모자를 쓴 숙녀를 보세요.

interest
[íntərəst]

n. 관심, 흥미

I have great interest in studying wild flowers.
나는 야생화를 연구하는 데 많은 관심을 갖고 있다.

challenging
[tʃǽlindʒiŋ]

a. 어려운, 도전하는 듯한

To be a movie director is challenging.
영화감독이 되는 것은 어려운 일이다.

bloom
[blu:m]

v. 꽃피다   **n.** 꽃

Sunflowers bloom in summer.
해바라기는 여름에 꽃이 핀다.
[bloomed – bloomed – blooming]

■in full bloom 꽃이 활짝 핀

The pink roses in the garden are in full bloom.
정원의 분홍 장미들이 활짝 피어 있다.

president
[prézədənt]

n. 대통령

The President of the U.S.A. works in the White House.
미국의 대통령은 백악관에서 일한다. 학생들은 거대한 바위 위에 앉아 있었다.

none
[nʌn]

pron. 아무도 ~ 않다, 어느 것도 ~ 않다

None of us want to go to the movies.
우리 중 아무도 영화 보러 가고 싶지 않습니다.

respond
[rispánd]

v. 대답하다

The student responded to the call quickly.
그 학생은 부름에 재빨리 응답했다.
[responded – responded – responding]

■ response[rispáns] n. 대답, 응답

He made no response yet.
그는 아직까지 대답이 없다.

active
[ǽktiv]

a. 활동적인, 적극적인

Bats are active at night.
박쥐들은 밤에 활동적이 된다.

program
[próugræm]

n. 계획, 계획표

The teacher showed the program of learning English.
선생님은 영어를 배우기 위한 계획을 보여주셨다.

anywhere
[énihwɛ̀ər]

ad. (긍정문) 어디든지, (부정문) 아무데도

You can go anywhere.
너는 어디든지 갈 수 있다.
The dog did not go anywhere, waiting for his master.
그 개는 주인을 기다리며 아무 데도 가지 않았다.

pencil
[pénsəl]

n. 연필

She dropped her pencil on the floor.
그녀는 바닥에 연필을 떨어뜨렸다.

☐ flood
[flʌd]

n. 홍수   **v.** 홍수에 잠기게 하다

The flood destroyed the railroad track.
홍수가 기찻길을 파괴했다.
The village was flooded.
마을이 홍수에 잠겼다.

☐ nearly
[níərli]

ad. 거의, 대략 (syn. almost)

He goes to the library nearly everyday.
그는 거의 매일 도서관에 간다.

☐ customer
[kʌ́stəmər]

n. 고객

The man has been customer of my bookstore for a long time.
그 남자는 오랫동안 내 서점의 고객이었다.

☐ silly
[síli]

a. 어리석은, 바보 같은

You are so silly to do so.
그런 짓을 하다니 정말 어리석구나.

☐ goal
[goul]

n. 목적, (구기 종목의) 골

The goal of this organization is to help the poor.
그 모임의 목적은 가난한 사람들을 도와주는 것이다.

partner
[páːrtnər]

n. 동료

Mr. Robinson is my business partner.
로빈슨 씨는 제 사업 동료입니다.

model
[mádl]

n. 모형, 모델, 모범

I like making model airplanes.
나는 모형 비행기 만들기를 좋아한다.
The boy was a model of the school uniform store.
그 소년은 교복 가게의 모델이었다.

soldier
[sóuldʒər]

n. 군인, 병사

Korean soldiers wear dark green uniforms.
한국 군인들은 진한 녹색의 제복을 입는다.

report
[ripɔ́ːrt]

n. 성적표, 보고　　**v.** 보고하다, 전하다

When can I receive the mid-term exam report?
중간고사 성적표를 언제 받을 수 있나요?
The scientist reported the development of the new medicine.
과학자는 신약 개발을 보고했다.
[reported – reported – reporting]

match
[mætʃ]

n. 성냥, 시합

She got a box of match out of her basket.
그녀는 바구니에서 성냥 한 갑을 꺼냈다.
There is a big tennis match in this afternoon.
오늘 오후 큰 테니스 시합이 있다.

visitor
[vízitər]

n. 방문객

There is no visitor in winter.
겨울에는 방문객이 없습니다.

wealthy
[wélθi]

a. 부자인, 부유한

The man is very wealthy.
그 남자는 매우 부자이다.
- wealth[welθ] n. 재물, 부(富)
He is greedy for wealth.
그는 재물에 욕심이 많다.

hairdresser
[hέərdrèsər]

n. 미용사, 이발사

Her mother is a hairdresser.
그녀의 어머니는 미용사이시다.

jungle
[dʒʌ́ŋgl]

n. 밀림, 정글

People call a tiger the king of the jungle.
호랑이는 밀림의 왕이라 불린다.

collection
[kəlékʃən]

n. 수집물, 수집

She showed me her stamp collection.
그녀는 내게 우표 수집물을 보여주었다.
- collect[kəlékt] v. 수집하다
I like to collect coins.
나는 동전 수집하기를 좋아한다.

information
[ìnfərméiʃən]

n. 정보

We can find information through the Internet.
우리는 인터넷을 통해 정보를 얻을 수 있다.

flat
[flæt]

a. 평평한, 납작한

The ancient people believed that the Earth was flat.
고대 사람들은 지구가 평평하다고 믿었다.

even
[íːvən]

ad. ~조차

Even a little child likes computer games.
어린아이조차 컴퓨터 게임을 좋아한다.

sneeze
[sniːz]

v. 재채기하다

He coughed and sneezed all day long.
그는 하루 종일 기침을 하고 재채기를 했다.
[sneezed – sneezed – sneezing]

safety
[séifti]

n. 안전, 무사 (opp. danger)

You should keep the safety rules when you swim in the river.
강에서 수영할 때는 안전 수칙을 잘 지켜야만 한다.

prince
[prins]

n. 왕자 (opp. princess)

The prince lives in the palace.
그 왕자는 궁전에 산다.

princess
[prínsis]

n. 공주 (opp. prince)

The princess has a beautiful crown.
공주는 아름다운 왕관을 가지고 있다.

lovely
[lʌ́vli]

a. 사랑스러운, 아름다운

What a lovely girl!
정말 사랑스러운 여자 아이구나!

shallow
[ʃǽlou]

a. 얕은 (opp. deep)

You should swim in the shallow water.
얕은 물에서 수영하도록 해.

ghost
[goust]

n. 유령, 귀신

The little boy is afraid of ghost stories.
그 어린 남자 아이는 유령 이야기를 무서워한다.

kite
[kait]

n. 연

Children fly kites on windy days in winter.
어린아이들은 겨울철의 바람 부는 날에 연을 날린다.

surprised
[sərpráizd]

a. 놀란

I was surprised at the news that he died suddenly.
나는 그가 갑자기 죽었다는 소식에 놀랐다.
■ surprise[sərpráiz] v. 놀라게 하다
I like to surprise people.
나는 사람들을 놀라게 하는 것을 좋아한다.

record
동[rikɔ́ːrd]
명[rékərd]

v. 기록하다 **n.** 기록, 성적

He recorded the accident in his notebook.
그는 그 사건을 노트에 기록해 두었다.
He had a world record in the long jump.
그는 멀리뛰기에서 세계 기록을 가지고 있었다.
[recorded – recorded – recording]

festival
[féstəvəl]

n. 축제

The school festival will end around 5 o'clock.
학교 축제는 5시경 끝날 것입니다.

honey
[hʌ́ni]

n. 꿀

Honey is made by worker bees.
꿀은 일벌에 의해 만들어진다.

director
[diréktər]

n. 감독, 지도자

She wants to be a movie director in the future.
그녀는 장래에 영화 감독이 되고 싶어한다.

treasure
[tréʒər]

n. 보물, 재산, 중요한 것

The pirates buried the treasure under the ground.
해적들은 보물을 땅 밑에 파묻었다.

touch
[tʌtʃ]

v. 만지다

Don't touch the dog. It may bite you.
그 개를 만지지 마. 물지도 몰라.
[touched – touched – touching]

mail
[meil]

v. 우편으로 보내다 **n.** 우편

She asked me to mail this letter.
그녀는 내게 이 편지를 부쳐달라고 부탁했다.
■ air mail   항공 우편
I'd like to send this parcel by air mail.
나는 항공 우편으로 이 소포를 보내고 싶습니다.

bee
[biː]

n. 꿀벌

Bees are the most useful insects to people.
꿀벌은 사람에게 가장 유용한 곤충이다.

D·A·Y 23

hopeful
[hóupfəl]

a. 희망적인, 희망에 찬

I am hopeful of his recovery.
나는 그의 회복에 대해 희망적이다.

tough
[tʌf]

a. 질긴, 힘든

This meet is tough.
이 고기는 질기다.
This problem is tough.
이 문제는 힘들다. (이 문제는 어렵다.)

duck
[dʌk]

n. 오리

There are many ducks in the pond.
연못에는 오리가 많이 있다.

port
[pɔːrt]

n. 항구

The port is near the mountain.
그 항구는 산 가까이에 있다.

sheep
[ʃiːp]

n. 양

There are hundreds of sheeps on the mountain.
산 위에는 수백 마리의 양들이 있다.

boot
[buːt]

n. 부츠

She showed her new boots to me.
그녀는 내게 새 부츠를 보여주었다.

cost
[kɔːst]

v. 돈이 들다   n. 비용, 값

How much does it cost for a student to buy the ticket?

학생이 그 표를 사는 데 얼마나 드나요?

She bought the dress at the great cost.

그녀는 큰 비용을 지불하고 드레스를 구입했다.

[cost – cost – costing]

proud
[praud]

a. 자랑스럽게 여기는

He is proud of his grade.

그는 자신의 성적을 자랑스럽게 여긴다.

■ pride[praid]   n. 자존심, 자랑거리

He hurt my pride.

그는 내 자존심을 상하게 했어.

highway
[háiwèi]

n. 고속도로, 간선도로

There is a highway near this city.

이 도시 근처에는 고속도로가 하나 있다.

soft
[sɔːft]

a. 부드러운, 유연한 (opp. hard)

She can eat only soft food.

그녀는 오직 부드러운 음식만 먹을 수 있다.

bitter
[bítər]

a. 쓴, 쓰라린 (opp. sweet)

This medicine tastes bitter.

이 약은 맛이 쓰다.

oven
[ʌvən]

n. 오븐, 가마

Put the potatoes in the oven and cook them for 30 minutes.

감자를 오븐 안에 넣고 30분간 익히세요.

worm
[wə:*r*m]

This apple has a worm in it.

이 사과 안에는 벌레가 있다.

courage
[kə́:ridʒ]

He didn't have the courage to talk to the girl.

그는 그 소녀에게 말을 걸 용기가 없었다.

- courageous[kəréidʒəs]   a. 용기 있는, 용감한

Your decision was courageous.

너의 결정은 용기 있는 일이었다.

- encourage[enkə́:ridʒ]   v. 용기를 주다

The teacher encouraged me, telling me not to give up.

내게 포기하지 말라며, 그 선생님은 나를 격려해주셨다.

fashion
[fǽʃən]

Colorful sneakers are in fashion among teenagers.

색채가 풍부한 스니커즈가 10대들 사이에서 유행하고 있다.

- fashionable[fǽʃənəbəl]   a. 유행하는

She wears only fashionable clothes.

그녀는 유행하는 옷만 입는다.

pole
[poul]

He brought many wooden poles.

그는 많은 나무 막대기를 가져왔다.

It is much colder in the South pole than in the North pole.

북극보다 남극이 훨씬 춥다.

□ **hose**
[houz]

n. 호스

Where is the fire hose?
소방용 호스가 어디에 있습니까?

□ **palace**
[pǽlis]

n. 궁전, 대저택

The king and queen live in the palace.
왕과 왕비가 그 궁전에서 살고 있다.

□ **believe**
[bilíːv]

v. 믿다, 신용하다

She believes that her son is honest.
그녀는 그녀의 아들이 정직하다고 믿는다.
[believed – believed – believing]

■ belief[bilíːf]　n. 믿음, 신용

He had strong belief that he is right.
그는 그가 옳다는 강한 믿음을 가지고 있다.

□ **wise**
[waiz]

a. 현명한

The old man is wise and patient.
그 노인은 현명하고 인내심이 있다.

■ wisdom[wízdəm]　n. 지혜, 현명

My grandmother has wisdom for living.
할머니는 삶의 지혜를 가지고 계신다.

□ **slip**
[slip]

v. 미끄러지다

The old woman slipped on the ice.
그 노인은 얼음 위에서 미끄러졌다.
[slipped – slipped – slipping]

■ slippery[slípəri]　a. 미끄러운

The road was slippery.
길이 미끄러웠다.

beg
[beg]

v. 구걸하다, 애걸하다

The poor boy begged some money in the cold.

그 불쌍한 소년은 추위 속에서 돈을 구걸했다.

[begged – begged – begging]

■ beggar[bégər]　n. 거지

No one wants to be a beggar.

아무도 거지가 되고 싶어하지 않는다.

machine
[məʃíːn]

n. 기계

We can't live without electric machines now.

우리는 이제 전기 기계 없이 살 수 없다.

pot
[pɑt]

n. 냄비, 단지

She cooked potato soup in the pot.

그녀는 냄비에다 감자 수프를 끓였다.

chess
[tʃes]

n. 체스, 서양장기

Can you play chess?

체스 둘 줄 압니까?

which
[hwitʃ]

n. 어느 것, 어떤 사람　a. 어느, 어떤(의문사)

Which do you prefer, apples or grapes?

사과와 포도 중 어느 것을 더 좋아합니까?

Which student won the first prize?

어느 학생이 1등상을 받았습니까?

neighbor
[néibər]

n. 이웃사람

She is my neighbor.

그녀는 내 이웃사람입니다.

■ neighborhood[néibərhùd]　n. 이웃, 근처

She likes her neighborhood.

그녀는 그녀의 이웃을 좋아합니다.

sweater
[swétər]

n. 스웨터

It is cold outside. Put on your sweater.
밖이 춥습니다. 스웨터를 입으세요.

daily
[déili]

a. 매일의

He bought a daily newspaper at the newsstand.
그는 신문 가판대에서 일간신문을 샀다.

disabled
[diséibld]

a. 불구가 된

He became disabled after the accident.
그는 교통사고 후 불구가 되어 버렸다.

band
[bænd]

n. 음악대(밴드), 무리, 띠

I want to join the school band.
학교 음악대에 참가하고 싶습니다.
She attached a yellow band around her hat.
그녀는 모자에 노란 띠를 둘렀다.

view
[vju:]

n. 광경, 보기

I was surprised at the view of the beautiful field.
나는 그 아름다운 벌판의 광경에 놀랐다.

envy
[énvi]

v. 부러워하다   **n.** 부러움

I envy you!
나는 네가 부러워!
I felt envy of his good grade.
나는 그의 좋은 성적에 부러움을 느꼈다.
[envied-envied-envying]

brand
[brænd]

n. 상표

Which brand of jeans do you like most?
가장 좋아하는 상표의 청바지가 어느 거니?

carefully
[kɛ́ərfəli]

ad. 조심스럽게, 신중히

Put the box on the table carefully.
상자를 탁자 위에 조심스럽게 놓으세요.
■ care[kɛər]   n. 근심, 걱정, 조심
I don't care what you did.
네가 무엇을 했는지는 신경쓰지 않는다.

shout
[ʃaut]

v. 소리치다   **n.** 고함

The teacher shouted at me suddenly.
선생님은 갑자기 내게 소리쳤다.
Did you hear the shout from the next door?
이웃집에서 나는 고함소리를 들었니?
[shouted-shouted-shouting]

trust
[trʌst]

v. 믿다, 신뢰하다   **n.** 신뢰

I cannot trust the man at all.
나는 그 남자를 전혀 믿을 수 없다.
I have no trust in the man.
나는 그 남자에게 신뢰를 가지고 있지 않다.
[trusted-trusted-trusting]

leader
[líːdər]

n. 지도자, 리더

Who is the leader of this group?
이 단체의 지도자는 누구니?
■ lead[liːd]   v. 인도하다, 이끌다
Some dogs lead the blind.
몇몇 개들은 맹인들을 인도합니다.

find
[faind]

v. 찾아내다, 알아내다

Did you find your lost textbooks in the classroom?
교실에서 잃어버린 교과서를 찾아냈니?
[found - found - finding]

wish
[wiʃ]

v. 바라다, 소망하다   n. 바라는 것, 소망

I wish it would not rain on the picnic day.
소풍날 비가 오지 않기 바란다.
What is your wish about this problem?
이 문제에 대해 바라는 것이 무엇입니까?
[wished - wished - wishing]

blood
[blʌd]

n. 피, 혈액

What's your blood type?
당신의 혈액형은 무엇입니까?
■ bleed[bli:d] v. 피 흘리다
He didn't bleed though he was beaten.
그는 맞았지만 피를 흘리지 않았다.

whisper
[hwíspər]

v. 속삭이다

She whispered something to me, but I couldn't get it.
그녀는 내게 무언가 속삭였지만 나는 알아들을 수 없었다.
[whispered - whispered - whispering]

traditional
[trədíʃənl]

a. 전통적인

Hanboks are traditional Korean dresses.
한복은 한국의 전통 의상입니다.
■ tradition[trədíʃən] n. 전통, 관례
I will keep my family traditon.
나는 가족의 전통을 지킬 것이다.

suit
[suːt]

n. 양복 한 벌

I'd like to buy a suit.
나는 양복 한 벌을 사고 싶습니다.

pool
[puːl]
=swimming pool

n. 수영장, 물웅덩이

Is there a pool around here?
이 근처에 수영장이 있니?

poem
[pouəm]

n. 시

I like reading poems.
나는 시를 읽는 것을 좋아한다.
■ poet[pouit]　n. 시인
She is a famous poet in Korea.
그녀는 한국에서 유명한 시인이다.
■ poetic[pouétik]　a. 시적인, 시의
His writing is full of poetic feeling.
그의 글은 시적인 감정으로 가득 차 있다.

following
[fálouiŋ]

a. 다음의, 이하의

Look at the following pictures.
다음 사진들을 보세요.

garage
[gərɑ́ːʒ]

n. 차고

She put her new truck in the garage.
그녀는 새 트럭을 차고 안에 두었다.

another
[ənʌ́ðər]

a. 다른, 별개의　**n.** 다른 것, 별개의 것

This book is not interesting. Show me another book.
이 책은 재미없어요. 다른 책을 보여주세요.

sweat
[swet]

n. 땀　**v.** 땀 흘리다

His shirt is wet with sweat.
그의 셔츠는 땀에 젖어 있다.
Why are you sweating so much?
왜 그렇게 땀을 많이 흘리고 있니?
[sweated – sweated – sweating]

puzzle
[pʌ́zl]

n. 퍼즐, 수수께끼

I like to do a crossword puzzle.
나는 크로스워드 퍼즐(십자말풀이) 풀기를 좋아한다.

poster
[póustər]

n. 벽보, 포스터

She attached the poster on the wall.
그녀는 벽보를 벽에 붙였다.

clever
[klévər]

a. 영리한, 총명한 (opp. stupid)

The child is very clever.
그 어린아이는 매우 영리하다.

stupid
[stjú:pid]

a. 멍청한, 우둔한 (opp. clever)

What a stupid boy he is!
정말 멍청한 소년이군!

anyway
[éniwèi]

ad. 어쨌든, 하여간

I can't go on a picnic anyway.
나는 어쨌든 소풍을 못 갑니다.

conversation
[kànvərséiʃən]

n. 대화, 회화

They stopped the conversation when I came into the room.
내가 방에 들어오자 그들은 대화를 멈췄다.

university
[jùːnəvə́ːrsəti]

n. 대학, 종합대학

She graduated from University of California.
그녀는 캘리포니아 대학을 졸업했다.

turkey
[tə́ːrki]

n. 칠면조

Americans eat broiled turkeys on Thanksgiving Day.
미국인들은 추수 감사절에 구운 칠면조를 먹는다.

bookcase
[búkkèis]

n. 책꽂이, 책장

She put the new books in the bookcase.
그녀는 새 책들을 책꽂이에 두었다.

certainly
[sə́ːrtnli]

ad. 꼭, 확실히

You can find the building certainly.
너는 그 건물을 꼭 발견할 수 있을 거야.

among
[əmʌ́ŋ]

prep. ～사이에, ～사이에서

There is an apple tree among the pear trees.
배나무들 사이에 사과나무가 하나 있다.

smooth
[smuːð]

a. 부드러운, 매끄러운 (opp. rough)

The baby's skin is smooth.
그 아기의 피부는 부드럽다.

hen
[hen]

n. 암탉 (opp. cock)

There are cocks and hens in the yard.
마당에는 수탉과 암탉들이 있다.

cock
[kɑk]

n. 수탉 (opp. hen)

The cock has a very beautiful tail.
그 수탉은 매우 아름다운 꼬리를 가지고 있다.

that
[ðæt]

a. 저   **n.** 저것   **conj.** ~라고 (pl. those)

Look at that boy wearing a blue cap.
파란 모자를 쓴 저 남자 아이를 봐라.
She thinks that she will not pass the exam.
그녀는 시험에 합격하지 못할 것이라고 생각한다.

shake
[ʃeik]

v. 흔들다

The boys are shaking the apple tree to get apples.
남자아이들이 사과를 얻으려고 사과나무를 흔들고 있다.
[shook – shaken – shaking]
■ shake hands with   ~와 악수하다
I shook hands with David Beckham.
나는 데이비드 베컴과 악수했다.

owner
[óunər]

n. 주인

Who is the owner of this bag?
이 가방의 주인은 누구입니까?

shelf
[ʃelf]

n. 선반 (pl. shelves)

There was a shelf on the wall.
벽에는 선반이 하나 있었다.

pond
[pɑnd]

n. 연못

The pond is very deep so you must not swim in it.
이 연못은 매우 깊어서 너는 수영을 하면 안 된다.

D·A·Y 25

click
[klik]

v. (마우스를) 클릭하다, 딸깍하다

Click the round red button on the right.
오른편의 빨갛고 둥근 단추를 클릭하세요.

discuss
[diskʌ́s]

v. 토의하다

The students are discussing what to show in the school festival.
학생들이 학교 축제 때 무엇을 보여줄지 토의하고 있다.
[discussed – discussed – discussing]

■ discussion [diskʌ́ʃən]　n. 토의

We should close a discussion in ten minutes.
우리는 10분 안에 토의를 끝내야 한다.

planet
[plǽnit]

n. 행성

There are 8 planets in the solar system.
태양계에는 여덟 개의 행성이 있다.

alone
[əlóun]

ad. 홀로

Leave me alone, please.
절 좀 혼자 두세요.

pair
[pɛər]

n. 한 쌍, 한 벌

She bought two pairs of shoes for her father.
그녀는 그의 아버지를 위해 두 켤레의 신발을 샀다.

barber
[bɑ́:rbər]

n. 이발사

The barber has lived in this town for more than 30 years.
그 이발사는 이 마을에 30년 넘게 살아오고 있다.

mop
[mɑp]

n. 자루걸레

She wiped the floor with a mop.
그녀는 자루걸레로 바닥을 문질렀다.

forward
[fɔ́:rwərd]

ad. 앞쪽에, 앞으로 (opp. backward)

He told me to step forward.
그는 내게 앞으로 나아가라고 말했다.

■ look forward to ~ing   ~을 기대하다

We are looking forward to seeing him again.
우리는 그를 다시 만나기를 기대한다.

backward
[bǽkwərd]

ad. 뒤쪽으로, 뒤를 향해 (opp. forward)

She stepped backward suddenly.
그녀는 갑자기 뒤로 물러섰다.

rectangle
[rétæŋgl]

n. 직사각형

The school playground is a rectangle.
학교 운동장은 직사각형이다.

drug
[drʌg]

n. 약

This drug works well.
이 약은 잘 듣는다.

backpack
[bǽkpæ̀k]

n. 배낭

Big backpacks are in fashion among students.
학생들 사이에서 큰 배낭이 유행이다.

wine
[wain]

n. 포도주, 와인

She gave me a glass of wine.
그녀는 내게 포도주 한 잔을 주었다.

build
[bild]

v. 짓다, 건축하다

This school was built 15 years ago.
이 학교는 15년 전에 지어졌다.
[built – built – building]

event
[ivént]

n. 사건, 행사

A school excursion is one of the most important school events.
학교 소풍은 가장 중요한 학교 행사 중 하나이다.

besides
[bisáidz]

ad. 게다가

The boy is smart, and handsome besides.
그 남자아이는 똑똑하고, 게다가 잘 생기기까지 했어.

snack
[snæk]

n. 간식

Light snacks and some beverages will be served at the meeting.
그 모임에서는 가벼운 간식과 음료가 제공됩니다.

palm
[pɑ:m]

n. 손바닥

I got hurt my palm.
나는 손바닥을 다쳤다.

carpenter
[kɑ́ːrpəntər]

n. 목수

There was an old carpenter in this village.
이 마을에는 나이든 목수가 한 명 있었다.

skillful
[skílfəl]

a. 능숙한, 솜씨 좋은

The student became skillful at using the computer soon.
그 학생은 곧 그 컴퓨터를 사용하는 데 능숙해졌다.

battle
[bǽtl]

n. 전투

He was killed in the battle.
그는 그 전투에서 죽었다.

fry
[frai]

v. 볶다, 튀기다

Fry rice and vegetables in the frying pan.
프라이팬에 밥과 채소를 볶으세요.
[fried – fried – frying]

hall
[hɔːl]

n. 회관, 홀

The students got together at the hall after dinner.
학생들은 저녁을 먹은 후 회관에 모였다.

agree
[əgríː]

v. 찬성하다

I don't agree with you about the problem.
그 문제에 대해 네게 찬성할 수 없다.
[agreed–agreed–agreeing]
■ agreement[əgríːmənt]　n. 찬성, 동의, 협약
Are you on agreement on this?
이 문제에 동의하시나요?

invent
[invént]

v. 발명하다, 고안하다

Who invented light bulbs?
전구를 발명한 것은 누구입니까?
[invented – invented – inventing]

■ invention[invénʃən]   n. 발명
Necessity is the mother of invention.
(속담) 필요는 발명의 어머니이다.

advice
[ədváis]

n. 충고

Did you read the advice in the pamphlet?
그 팸플릿에 있는 충고를 읽어 보았습니까?

congratulation
[kəngrǽtʃəléiʃən]

n. 축하

Congratulations on your new job.
새 직장 얻은 거 축하해요.

sense
[sens]

n. 감각, 분별

We have 5 senses.
우리는 5개의 감각이 있다.

mosquito
[məskí:tou]

n. 모기

I couldn't sleep last night because a mosquito flew around me all night.
밤새도록 모기 한 마리가 날아다녀서 어젯밤 나는 잠을 잘 수 없었다.

scream
[skri:m]

v. 소리 지르다   **n.** 비명

The girl screamed with horror.
그녀는 공포로 비명을 질렀다.
Did you hear the scream last night?
어젯밤에 비명 소리를 들었니?
[screamed-screamed-screaming]

lately
[léitli]

ad. 요즘, 최근(syn. recently)

It has not rained lately.
최근에 비가 오지 않았다.

better
[bétər]

a. 더 좋은, 더 나은 (good, well의 비교급) (opp. worse)

Do you feel better now?
지금은 좀 기분이 좋아졌니?

worse
[wə:rs]

a. 더 나쁜 (bad의 비교급) (opp. better)

The food is bad, and the service is worse.
음식은 나쁘고, 서비스는 더 나쁘다.

railroad
[réilròud]

n. 철도

The railroad was destroyed by the
earthquake.
철도는 지진으로 파괴되었다.

lazy
[léizi]

a. 게으른 (opp. diligent)

The teacher was angry at the lazy student.
선생님은 그 게으른 학생에게 화가 났다.

grape
[greip]

n. 포도

Wine is made from grapes.
와인은 포도로 만든다.

deaf
[def]

a. 귀머거리의

Helen Keller was deaf and blind.
헬렌 켈러는 귀머거리에 장님이었다.

servant
[sə́:rvənt]

n. 하인

I need a servant right now.
나는 지금 바로 하인이 필요해.
■ public servant 공무원
His father is a public servant.
그의 아버지는 공무원이시다.

true
[tru:]

a. 사실의, 정말의

Is it true that he passed the entrance examination?
그가 입학시험에 합격했다는 것이 사실입니까?
■ truth[tru:θ]   n. 진실
I want to know the truth.
나는 진실을 알고 싶어.

truly
[trú:li]

ad. 참으로, 진실로

This is truly one of the most beautiful town in korea.
이 곳은 참으로 한국에서 가장 아름다운 마을 중 한 곳입니다.

chore
[tʃɔ:r]

n. 허드렛일, 잡일

My father does the house chores on Sundays.
아버지는 일요일마다 집의 허드렛일을 하십니다.

failure
[féiljər]

n. 실패자, 실패

You are not a failure.
너는 실패자가 아니다.

rainbow
[réinbòu]

n. 무지개

Did you see the rainbow after the rain yesterday?
어제 비 그친 후에 무지개를 보았니?

lily
[líli]

n. 백합

A lily is my favorite flower.
백합은 내가 가장 좋아하는 꽃이다.

gift
[gift]

n. 선물, 경품

My father received a New Year's gift from his company.
아버지는 회사에서 새해 선물을 받으셨다.

statue
[stǽtʃuː]

n. 조각상

There is the general's huge statue in the street.
그 거리에는 장군의 거대한 조각상이 있다.

law
[lɔː]

n. 법

Everyone must obey the law.
모든 사람들은 법을 준수해야만 한다.

spoil
[spɔil]

v. 망치다, 상하게 하다

The school excursion was spoiled because of the rain.
비 때문에 소풍을 망쳐버렸다.
[spoiled – spoiled – spoiling]

pardon
[pάːrdn]

v. 용서하다　**n.** 용서

Pardon me for being late.
늦은 것을 용서해 주세요. (늦어서 죄송합니다.)

faithful
[féiθfəl]

a. 충실한

A dog is a faithful animal.
개는 충실한 동물이다.
■faith[feiθ]　n. 믿음, 신뢰
I have faith in my brother.
나는 내 형을 믿는다.

medal
[médl]

n. 메달, 훈장

The man won a gold medal.
그는 금메달을 땄다.

attention
[əténʃən]

n. 주목, 주의

Attention, please!
주목해 주세요!
■attend[əténd]　v. 참석하다, 주목하다
I didn't attend the meeting because I was sick.
나는 아파서 모임에 참석하지 않았다.

scene
[siːn]

n. 장면, 풍경

The last scene of the movie was really touching.
영화의 마지막 장면은 정말 감동적이었다.

therefore
[ðέərfɔːr]

ad. 그러므로

Therefore, we should be good at English.
그러므로, 우리는 영어에 능숙해져야 한다.

☐ **single**
[síŋgl]

a. 하나의, 독신의

I will not say even a single word.
나는 한 마디도 말하지 않겠어.

☐ **step**
[step]

v. 걷다　**n.** 걸음, 단계, 계단

Please step backward when the train is coming.
열차가 올 때는 뒤로 물러나 주세요.
[stepped-stepped-stepping]

☐ **racket**
[rǽkit]

n. 채, 라켓

She wants to buy a new tennis racket.
그녀는 새 테니스 채를 사고 싶어 한다.

☐ **tennis**
[ténis]

n. 테니스

I can't play tennis well.
나는 테니스를 잘 치지 못한다.

☐ **imagine**
[imǽdʒin]

v. 상상하다

Can you imagine that we will travel the moon someday?
언젠가 우리가 달을 여행할 것이라고 상상할 수 있나요?
[imagined-imagined-imaging]

■ imagination[imǽdʒənéiʃən]　n. 상상

I will leave the rest to my readers' imagination.
나머지는 독자들의 상상에 맡길 거야.

☐ **female**
[fíːmeil]

a. 여자의, 암컷의 (opp. male)

This is a female dress.
이것은 여성용 드레스이다.

battleship
[bǽtlʃìp]

n. 전함

The turtle ship is a kind of a battleship.
거북선은 일종의 전함이다.

add
[æd]

v. 더하다, 추가하다, 합치다

He added some water to the soup.
그는 수프에 물을 좀 더했다.
[added-added-adding]

■addition[ədíʃən]　n. 덧셈, 보충, 추가

Children learn addition and subtraction in the first year.
어린아이들은 첫 해에 덧셈과 뺄셈을 배운다.

favor
[féivər]

n. 호의, 친절

Can I ask a favor of you?
= Can you do me a favor?
부탁 하나 드려도 되겠습니까?

various
[vέəriəs]

a. 여러 가지의, 다양한

We can read various books in the school library.
학교 도서관에서 여러 가지 책들을 읽을 수 있다.

■variety[vəràiəti]　n. 변화, 다양함

I want to give variety to my daily life.
일상생활에 변화를 주고 싶어.

knock
[nɑk]

v. (문을)두드리다, 때리다

She knocked the door, but nobody answered it.
그녀는 문을 두드렸지만 아무도 대답이 없었다.
[knocked-knocked-knocking]

■knock down 때려 눕히다

The bully knocked down the poor boy.
그 깡패는 그 불쌍한 소년을 때려눕혔다.

indoors
[índɔ̀ːrz]

ad. 실내에서

She had to stay indoors all day long.
그녀는 하루 종일 실내에 머물러 있어야만 했다.

set
[set]

v. 놓다, 설치하다, (해가) 지다

She set a glass on the table.
그녀는 테이블 위에 유리잔을 놓았다.
The sun sets in the west.
해는 서쪽으로 진다.
[set – set – set]

seem
[siːm]

v. ~인 것 같다

She seemed glad to meet us.
그녀는 우리를 만나서 반가운 것 같았다.
[seemed – seemed – seeming]

noise
[nɔiz]

n. 소음, 시끄러움, 잡음

I was surprised at the sudden noise around midnight.
나는 자정 무렵 들린 갑작스런 소음에 깜짝 놀랐다.
■noisy[nɔ́izi]   a. 시끄러운
My mother doesn't like noisy music.
어머니는 시끄러운 음악을 싫어하신다.
■make a noise 시끄럽게 굴다, 소란을 피우다
Please don't make a noise. My baby is sleeping.
시끄럽게 굴지 마세요. 아기가 자고 있어요.

million
[míljən]

n. 백만

The population of Seoul is over ten million.
서울의 인구는 1000만을 넘는다.

side
[said]

n. 면, 측면, 옆 부분

Look at the other side of things.
사물의 다른 면을 보도록 해라.

■ side by side   나란히

I sat side by side with Junho in the bus yesterday.
나는 어제 버스에서 준호와 나란히 앉았다.

sight
[sait]

n. 시력, 보임, 보기

A bat has a very bad sight.
박쥐는 시력이 나쁘다.

■ out of sight   보이지 않는

Out of sight, out of mind.
(속담) 눈에서 멀어지면 마음도 멀어진다.

broadcast
[brɔ́:dkæ̀st]

v. 방송하다   **n.** 방송

The concert will be broadcast throughout the country.
그 음악회는 나라 전체에 방송될 것이다.

The television broadcast started in 1957 in Korea.
한국에서는 1957년에 텔레비전 방송이 시작되었다.

fair
[fɛər]

a. 정당한, 공정한 (opp. foul)

He won the first prize though he didn't study hard. That's not fair.
그는 공부를 열심히 하지 않았는데도 1등상을 받았어. 그것은 정당하지 못해.

recently
[ríːsntli]

ad. 요즘, 최근에

He has not come to school recently.
그는 요즘 학교에 오지 않았다.

apart
[əpáːrt]

ad. 떨어져서, 따로

The man and the woman walked apart from each other.
그 남자와 여자는 서로 떨어져서 걸었다.

■ take apart   분해하다

I took the computer apart to fix it.
나는 컴퓨터를 수리하려고 분해했다.

biologist
[baiáləd ʒist]

n. 생물학자

The biologist examined the strange animal.
그 생물학자는 그 이상한 동물을 조사했다.

■ biology[baiáləd ʒi]   n. 생물학

I'm going to take a biology class this semester.
나는 이번 학기에 생물학 수업을 들을 것이다.

peck
[pek]

v. (부리로)쪼다, 쪼아 먹다

The cocks and hens are pecking something on the ground.
수탉과 암탉들이 땅 위의 무엇인가를 쪼고 있다.

[pecked – pecked – pecking]

bud
[bʌd]

n. 싹, 꽃봉오리

Seeds start to open their buds in spring.
봄에는 씨앗들이 싹 트기 시작한다.

expect
[ikspékt]

v. 기대하다, 예상하다

I expect a nice birthday present from my boyfriend.
나는 남자 친구로부터 멋진 생일 선물을 기대하고 있다.
[expected – expected – expecting]

■ expectation[èkspektéiʃən]　n. 기대, 예상

His parents have a great expectation about him.
그의 부모님은 그에 대해 큰 기대를 가지고 계신다.

repair
[ripέər]

v. 수리하다, 수선하다　n. 수리, 수선

I don't know how to repair the computer.
컴퓨터를 어떻게 고쳐야 할 지 모르겠다.
[repaired – repaired – repairing]

■ repairman[ripέərmæn]　n. 수리공

His brother is a repairman.
그의 형은 수리공이다.

weight
[weit]

n. 무게, 체중

She has lost a lot of weight recently.
그녀는 최근 몸무게가 많이 줄었다.

height
[hait]

n. 높이, 고도, 키

Do you know the height of the Mt. Everest?
에베레스트 산의 높이를 알고 있습니까?

grocery
[gróusəri]

n. 식료품점

She dropped at the grocery on her way home.
그녀는 집에 오는 길에 식료품점에 들렀다.

scared
[skɛərd]

n. 겁에 질린, 무서워하는

The child was scared by the dog.
그 어린아이는 개 때문에 겁에 질렸다.

■ scare[skɛər] v. 겁주다 n. 공포

Don't scare the child!
그 어린아이를 겁주지 마!

ladder
[lǽdər]

n. 사다리

My father climbed up the ladder.
아버지는 사다리를 타고 올라가셨다.

adventure
[ædvéntʃər]

n. 모험, 모험심

He enjoyed the dangerous adventure in the jungle.
그는 정글에서의 위험한 모험을 즐겼다.

appear
[əpíər]

v. 나타나다

The singer finally appeared on the stage.
그 가수가 마침내 무대 위에 나타났다.
[appeared – appeared – appearing]

■ appearance[əpíərəns] n. 출현, 출석, 외모

I am not happy with my appearance.
나는 나의 외모가 마음에 들지 않아.

praise
[preiz]

v. 칭찬하다   **n.** 칭찬, 칭송

The teacher praised the student for his efforts.
선생님은 그 학생의 노력을 칭찬했다.
Your efforts deserved praise.
네 노력은 칭찬받을 만했다.
[praised – praised – praising]

grateful
[gréitfəl]

a. 고맙게 생각하는 (syn. thankful)

I am really grateful for your help.
당신의 도움을 정말 고맙게 생각합니다.
- gratefully[gréitfəli] ad. 고맙게 여기며

She accepted my help gratefully.
그녀는 내 도움을 고맙게 여기며 받아들였다.

embarrassed
[imbǽrəst]

a. 당황한, 난처해하는

I felt embarrassed when I found I wore my shirt wrong side out.
나는 내가 셔츠를 뒤집어 입은 것을 알고 당황했다.
- embarrass[imbǽrəs] v. 난처하게 하다

My boy friend sometimes embarrasses me.
내 남자 친구는 가끔 나를 난처하게 해.

prize
[praiz]

n. 상, 포상

She won the first prize in the essay contest.
그녀는 논술 대회에서 1등을 수상했다.

appointment
[əpɔ́intmənt]

n. 예약, 약속

I have a dentist's appointment on Thursday.
나는 목요일에 치과 예약이 되어 있습니다.

stuff
[stʌf]

n. 물건, 재료 **v.** 꽉 채워 넣다, 과식하다

The attic was full of the old stuff.
다락방은 낡은 물건들로 가득 차 있었다.
She stuffed the box with clothes.
그녀는 옷으로 상자를 꽉 채워 넣었다.
[stuffed – stuffed – stuffing]

☐ **look**
[luk]

v. 보다　**n.** 외모, 모양

Look at the silver lining of the cloud.
구름 가장자리의 은빛 테두리를 보아라.
Don't judge others only by their looks.
다른 사람을 단지 외모로 판단하지는 마.

☐ **inside**
[insáid]

prep. ~의 안쪽에, ~의 내부에　**n.** 안쪽, 내부

The shirts and blouses are inside the closet.
셔츠와 블라우스는 옷장 안쪽에 들어 있습니다.
Did you look around inside the house?
집 안쪽도 둘러보았습니까?

☐ **ground**
[graund]

n. 땅, 토양, 지면

The ground was covered with the green buds.
땅은 녹색 새싹들로 뒤덮여 있었다.

☐ **promise**
[prámis]

v. 약속하다　**n.** 약속

She promised me to come home before seven.
그녀는 내게 7시 이전에 집에 오겠다고 약속했다.
[promised – promised – promised]

■ break a promise　약속을 깨다, 어기다

He broke the promise to keep it a secret.
그는 그것을 비밀로 하겠다는 약속을 깨버렸다.

☐ **serious**
[síəriəs]

a. 심각한, 진지한, 중대한

His injury is so serious that he may lose his life.
그의 부상은 심각해서 목숨을 잃을지도 모른다.

☐ **skip**
[skip]

v. 깡충거리며 뛰다, (하지 않고) 건너뛰다

The children were skipping around in the
classroom.
어린아이들은 교실에서 이리저리 뛰어다녔다.
[skipped – skipped – skipping]

D·A·Y 28

trouble
[trʌ́bl]

n. 고민거리, 성가신 것   **v.** 괴롭히다

Staying home with him is a trouble to me.
그와 함께 집에 있어야 하는 게 내 고민거리이다.
[troubled – troubled – troubling]

■ be in trouble 곤란을 겪다

I don't want to be in trouble because of you.
너 때문에 곤란을 겪고 싶지 않아.

recipe
[résəpì:]

n. 조리법, 요리법

Do you know the recipe for a fried chicken?
프라이드 치킨 조리법을 알고 있나요?

handicapped
[hǽndikæ̀pt]

a. 장애가 있는 (syn. disabled, challenged)

We can't park here.
It is for handicapped people.
여기에 주차할 수 없어요. 여기는 장애가 있는 사람들
을 위한 곳이에요.

documentary
[dàkjəméntəri]

n. 다큐멘터리, 기록영화

The documentary informed the hidden
facts about the war.
그 다큐멘터리는 그 전쟁에 대한 숨겨진 사실을 알려주
었다.

■ document[dɑ́kjəmənt]   n. 문서, 서류, 기록

Put all your documents in this box.
당신의 서류를 전부 이 상자에 넣으세요.

park
[pɑːrk]

v. 주차하다　**n.** 공원

You must not park in front of the fire hydrant.
소화전 앞에 주차해서는 안 됩니다.
There is a park by the City Hall.
시청 옆에 공원이 하나 있어.
[parked – parked – parking]

matter
[mǽtər]

n. 문제, 일　**v.** 중요하다

What's the matter with you?
무엇이 문제니?
It does not matter to me.
그것은 내게 중요하지 않아.
[mattered – mattered – mattering]

express
[iksprés]

v. 표현하다　**a.** 급행의

The artist expressed his feeling by painting pictures.
그 예술가는 그의 감정을 그림을 그려서 표현했다.
[expressed – expressed – expressing]
■ expression[ikspréʃən]　n. 표현
There are a lot of expressions about color in Korean.
한국어에는 색깔에 관한 표현들이 많이 있다.

eager
[íːgər]

a. 간절히 원하는, 열망하는

He is eager to study abroad.
그는 외국에서 공부하기를 간절히 원한다.

communication
[kəmjùːnəkéiʃən]

n. 의사소통, 통신

The communication among family members is important.
식구들 간의 의사소통은 중요하다.

lie
[lai]

v. 눕다, 놓여 있다   **n.** 거짓말 (opp. truth)

The beggar lay on the ground.
그 거지는 땅바닥 위에 누웠다.
[lay – lain – lying]

■ tell a lie   거짓말을 하다

She was telling a lie about herself.
그녀는 자신에 대해 거짓말을 하고 있었다.

complete
[kəmplíːt]

v. 완성하다   **a.** 완전한

She completed her report early in this month.
그녀는 이번 달 초에 보고서를 완성시켰다.
[completed – completed – completing]

■ completely[kəmplíːtli]   ad. 완전히

He was forgotten completely after he stopped school.
그는 학교를 그만둔 후 완전히 잊혀졌다.

custom
[kʌstəm]

n. 풍습, 관습   **n.** 세관, 관세

According to the old custom, children wear traditional clothes.
옛 풍습에 따라서, 어린이들은 전통 의상을 입는다.
Next, you have to pass the customs.
다음에는, 세관을 통과해야 합니다.

however
[hauévər]

ad. 그렇지만

She was disappointed at the result. However, she tried again.
그는 결과에 실망했다. 그렇지만 그녀는 다시 시도했다.

count

[kaunt]

v. 세다

The children can count to one hundred.

그 어린이는 100까지 셀 수 있다.

[counted – counted – counting]

■ count in (사람을) ~에 끼워주다, 셈에 넣다

Count me in for the surprise party.

그 깜짝 파티에 나를 끼워줘.

nervous

[nə́:rvəs]

a. 초조한, 신경질적인

I feel nervous because of the math test.

나는 수학시험 때문에 초조하다.

■ nerve[nə:rv] n. 신경

The scientist studied the human nerve system.

그 과학자는 인간의 신경계에 대해 연구했다.

disappointed

[dìsəpɔ́intid]

a. 실망한

I felt sad when I saw my mother's disappointed face.

나는 어머니의 실망한 얼굴을 보았을 때 슬펐다.

■ disappointing[dìsəpɔ́intiŋ] a 실망스러운

The test result was disappointing.

시험 결과가 실망스러웠다.

■ disappoint[dìsəpɔ́int] v. 실망하다, 실망시키다

I disappointed in him too much.
I don't trust him anymore.

나는 그에게 너무 실망했어. 그를 더 이상 믿지 않아.

assistant
[əsístənt]

n. 조수, 보조자

She serves as an assistant of an artist.
그녀는 한 예술가의 조수로서 활동하고 있다.

- assist[əsíst]   v. 보조하다, 돕다

The young man assisted the artist for a long time.
그 젊은이는 그 예술가를 오랫동안 보조했다.

protect
[prətékt]

v. 지키다, 방어하다

How can we protect our children from traffic accidents?
우리가 어떻게 하면 교통사고로부터 아이들을 방어할 수 있을까요?

[protected - protected - protecting]

- protection[prəték∫ən]   n. 보호, 방어

You have to wear a helmet for protection.
보호를 위해 헬멧을 쓰셔야 합니다.

respect
[rispékt]

v. 존경하다, 존중하다   **n.** 존경, 존중

I respect my parents.
나는 부모님을 존경합니다.
Koreans show respect to the old.
한국인들은 나이든 사람들에게 존경을 표시한다.

[respected - respected - respecting]

idiom
[ídiəm]

n. 숙어, 관용어

The teacher gave us a list of idioms to memorize.
선생님은 우리에게 암기해야 할 숙어 목록을 주었다.

regularly
[régjulərli]

ad. 규칙적으로, 정기적으로

She practices swimming **regularly**.
그녀는 수영을 정기적으로 연습한다.
■ regular[régjulər] a. 규칙적인, 정기적인
Having **regular** meals is important to your health.
규칙적인 식사를 하는 것은 건강에 중요합니다. .

judge
[dʒʌdʒ]

v. 판단하다, 재판하다   **n.** 판사, 재판관

Don't **judge** a book by its cover.
(속담) 책의 겉표지를 보고 책을 판단하지 마라.
Being a **judge** is very hard.
판사가 되는 것은 어렵다.
[judged – judged – judging]

decide
[disáid]

v. 결정하다, 결심하다

She **decided** to live in the small town.
그녀는 그 소도시에서 살기로 결정했다.
[decided – decided – deciding]
■ decision[disíʒən] n. 결정, 결심
She made a wrong **decision** and regretted it later.
그녀는 잘못된 결정을 내렸고, 나중에 그것을 후회했다.

success
[səksés]

n. 성공

His latest movie was a great **success**.
그의 최근 영화는 커다란 성공작이었다.

bone
[boun]

n. 뼈

I found some animal's **bones** under the tree.   나는 나무 아래서 어떤 동물의 뼈를 발견했다.

convenient
[kənvíːnjənt]

a. 편리한 (opp. inconvenient)

The electric dictionary is very convenient and useful.
전자 사전은 매우 편리하며 유용하다.

■ convenience store   편의점

There is no convenience store around here.
이 근처에는 편의점이 없다.

knowledge
[nálidʒ]

n. 지식, 이해

He has much knowledge about cars.
그는 자동차에 대한 많은 지식을 갖고 있다.

through
[θruː]

prep. 장소 : ~을 통하여, 관통하여 시간 : 동안, 줄곧

The thief came into the house through the back door.
그 도둑은 뒷문을 통해 집안으로 들어왔다.

She stayed home through the summer vacation.
그녀는 여름방학 동안 집에 있었다.

garbage
[gáːrbidʒ]

n. 쓰레기, 음식찌꺼기

The river was polluted with garbage.
강은 쓰레기로 오염되었다.

shall
[ʃæl]

Let's go out for dinner, shall we?
저녁 먹으러 가자, 어때?
[should – 없음 – 없음]

break
[breik]

I broke my computer by mistake.
나는 실수로 컴퓨터를 망가뜨렸다.
■take a break   휴식을 취하다
I took a break on the bench.
나는 벤치에서 휴식을 취했다.

abroad
[əbrɔ́ːd]

He plans to study abroad next year.
그는 내년에 외국에서 공부할 예정이다.

garage
[gərá:ʒ]

We have not used the garage for a long time.
우리는 오랫동안 차고를 사용하지 않았다.
■garage sale   차고 세일, 중고 가정용품 염가판매
I bought this watch at the garage sale.
나는 이 시계를 차고 세일에서 샀어.

outside
[àutsáid]

The outside of the building was destroyed seriously.
건물의 바깥쪽이 심하게 파손되었다.
You should play soccer outside the classroom.
교실 밖에서 축구를 해야 한다.

rescue
[réskjuː]

v. 구조하다, 구하다 (syn. save)　　**n.** 구출, 구원

They have rescued a lot of people in danger.
그들은 위험에 빠진 많은 사람들을 구조해 왔다.
[rescued – rescued – rescuing]

■ rescuer[réskjuːər]　n. 구조대원

The rescuer jumped into the deep pond to save the child.
그 구조대원은 어린아이를 구하기 위해 깊은 연못으로 뛰어들었다.

slim
[slim]

a. 날씬한

She eats much, but has a slim figure.
그녀는 많이 먹지만, 날씬한 몸매를 갖고 있다.

wing
[wiŋ]

n. 날개

A penguin has a pair of very short wings.
펭귄은 아주 짧은 날개 한 쌍을 갖고 있다.

blossom
[blásəm]

v. 꽃피다　　**n.** 꽃 (syn. flower)

The apple trees in the garden started to blossom.
정원의 사과나무들이 꽃피기 시작했다.
It is hard to see blossoms in winter.
겨울에는 꽃을 보기 어렵다.
[blossomed – blossomed – blossoming]

borrow
[bárou]

v. 빌리다

You can borrow 3 books from the library.
도서관에서는 3권의 책을 빌릴 수 있습니다.
[borrowed – borrowed – borrowing]

main
[méin]

a. 주된, 주요한

The main food of Korea, Japan and China is rice.

한국, 일본, 중국의 주식은 쌀이다.

■ mainly[méinli] ad. 주로

What do the Korean students mainly do after school?

한국 학생들은 방과 후에 주로 무엇을 합니까?

sail
[seil]

v. 항해하다, 배로 가다

We are planning to sail down the river.

우리는 배로 강을 따라 내려갈 예정이다.

■ sailor[séilər] n. 선원, 뱃사람

He looks like a sailor.

그는 뱃사람처럼 보인다.

mixture
[míkstʃər]

n. 혼합물

The milk shake is the mixture of ice cream and milk.

밀크 쉐이크는 아이스크림과 우유의 혼합물이다.

hang
[hæŋ]

v. 걸다, (매달려) 늘어져 있다

He hung the picture on the wall.

그는 벽에 그림을 걸었다.

[hung – hung – hanging]

■ hang up (전화를) 끊다, 그만두다

Please don't hang up the phone.

제발 전화를 끊지 마세요.

handy
[hǽndi]

a. 편리한, 솜씨 좋은

This blender is very handy to everybody.

이 믹서는 누구나 사용하기 편리하다.

rent
[rent]

v. 빌리다　**n.** 집세, 임대료

My father is going to rent a car at Jeju Island.

아버지는 제주도에서 차를 빌리려고 하신다.

You should pay your rent tomorrow.

내일은 집세를 지불해야 합니다.

[rented – rented – renting]

dish
[diʃ]

n. 접시, 요리

She was washing the dishes when I called her.

내가 전화했을 때 그녀는 접시를 씻고 있었다.

ingredient
[ingrí:diənt]

n. (요리) 재료, 성분

Mix all the ingredients slowly in the bowl.

그릇 안에 있는 모든 재료를 천천히 섞어라.

assignment
[əsáinmənt]

n. 숙제, 할당된 일

The teacher gave us a lot of assignment.

선생님은 우리에게 많은 숙제를 내주셨다.

■ assign[əsáin]　**v.** 지정하다, 할당하다

The teacher assigned me to help the handicapped student.

선생님께서는 그 장애 학생을 돕도록 나를 지정하셨다.

price
[prais]

n. 값, 가격

The oil price is very high nowadays.
요즘은 원유 가격이 아주 높다.
The old book is thought to be priceless.
그 오래된 책은 매우 귀중한 것으로 생각된다.
■ priceless[práislis]　a. 매우 귀중한, 값을 매길 수 없는

probably
[prábəbli]

ad. 아마도, 십중팔구는 (syn. perhaps)

Probably, he will pass the entrance examination.
아마도 그는 입학 시험에 합격할 것이다.

candle
[kǽndl]

n. 양초

He lighted the candles on the cake.
그는 케이크 위의 양초에 불을 켰다.

dozen
[dʌ́zn]

n. 다스, 12개

Can you buy me a dozen of pencils?
연필 한 다스를 사다줄 수 있나요?

tree
[tri:]

n. 나무

There are many beautiful trees in the park.
그 공원에는 아름다운 나무들이 많다.

situation
[sìtʃuéiʃən]

n. 상황, 상태, 위치

The situation will get better soon.
상황이 곧 괜찮아질 거야.

shoot
[ʃu:t]

v. 쏘다, 촬영하다

The hunter shot the deer with a gun.
사냥꾼은 사슴을 총으로 쏘았다.
[shot – shot – shooting]

hare
[hɛər]

n. 산토끼

If you run after two hares, you will catch neither.
(속담) 두 마리 토끼를 쫓으면 한 마리도 잡지 못한다.

tortoise
[tɔ́:rtəs]

n. 거북, 남생이

A tortoise has a shell on its back.
거북이는 등에 껍질을 갖고 있다.

hold
[hould]

v. 쥐다, 개최하다

She held her bag tightly.
그녀는 가방을 꽉 쥐었다.
[held – held – holding]

■hold on (전화를) 끊지 않고 기다리다

Hold on, Please.
끊지 마세요.

although
[ɔ:lðóu]

conj. ~에도 불구하고 (syn. though)

He is wise although he is very young.
그는 매우 젊음에도 불구하고 현명하다.

spend
[spend]

v. 쓰다, (시간을) 보내다

People spend much money on educating their children.
사람들은 그들의 자녀를 교육시키는 데 돈을 많이 쓴다.
[spent – spent – spending]

train
[trein]

v. 훈련하다, 교육하다   **n.** 기차, 열차

Parents should train their children to be polite.
부모는 자녀들이 예의바르도록 교육시켜야 한다.
[trained – trained – training]
■ trainer[tréinər]   n. 교관, 훈련자
When is the new trainer going to come?
새 교관은 언제 오나요?

state
[steit]

n. 국가, 주

She is a state scholarship student.
그녀는 국가 장학금을 받는 학생이다.

well-known
[wélnóun]

a. 잘 알려진, 유명한

He is well-known as a Nobel prized scientist.
그는 노벨상 수상 과학자로서 잘 알려져 있다.

smog
[smɑg]

n. 스모그, 연무

London was once notorious for its smog.
런던은 한때 스모그로 악명이 높았다.

turnip
[tə́:rnip]

n. 순무

Cook the potatoes and turnips in a large pan.
커다란 팬에서 감자와 순무를 요리해라.

advise
[ædváiz]

v. 충고하다

The doctor advised the teacher to quit the job for a while.
의사 선생님은 그 선생님에게 당분간 직장을 그만두라고 충고하셨다.

[advised – advised – advising]

■ advice[ædváis]　n. 충고

He didn't listen to my advice.
그는 나의 충고를 듣지 않았다.

international
[ìntərnǽʃənl]

a. 국제적인, 국가간의

English is an international language.
영어는 국제적인 언어이다.

■ internationally[ìntərnǽʃənli]　ad. 국제적으로

This computer program is used internationally.
이 컴퓨터 프로그램은 국제적으로 사용되고 있나.

age
[eidʒ]

n. 나이, 시대

She entered a college at the age of 12.
그녀는 12살의 나이에 대학에 입학했다.

simple
[simpl]

a. 간단한, 쉬운

The problem is not that simple.
그 문제는 그리 간단하지 않다.

■ simply[símpli]　ad. 간단히

The singer answered all the questions very simply.
그 가수는 모든 질문을 아주 간단히 대답했다.

turn
[təːrn]

v. 방향을 바꾸다, 돌리다, ~이 되다　**n.** 회전, 차례

Turn right at the corner.
모퉁이에서 오른쪽으로 도세요.
[turned – turned – turning]

■ turn in　제출하다

Turn in your homework by tomorrow.
내일까지 숙제를 제출하세요.

ocean
[óuʃən]

n. 대양, 큰 바다

There are five oceans on the earth.
지구에는 다섯 개의 대양이 있다.

hunt
[hʌnt]

v. 사냥하다

He hunted a bear last winter.
그는 지난 겨울에 곰을 사냥했다.
[hunted – hunted – hunting]

■ hunter[hʌ́ntər]　n. 사냥꾼

The hunter chased the deer.
그 사냥꾼은 사슴을 뒤쫓았다.

doorstep
[dɔ́ːrstèp]

n. (현관의) 계단

The girl was sitting on the doorstep and smiled at me.
그 여자 아이는 현관 앞 계단에 앉아 있다가 나를 향해 미소 지었다.

accept
[æksépt]

v. 받아들이다, 수락하다 (opp. reject)

She accepted my apology with smile.
그녀는 나의 사과를 미소를 띠며 받아들였다.
[accepted – accepted – accepting]

■ acceptance[ækséptəns]　n. 인정, 수락

Teenagers really want their parents' acceptance.
10대들은 그들의 부모의 인정을 정말로 원한다.

☐ **fold**
[fould]

v. 접다 (opp. unfold)

She folded the letter and put it into the envelope.
그녀는 편지를 접어서 봉투 안에 넣었다.
[folded – folded – folding]

■fold one's arms 팔짱을 끼다

She folded her arms.
그녀는 팔짱을 꼈다.

☐ **onto**
[ántə]

prep. ~위에, ~위로

The boy jumped onto the top of the wall.
그 남자 아이는 담장 위로 뛰어 올랐다.

☐ **lonely**
[lóunli]

a. 외로운, 고독한

The old man was very lonely during the holidays.
그 노인은 명절 동안 몹시 외로웠다.

☐ **package**
[pǽkidʒ]

n. 꾸러미, 포장, 소포

I don't know who sent this package to me.
누가 이 꾸러미를 내게 보냈는지 모르겠다.

☐ **addition**
[ədíʃən]

n. 덧셈, 추가, 보충

Children are learning addition and subtraction in the first year.
어린아이들은 첫 해에 덧셈과 뺄셈을 배운다.

■in addition 게다가 (syn. besides)

In addition, you should study hard.
게다가 공부도 열심히 해야만 해.

beauty
[bjúːti]

n. 아름다움, 미인

This picture expressed the beauty of the nature.
이 그림은 자연의 아름다움을 묘사하고 있다.

- beautiful[bjúːtəfəl]   a. 아름다운

My English teacher is beautiful.
나의 영어 선생님은 아름다우셔.

explain
[ikspléin]

v. 설명하다

Can you explain how to use this copy machine?
이 복사기를 어떻게 사용하는지 설명해 주시겠어요?

[explained – explained – explaining]

- explanation[iksplənéiʃən]   n. 설명

Her explanation was not easy.
그녀의 설명은 쉽지 않았다.

project
[prɑ́dʒekt]

n. 계획, 설계

The government is drawing up a project to improve the English education.
정부는 영어 교육을 개선할 계획을 세우고 있다.

sweep
[swiːp]

v. 쓸다, 청소하다

The students were sweeping or mopping the floor.
학생들은 바닥을 쓸거나 자루걸레로 닦고 있었다.

[swept – swept – sweeping]

kingdom
[kíŋdəm]

n. 왕국, 범위

A lion is a king in the animal kingdom.
동물의 왕국에서는 사자가 왕이다.

beard
[biə*r*d]

n. 턱수염

My grandfather wore a beard in this picture.
이 사진에서 우리 할아버지는 턱수염을 기르고 계시다.

pause
[pɔːz]

v. 중지하다　**n.** 중지

She paused for a moment to look at the sign.
그녀는 표지판을 보기 위해 잠시 멈추었다.
The performance came to a pause.
공연이 잠시 멈추었다.
[paused – paused – pausing]

elect
[ilékt]

v. 선거하다, 선출하다

They elected him to be a class president.
그들은 그를 반상으로 선출했다.
[elected – elected – electing]
■ election[ilékʃən]　**n.** 선거, 선출
I won the class president election!
내가 반장 선거에서 이겼어!

special
[spéʃəl]

a. 특별한, 특수한

The patient needs a special care.
그 환자는 특별한 관리를 필요로 한다.

upset
[ʌpsét]

a. 당황한, 심란한　**v.** 뒤엎다

She was upset because she spoiled an
important exam.
중요한 시험을 망쳐서 그녀는 당황했다.
The child upset the toy box.
그 어린아이는 장난감 상자를 뒤엎었다.
[upset – upset – upsetting]

hardworking
[háːrdwə̀ːrkiŋ]

a. 열심히 일(공부)하는, 근면한

He is a hardworking student.
그는 공부를 열심히 하는 학생이다.

escalator
[éskəlèitər]

n. 에스컬레이터

You can use the escalator instead of the elevator.
엘리베이터 대신에 에스컬레이터를 사용할 수 있습니다.

microphone
[máikrəfòun]

n. 마이크, 확성기

The principal was speaking into the microphone.
교장 선생님께서는 마이크에 대고 말씀하고 계셨다.

while
[hwail]

conj. ~하는 동안, ~하는 반면   **n.** 잠깐

She cooked dinner while I was studying in my room.
내가 방 안에서 공부하는 동안 그녀는 저녁을 지었다.
■ for a while   잠시 동안
Wait here for a while.
잠시 여기서 기다리고 있어요.

spell
[spel]

v. 철자를 쓰다

Let me know how to spell this word.
이 단어의 철자 쓰는 법을 알려주세요.
[spelled – spelled – spelling]
■ spelling[spéliŋ]   n. 철자
Please check the spelling of your name.
이름의 철자를 확인해 주세요.

kindergarten
[kíndərgà:rtn]

n. 유치원

She takes her child to the kindergarten around eight thirty.
그녀는 8시 30분 쯤에 아이를 유치원에 데려다 준다.

couch
[kautʃ]

n. 긴 의자, 소파

She is sleeping on the couch.
그녀는 긴 의자 위에서 잠을 자고 있다.

squeeze
[skwi:z]

v. 짜내다, 죄다

My mother squeezed juice out of oranges.
어머니는 오렌지에서 과즙을 짜냈다.
[squeezed – squeezed – squeezing]

heat
[hi:t]

n. 열, 뜨거움　**v.** 뜨겁게 하다

The heat is killing me.
더워 죽겠다.
[heated – heated – heating]

operate
[ápərèit]

v. 조작하다, 수술하다

The engineer operated the computer skillfully.
그 기술자는 컴퓨터를 능숙하게 조작했다.
[operated – operated – operating]
■ operation[àpəréiʃən]　n. 작동, 수술
Enter a different operation number.
다른 작동 번호를 입력 하세요.

activity
[æktívəti]

n. 활동

The teacher tried some classroom activities.
그 선생님은 몇 개의 교실 활동을 시도해 보았다.

blend
[blend]

v. 섞다, 혼합하다 (syn. mix)

She **blended** several paints to get the color she wanted.

그녀는 원하는 색을 얻기 위해 몇 개의 물감을 혼합했다.

[blended – blended – blending]

■ blender[bléndər] n. 믹서, 혼합기

I should buy a new **blender** because old one was broken.

새 믹서를 사야 해. 쓰던 게 망가졌거든.

ambulance
[ǽmbjuləns]

n. 구급차, 앰뷸런스

Call 119 for an **ambulance**.

119로 전화를 걸어 앰뷸런스를 불러라.

anxious
[ǽŋkʃəs]

a. 열망하는, 걱정하는

He is **anxious** for meeting her.

그는 그녀를 만나기를 열망하고 있다.

■ anxiety[æŋzáiəti] n. 걱정, 근심, 열망

Most students feel **anxiety** about their future.

대부분의 학생들은 미래에 대해 불안을 느낀다.

appearance
[əpíərəns]

n. 출현, 외모, 모습

I was surprised at his sudden **appearance** at the party.

나는 파티에서 그의 갑작스런 출현에 깜짝 놀랐다.

idle
[áidl]

a. 여유로운, 일을 안 하는

She enjoyed an **idle** time with coffee.

그녀는 커피를 마시며 여유로운 시간을 즐겼다.

fantastic
[fæntǽstik]

a. 환상적인, 굉장한, 멋진

The food of the restaurant was fantastic.
그 레스토랑의 음식은 환상적이었다.

indeed
[indíːd]

ad. 참으로, 정말로

Thank you for helping me, indeed.
저를 도와주셔서 참으로 고맙습니다.

janitor
[dʒǽnətər]

n. 문지기, 수위 (syn. doorkeeper)

He works for the school as a janitor.
그는 그 학교에서 수위로 일한다.

sell
[sel]

v. 팔다, 판매하다

I am going to sell all my comic books at the flea market.
나는 벼룩시장에서 내 만화책을 전부 팔 것이다.
[sold – sold – selling]

■sold out 매진된, 다 팔린

I'm sorry, but the books are sold out.
죄송하지만 그 책은 매진입니다.

sign
[sain]

v. 서명하다, 등록하다   **n.** 표지판, 서명

You should sign here.
이곳에다 서명하세요.
The sign says, "Don't feed animals."
그 표지판에는 "동물에게 먹이를 주지 마세요." 라고 적혀 있다.
[signed – signed – signing]

strike
[straik]

v. 때리다, 치다

A lightening struck the roof of the building.
번개가 그 건물의 지붕을 때렸다.
[struck – struck – striking]

check
[tʃek]

v. 확인하다, 대조하다   **n.** 수표

I **checked** my answers were right or wrong.
내 답이 맞았는지 틀렸는지 확인해 보았다.
Can I pay by **check**?
수표로 지불할 수 있습니까?
[checked – checked – checking]

forecast
[fɔ́:rkæst]

v. 예측하다   **n.** 예보, 예측

Nobody can **forecast** the result.
누구도 결과를 예측할 수 없다.
[forecast – forecast – forecasting]

whole
[houl]

a. 모든, 전체의, 완전한

The **whole** students are going to go on a picnic.
모든 학생들은 소풍 갈 것이다.

tablet
[tǽblit]

n. 알약 (syn. pill)

Take 2 **tablets** when you have a headache.
두통이 있을 때마다 2알씩 드세요.

rapid
[rǽpid]

a. 빠른, 민첩한

The soccer player is famous for his **rapid** movement.
그 축구 선수는 민첩한 움직임으로 유명하다.
- rapidly[rǽpidli]   ad. 빠르게

The number of cars is increasing **rapidly**.
차의 숫자가 빠르게 증가하고 있다.

ago
[əgóu]

a. ~ 전

He left for America 5 days ago.
그는 5일 전에 미국으로 떠났다.

desert
[dézə:rt]

n. 사막

Camels are useful in the desert.
낙타는 사막에서 유용하다.

fuse
[fju:z]

v. 융화시키다, 녹이다　**n.** (전기의) 퓨즈

This dish fused the oriental style with the western style.
이 음식은 동양식과 서양식을 융화시킨 것이다.
The fuse has blown out.
퓨즈가 나가버렸다.
[fused – fused – fusing]

remember
[rimémbər]

v. 기억하다, 생각해내다 (opp. forget)

I'll remember you forever.
너를 영원히 기억할게.
[remembered – remembered – remembering]

■ remembrance[rimémbrəns]　n. 기억, 추억

What is your most precious remembrance?
당신의 가장 소중한 기억은 무엇입니까?

fill
[fil]

v. 채우다. 채워 넣다

She **filled** the box with candies and chocolates.
그녀는 사탕과 초콜릿으로 상자를 채웠다.
[filled – filled – filling]

■ fill out   서류에 적어 넣다
You should **fill out** this form.
이 서류 양식을 적어 넣으셔야 합니다.

second
[sékənd]

n. 초

Sixty **seconds** make one minute.
60초는 1분이다.

minute
[mínit]

n. 분

Sixty **minutes** make one hour.
60분은 1시간이다.

nature
[néitʃər]

n. 자연, 기질, 본성

What can we do to protect our **nature**?
자연을 보호하기 위해 무엇을 할 수 있습니까?

■ by nature   천성적으로
He is honest **by nature**.
그는 천성적으로 정직하다.

boil
[bɔil]

v. 삶다, 끓이다

He **boiled** 3 eggs for breakfast.
그는 아침으로 달걀 3개를 삶았다.
[boiled – boiled – boiling]

comprehension
[kàmprihénʃən]

n. 이해, 이해력

We will take a listening **comprehension** test today.
우리는 오늘 듣기평가(듣기 이해 평가)를 칠 것이다.

☐ **zone**
[zoun]

n. 구역, 지역, 지대

Here is a no-parking zone.
이곳은 주차 금지 구역입니다.

☐ **ready**
[rédi]

a. 준비된, 준비를 갖춘

Dinner is ready.
저녁이 준비 되었어요.

☐ **own**
[oun]

v. 소유하다　a. 자기소유의

Although she is young, she owns a house.
그녀는 젊음에도 불구하고 집을 한 채 소유하고 있다.
[owned-owned-owning]

■ owner[óunər]　n. 주인

Who is the owner of this farm?
이 농장의 주인은 누구입니까?

☐ **catch**
[kætʃ]

v. 잡다, 붙잡다

The brave girl caught the thief by herself.
그 용감한 여자 아이는 혼자 힘으로 도둑을 잡았다.
[caught-caught- catching]

■ catch a cold　감기 걸리다

If you don't want to catch a cold, change
your wet clothes.
감기에 걸리고 싶지 않으면 젖은 옷을 갈아 입어라.

☐ **adult**
[ədʌ́lt]

n. 어른, 성인 (opp. child)　a. 어른의, 성인의

Most adults prefer rice to bread.
어른들은 대부분 빵보다는 밥을 선호한다.
You should not see adult movies.
성인영화를 보면 안 된다.

□ **valley**
[væli]

n. 골짜기, 계곡

The valley was deep and dark.
그 골짜기는 깊고 어두웠다.

□ **form**
[fɔ:rm]

n. 형태, 형식, 서류 양식　**v.** 만들다, 형성하다

There are various forms of art works in the museum.
그 박물관에는 다양한 형태의 예술품이 있다.
The students formed a movie club.
그 학생들은 영화 모임을 만들었다.
[formed-formed-forming]

□ **Roman**
[róumən]

n. 로마 사람　**a.** 로마의

Do in Rome as the Romans do.
(속담) 로마에 가면 로마 사람들이 하는 대로 해라.
I am reading a book about the Roman Empire.
나는 로마 제국에 대해 쓴 책을 읽고 있다.

□ **repeat**
[ripí:t]

v. 되풀이하다, 반복하다

Don't repeat the same mistake.
같은 실수를 반복하지 마라.
[repeated-repeated-repeating]
■repetition[rèpətíʃən]　n. 반복, 되풀이
It was the repetition of the same mistake.
그것은 같은 실수의 반복이었다.

□ **agree**
[əgrí:]

v. 동의하다, 찬성하다 (opp. disagree)

I can't agree to your opinion.
나는 네 의견에 찬성할 수 없다.
[agreed-agreed-agreeing]
■agreement[əgrí:mənt]　n. 동의, 찬성, 약속
We couldn't receive his agreement.
우리는 그의 동의를 받아내지 못했다.

advertisement
[ǽdvərtáizmənt]

n. 광고, 선전 (syn. ad.)

There are too many advertisements in this magazine.

이 잡지에는 광고가 너무 많다.

■ advertise[ǽdvərtàiz]　v. 광고하다

What is this advertising?

이것은 무엇을 광고하는 거야?

■ advertiser[ǽdvərtàizər]　n. 광고주

The advertiser knows what people want.

광고주는 사람들이 무엇을 원하는지 알고 있다.

task
[tæsk]

n. 직무, 과업, 힘든 일

She made great efforts to finish her task.

그녀는 그녀의 직무를 끝마치기 위해 엄청난 노력을 했다.

stream
[striːm]

n. 개울, 시내

There was a stream near my uncle's house.

삼촌의 집 근처에는 개울이 있었다.

press
[pres]

v. 누르다, 강요하다, 강조하다
n. 누름, 압박, 인쇄기

If you want more information about the school, press dial 4.

학교에 대한 더 많은 정보를 얻고 싶으시면 4번을 누르세요.

[pressed-pressed-pressing]

maple
[méipl]

n. 단풍나무

We can see a maple leaf on the Canadian national flag.

우리는 캐나다 국기에서 단풍나무 잎을 볼 수 있다.

without
[wiðàut]

prep. ~없이, ~하지 않고

A living creature can't live **without** water.
살아있는 생물은 물 없이 살 수 없다.

volunteer
[vàləntíər]

v. 봉사 활동하다　**n.** 자원 봉사자

Most students plan to **volunteer** at the center in summer.
대부분의 학생들이 여름에 그 센터에서 봉사 활동을 할 계획이다.

We need many **volunteers** for this event.
이 행사를 위해 많은 자원 봉사자들이 필요합니다.

[volunteered - volunteered - volunteering]

note
[nout]

v. 써두다, 메모하다　**n.** 기록, 메모

He **noted** down her phone number and address.
그는 그녀의 전화번호와 주소를 써 두었다.

[noted-noted-noting]

■take notes　필기하다, 적다

She **takes notes** very hard.
그녀는 매우 열심히 필기를 한다.

ancestor
[ǽnsestər]

n. 조상, 선조 (opp. descendant)

Our **ancestors** used fans to cool the heat in summer.
우리 조상은 여름에 더위를 식히기 위해 부채를 사용했다.

descendant
[diséndənt]

n. 자손, 후예 (opp. ancestor)

We have to save energy for our **descendants**.
우리는 자손들을 위해 에너지를 아껴야만 한다.

coach
[koutʃ]

v. 가르치다, 코치하다　**n.** 코치, 지도원

The teacher **coaches** the soccer team after school.
그 선생님은 방과 후 축구팀을 가르치십니다.
The **coach** is cheering the soccer team.
코치는 축구팀을 격려하고 있다.
[coached – coached – coaching]

guess
[ges]

v. 짐작하다, 추측하다　**n.** 짐작, 추측

I can't **guess** what the weather is like in Sydney.
나는 시드니의 날씨가 어떨지 짐작할 수 없다.
My **guess** was wrong
내 짐작은 틀렸다.
[guessed – guessed – guessing]

along
[əlɔ́ːŋ]

prep. ~을 따라서

They walked **along** the country road, singing together.
그들은 함께 노래를 부르며 시골길을 따라 걸었다.

diligent
[dílədʒənt]

a. 부지런한, 근면한

Koreans are very **diligent** people.
한국인들은 매우 근면한 사람들이다.
■diligence[dílədʒəns]　**n.** 부지런함, 근면
Koreans are well known for their **diligence**.
한국인들은 근면함으로 유명하다.

bean
[biːn]

n. 콩

Most children hate eating beans.
대부분의 아이들은 콩을 먹는 것을 아주 싫어한다.

if
[if]

conj. 만약 ~라면, ~인지 아닌지

If you want to go there, you can go.
그곳에 가고 싶다면 가도 좋다.

wonder
[wʌ́ndər]

v. 궁금하게 여기다, 이상하게 여기다

My mother wondered why I looked so nervous.
어머니는 내가 몹시 불안하게 보이는 이유를 궁금하게 여기셨다.
[wondered – wondered – wondering]

empty
[émpti]

a. 빈 (opp. full)

Your glass is empty.
당신의 잔이 비었습니다.

■ emptiness[émptinis]　n. 공허, 공백

The emptiness of the field made her sad.
그 벌판의 공허는 그녀를 슬프게 했습니다.

climb
[klaim]

v. 기어오르다, 올라가다

The monkeys are climbing up the trees.
원숭이들이 나무 위로 기어오르고 있다.
[climbed – climbed – climbing]

■ go climbing　등산가다

My father and I went climbing last Sunday.
아버지와 나는 지난 일요일 등산을 갔다.

couple
[kʌpl]

n. 둘, 한 쌍, 커플

There are a couple of birds on the branch.
가지 위에 두마리의 새가 있다.

crowd
[kraud]

n. 많은 사람들, 군중

A large crowd gathered around the athlete.
많은 군중이 그 운동선수를 둘러쌌다.
■ crowded[kráudid]   a. 붐비는, 혼잡한
The restaurant is very crowded around noon.
그 음식점은 정오 무렵에 매우 붐빈다.

pour
[pɔ:r]

v. 따르다, 쏟다, 쇄도하다

She poured hot coffee into my cup.
그녀는 내 컵에 뜨거운 커피를 따라주었다.
[poured – poured – pouring]

surprise
[sərpráiz]

v. 놀라게 하다   **n.** 놀람, 경악

The news surprised me.
그 소식은 나를 놀라게 했다.
What a surprise!
정말 놀라워!
[surprised – surprised – surprising]

keep
[ki:p]

v. 계속 ~하다, 유지하다

They kept talking each other.
그들은 계속 서로 이야기했다.
[kept – kept – keeping]

speech
[spi:tʃ]

n. 연설, 말하기

The principal made a long speech.
교장 선생님께서는 오랫동안 연설을 하셨다.

□ **fight**
[fait]

v. 싸우다　**n.** 싸움

The bear and the tiger started to fight over the dead rabbit.
곰과 호랑이는 죽은 토끼를 두고 싸우기 시작했다.
Many people lost their lives during the fight for liberty.
많은 사람들이 자유를 위한 싸움에서 목숨을 잃었다.
[fought-fought-fighting]

□ **safe**
[seif]

a. 안전한, 위험하지 않은 (opp. dangerous)

It is not safe to leave the child alone.
그 어린아이를 혼자 두는 것은 위험하다.
■safety[séifti]　n. 안전, 무사 (opp. danger)
Safety first.　(표어) 안전 제일

□ **admiral**
[ǽdmərəl]

n. 해군 제독

Admiral Yi Sunshin is one of the greatest heroes in the Korean history.
이순신 장군은 우리나라의 역사상 가장 위대한 영웅 중 한 명이시다.

□ **underground**
[ʌ́ndərgràund]

a. 지하의

Is there an underground parking lot in this building?
이 건물에는 지하 주차장이 있습니까?

□ **junk**
[dʒʌŋk]

n. 쓰레기, 폐물

It's nothing but a piece of junk.
그것은 그저 쓰레기일 뿐이다.
■junk food　(패스트푸드 등) 몸에 좋지 않은 음식
Many students eat junk food after school.
많은 학생들이 방과 후에 몸에 좋지 않은 음식을 먹는다.

require
[rikwáiər]

v. 요청하다, 필요로 하다

He required me to be present at the meeting.
그는 내게 모임에 참석할 것을 요청했다.
[required – required – requiring]

alike
[əláik]

a. 닮은, 비슷한   **ad.** 똑같이

The twin brothers are much alike.
그 쌍둥이 형제는 아주 닮았다.
Teachers should treat students alike.
교사는 학생들을 똑같이 대해 주어야 한다.

top
[tɑp]

n. 꼭대기, 최고의 것(사람)

The top of the mountain is still covered with snow.
산꼭대기는 여전히 눈에 덮여 있다.

company
[kʌmpəni]

n. 회사, 동료, 친구

What company does your father work for?
네 아버지는 어느 회사를 다니시니?

mow
[mou]

v. 베다, 깎다

My father mows the lawn once a month.
아버지는 한 달에 한 번 잔디를 깎는다.
[mowed – mown – mowing]

gymnastics
[dʒimnǽstiks]

n. 체조

I plan to do a lot of gymnastics during the vacation.
나는 방학 동안에 체조를 많이 할 계획이다.

medium
[míːdiəm]

a. 중간의, 보통의   **n.** 수단, 매체

I'd like my steak medium.
스테이크는 중간 정도로 익혀 주세요.
It's an excellent medium of communication.
그것은 훌륭한 의사소통 수단이다.

ahead
[əhéd]

ad. 앞쪽에, 앞으로

They started to walk ahead of me.
그들은 나를 앞서서 걸어가기 시작했다.

half
[hæf, hɑːf]

n. 절반, 2분의 1   **a.** 절반의

Half of the students bring their lunches from home.
절반 정도의 학생은 집에서 도시락을 갖고 온다.
It will take about a half hour to get there.
거기 가는 데는 반시간 정도 걸릴 거야.

married
[mǽrid]

a. 결혼한, 기혼의 (opp. single)

Are you married or single?
결혼하셨나요, 아니면 독신이신가요?

care
[kɛər]

v. 신경 쓰다, 돌보다   **n.** 걱정, 돌봄

I don't care about her.
나는 그녀에 대해 신경 쓰지 않는다.
[cared – cared – caring]

■ take care of 돌보다, 관심을 갖다
She must take care of her little brothers after school.
그녀는 방과 후 남동생들을 돌보아야만 한다.

mean
[miːn]

a. 비겁한, 째째한　**v.** 의미하다, 뜻하다

Don't be so mean!
그렇게 비겁하게 굴지 마!
What do you mean by that?
그게 무슨 말이야?

shoelace
[ʃuːlèis]

n. 신발 끈

Wait a moment. I need to tie the shoelaces.
잠시만 기다려 주세요. 신발 끈을 매야 합니다.

stick
[stik]

v. 끼우다, 찌르다　**n.** 막대기

He sticked a flower into the button hole.
그는 꽃 한 송이를 단추 구멍에 끼웠다.
She carried a bunch of sticks into the room.
그녀는 한 묶음의 막대기를 방으로 갖고 들어왔다.
[sticked – sticked – sticking]

accident
[æksidənt]

n. 사고, 우연

She was in a car accident last night.
그녀는 어제 자동차 사고를 당했다.
■ accidentally[æksədéntəli]　ad. 우연히
I saw the crime scene accidentally yesterday.
나는 어제 우연히 범죄 현장을 보았다.

terrific
[tərífik]

a. 대단한, 굉장한

She was a terrific pianist.
그녀는 대단한 피아니스트였다.

ring
[riŋ]

v. 울리다

The telephone continued ringing for 10 minutes.
전화기는 10분 동안 계속 울렸다.
[rang‑rung‑ringing]

hurt
[həːrt]

v. 다치게 하다, 아프다　**n.** 상처, 부상

I got hurt my right knee while I was playing soccer.
나는 축구를 하던 중에 오른쪽 무릎을 다쳤다.
She got a hurt on her forehead when she fell.
그녀는 넘어졌을 때 이마에 상처를 입었다.
[hurt – hurt – hurting]

manner
[mǽnər]

n. 예절, 방법

The student has good manners.
그 학생은 예의가 바르다.

local
[lóukəl]

a. 지역의, 지방의

The local time is 5:30 in the evening.
현재 지역 시간은 저녁 5시 30분입니다.

subtract
[səbtrǽkt]

v. 빼다

Subtract 3 from 10.
10에서 3을 빼세요.
[subtracted – subtracted – subtracting]
■ subtraction[səbtrǽkʃən]　n. 뺄셈
Subtraction is the basic process of arithmetic.
뺄셈은 산수의 기본 과정이다.

multiply
[mʌ́ltəplài]

v. 곱하다

Multiply 4 by 2. What is the answer?
4에 2를 곱하세요. 답은 무엇입니까?
[multiplied – multiplied – multiplying]
■ multiplication[mʌ̀ltəplikéiʃən]   n. 곱셈, 증식
I am not so good at multiplication.
나는 곱셈을 잘 하지 못한다.

during
[djúəriŋ]

prep. ~ 동안

Don't send text messages during school hours.
학교에 있는 동안에는 문자를 보내지 마세요.

public
[pʌ́blik]

a. 공공의, 대중의 (opp. personal, private)

We should care others in public places.
우리는 공공장소에서 다른 사람들을 배려해야 한다.

scientific
[sàiəntífik]

a. 과학적인, 과학의

It needs a scientific explanation.
그것은 과학적인 설명이 필요하다.
■ science[sáiəns]   n. 과학
I like my new science teacher.
새로오신 과학 선생님이 좋아.

appetite
[ǽpitàit]

n. 식욕, 입맛

When I smelled the soup, I felt an appetite.
국 냄새를 맡았을 때 나는 식욕을 느꼈다.

riddle
[rídl]

n. 수수께끼

The Sphinx asked passersby a riddle.
스핑크스는 지나가는 사람들에게 수수께끼를 냈다.

skill
[skil]

n. 솜씨, 기술

His painting **skill** is excellent.
그의 그림 솜씨는 빼어나다.

■ skillful[skílfəl]　a. 솜씨 좋은, 숙련된

He is a **skillful** engineer.
그는 솜씨 좋은 기술자이다.

pass
[pæs]

v. 건네주다, 지나가다, (시험에) 합격하다

Could you **pass** me the salt, please?
소금 좀 건네주시겠어요?

[passed – passed – passing]

■ pass away　돌아가시다, 죽다

My grandmother **passed away** 5 years ago.
할머니께서는 5년 전에 돌아가셨다.

miss
[mis]

v. 놓치다, 그리워하다

I was late for school today because I
missed the bus.
버스를 놓쳐서 나는 오늘 학교에 늦고 말았다.

[missed – missed – missing]

final
[fáinl]

a. 마지막의, 궁극적인, 기말시험의

I like the **final** scene of the movie.
나는 그 영화의 마지막 장면이 마음에 들어.

seek
[siːk]

v. 조사하다, 찾다

He is **seeking** the cause of the explosion.
그는 폭발의 원인을 조사하고 있다.

[sought – sought – seeking]

hide
[haid]

v. 숨기다

I hide my diary under my bed.
나는 침대 밑에 일기장을 숨겨 놓는다.
[hide – hidden – hiding]

■ hide and seek   숨바꼭질

baby-sit
[béibisìt]

v. 아이를 돌보다

I have to baby-sit the baby while my mom goes out.
어머니가 외출 하시는 동안 나는 아이를 돌봐야만 한다.
[baby-sat – baby-sat – bay-sitting]

■ baby sitter   아이 봐주는 사람

My mom needs a baby sitter when she goes to the movies.
우리 엄마는 영화 보러 갈 때 아이 봐주는 사람이 필요해.

chimney
[tʃímni]

n. 굴뚝

Dark and thick smoke rose from the factory chimney.
공장 굴뚝으로부터 검고 짙은 연기가 올라왔다.

dough
[dou]

n. 가루 반죽

She baked a pie with the dough.
그녀는 반죽으로 파이를 구웠다.

clothing
[klóuðiŋ]

n. 의복, 의류 (syn. clothes)

I need some summer clothing.
나는 여름옷이 약간 필요해.

perfect
[pə́:rfikt]

a. 완전한, 완벽한

He got a perfect score in the math test.
그는 수학 시험에서 만점을 받았다.

■ perfection[pərfékʃən]　n. 완전, 완성

I study English hard because my English is far form perfection.
내 영어가 완전하지 못하기 때문에 나는 열심히 영어를 공부한다.

spread
[spred]

v. 펴다, 펴 바르다

He spread the newspaper out on the table.
그는 식탁 위에 신문을 펼쳐 놓았다.
[spread – spread – spreading]

stir
[stə:r]

v. 휘젓다

Pour the egg mixture into the frying pan and stir it for 4-5 minutes.
프라이팬에 달걀 섞은 것을 부은 후 4~5분간 휘저으세요.
[stirred – stirred – stirring]

medicine
[médəsin]

n. 약

A good medicine tastes bitter to mouth.
(속담) 좋은 약은 입에 쓰다.

■ medical[médikəl]　a. 의학의

Medical magazines are hard to read but interesting.
의학 잡지는 읽기에는 어렵지만 재미있다.

mermaid
[mə́:rmèid]

n. 인어

A mermaid has a fish's tail instead of legs.
인어는 다리 대신에 물고기의 꼬리를 가지고 있다.

foreigner
[fɔ́:rinər]

n. 외국인

Many foreigners in Korea enjoy Korean food.
한국의 많은 외국인들이 한국 요리를 즐긴다.

■foreign[fɔ́:rin]　a. 외국의

How many foreign countries have you been to?
얼마나 많은 외국에 다녀온 적 있니?

fall
[fɔ:l]

v. 떨어지다, 넘어지다, ~한 상태가 되다　n. 가을, 떨어짐

Rain drops are falling on my head.
빗방울이 머리 위로 떨어지고 있다.

Fall is my favorite season.
가을은 내가 가장 좋아하는 계절이다.

[fell – fallen – falling]

careless
[kέərlis]

a. 부주의한, 무관심한

Don't be careless when you are driving.
운전할 때는 부주의해서는 안 된다.

■carelessly[kέərlisli]　ad. 부주의하게, 무관심하게

He drove his car carelessly.
그는 부주의하게 운전을 했다.

religious
[rilídʒəs]

a. 종교적인, 종교의

They still have some religious traditions.
그들은 아직도 약간의 종교적인 전통을 갖고 있다.

■ religion[rilídʒən]   n. 종교

What is your religion?
당신의 종교는 무엇입니까?

thunder
[θʌ́ndər]

n. 천둥, 우레   **v.** 천둥치다

Did you hear the roll of thunder?
천둥소리 들었어?

[thundered – thundered – thundering]

island
[áilənd]

n. 섬

I plan to take a trip to an island this summer.
나는 올 여름에 섬으로 여행을 갈 예정이야.

mirror
[mírər]

n. 거울

She looked into the mirror.
그녀는 거울 속을 들여다보았다.

fit
[fit]

v. 맞다, 적합하다   **a.** 맞는, 적당한

This piece doesn't fit any parts.
이 조각은 어느 부분과도 맞지 않는다.
He is not fit for a class president.
그는 반장으로서 적당하지 못하다.
[fit–fit–fitting]

experiment
[ikspérəmənt]

n. 실험   **v.** 실험하다

The scientist carried out several experiments to show the fact.
그 과학자는 사실을 보여주기 위해 몇 가지 실험을 했다.

■ experimental[ikspèrəméntl]   a. 실험적인

Ambient music is a kind of experimental music.   환경 음악은 일종의 실험적인 음악입니다.

article
[ά:rtikl]

n. 신문 기사

Did you read the article about the singer?
그 가수에 대한 신문 기사 읽었니?

depend
[dipénd]

v. 의존하다

A baby completely depends on his(her) mother.   아기는 어머니에게 전적으로 의존한다.
[depended – depended – depending]

■ dependent[dipéndənt]   a. 의존하는

You have to correct your dependent personality.   너는 의존하는 성격을 고쳐야 한다.

participate
[pɑːrtísəpèit]

v. 참여하다

I plan to participate in the math contest in June.
나는 6월에 수학경시대회에 참여할 생각이다.
[participated – participated – participating]

bite
[bait]

v. 물다, 물어뜯다   **n.** 한 입, 물기

The dog bit my leg.   그 개는 내 다리를 물었다.
Take a bite of this pie.   이 파이나 한 입 먹어봐.
[bit – bit/bitten – biting]

marry
[mǽri]

v. 결혼하다

Would you marry me?
저와 결혼해 주시겠습니까?
[married – married – marrying]

- marriage[mǽridʒ]　n. 결혼

The teacher has changed since her marriage.
그 선생님은 결혼 이후에 달라지셨습니다.

- married[mǽrid]　a. 결혼한

Are you married?　결혼하셨습니까?

bay
[bei]

n. 만

We sailed into Hudson Bay.
우리는 허드슨 만으로 항해해 들어갔다.

pollution
[pəlú:ʃən]

n. 오염, 공해

What can we do to cut the air pollution?
공기 오염을 줄이기 위해 무엇을 할 수 있을까?

- pollute[pəlú:t]　v. 오염시키다, 더럽히다

Using shampoo pollutes water.
샴푸 사용은 물을 오염시킨다.

equipment
[ikwípmənt]

n. 장비, 설비, 부품

I want to buy new equipment.
나는 새로운 장비를 사고 싶어.

row
[rou]

n. 줄, 열

The students are entering the classroom in a row.
학생들이 한 줄로 교실 안으로 들어가고 있다.

general
[dʒénərəl]

a. 일반적인, 보통의, 대체적인

It is not the general opinion.
그것은 일반적인 의견이 아닙니다.
■ generally[dʒénərəli]　ad. 일반적으로, 대개는
Generally, boys like playing soccer.
일반적으로 남자아이들은 축구 차는 것을 좋아합니다.

piece
[piːs]

n. 한 장, 한 조각

Take out a piece of paper.
종이 한 장을 꺼내세요.
She pasted the two pieces of paper together.
그녀는 두 장의 종이에 풀칠을 해 붙였다.

sheet
[ʃiːt]

n. (종이) 한 장, 시트

Could I have two sheets of paper?
종이 두 장 주실 수 있습니까?

fail
[feil]

v. 실패하다, 낙제하다

He failed to achieve his goal.
그는 목적을 이루는 데 실패했다.
[failed－failed－failing]
■ failure[féiljər]　n. 실패, 실패자
His last novel was a failure.
그의 마지막 소설은 실패였다.

countryside
[kʌ́ntrisaid]

n. 시골

My parents always want to live in the countryside.
우리 부모님은 언제나 시골에서 살고 싶어 하신다.

usually
[júːʒuəli]

ad. 보통, 평소에는

I usually get up before six o'clock.
나는 보통 6시 전에 일어난다.

land
[lænd]

v. 착륙하다, 땅에 닿다   **n.** 땅, 육지

This plane will land at Incheon Airport in 20 minutes.
이 비행기는 20분 후에 인천 공항에 착륙할 것입니다.
This low land is easily flooded in summer.
이 낮은 땅은 여름이면 쉽게 침수된다.
[landed – landed – landing]

wallet
[wάlit]

n. 지갑

I lost my wallet in the library.
나는 도서관에서 지갑을 잃어 버렸다.

reason
[ríːzn]

n. 이유, 이성, 분별

Do you have any reason to meet him?
그를 만날 이유가 있니?
■ reasonable[ríːzənəbl] a. 이성적인
He is a reasonable man.
그는 이성적인 사람이다.

fasten
[fǽsn]

v. 매다, 채우다

Fasten your seat belt as soon as you get on the car.
차를 타자마자 좌석 벨트를 매세요.
[fastened – fastened – fastening]

D·A·Y 36

furniture
[fə́:rnitʃər]

n. 가구

We need to move some furniture into the house.   우리는 가구 몇 개를 집 안으로 옮겨야 해.

---

human
[hjú:mən]

a. 인간의, 사람의   **n.** 인간, 사람

It was not a human voice.
그것은 인간의 목소리가 아니었다.

■ human being   인간

I think a dog is more faithful than a human being.   나는 개가 인간보다 더 충직하다고 생각한다.

---

billion
[bíljən]

n. 10억

The company gained almost 3 billion dollars this year.
올해 그 회사는 거의 30억 달러를 벌었다.

---

trillion
[tríljən]

n. 1조

One light year is about 9 trillion 460 billion kilometers.
1 광년은 약 9조 4600억 km에 해당한다.

---

zero
[zíərou]

n. (숫자)0, 영

There are nine zeros in a billion.
10억에는 0이 아홉 개가 있다.

---

campaign
[kæmpéin]

n. (정치, 시민, 선거)운동

She participates in a campaign to protect the environment.
그녀는 환경을 보호하는 운동에 참여하고 있다.

follow
[fálou]

v. 따르다, 따라가다

The players should follow the rules of the game.
선수들은 시합의 규칙을 따라야만 합니다.
[followed – followed – following]
■ following[fálouiŋ]   a. 다음의
Answer to the following questions.
다음 질문에 답하세요.

blow
[blou]

v. (바람이)불다   **n.** 강타, 충격

A strong wind is blowing from the south.
거센 바람이 남쪽에서 불고 있다.
[blew – blown – blowing]

rotate
[róuteit]

v. 회전하다, 자전하다, 순환하다

The water mill rotated without stopping.
그 물레방아는 멈추지 않고 회전했다.
[rotated – rotated – rotating]

discussion
[diskʌʃən]

n. 토론, 토의

I don't want to participate in the discussion.
나는 토론에 참여하고 싶지 않습니다.

somewhere
[sʌmhwɛ̀ər]

ad. 어디선가, 어딘가로

I remember reading this sentence somewhere in this book.
나는 이 책 어디선가 이 문장을 읽은 것이 기억난다.

length
[leŋkθ]

n. 길이, 세로 (opp. width)

It is one meter in length.   그것은 길이 1미터다.
■ long[lɔːŋ]   a. 긴
She has beautiful long hair.
그녀는 아름다운 긴 머리를 가지고 있다.

satisfied
[sǽtisfàid]

a. 만족한

She is not satisfied with anything.
그녀는 아무 것에도 만족하지 않는다.
- satisfy[sǽtisfài] v. 만족시키다
The test result did not satisfy me.
그 시험 결과는 나를 만족시키지 못했다.

midnight
[mídnàit]

n. 자정 (opp. noon)

She stayed up until midnight.
그녀는 자정까지 일어나 있었다.

necessary
[nésəsèri]

a. 필요한 (opp. unnecessary)

Enough sleeping is necessary for health.
충분한 수면은 건강에 필요하다.

sharp
[ʃɑːrp]

a. 닐카로운, 뾰족한 (opp. dull)

Be careful when you use a sharp knife.
날카로운 칼을 사용할 때는 주의해라.
- sharply[ʃɑ́ːrpli] ad. 날카롭게, 민감하게
She stared at me sharply.
그녀는 나를 날카롭게 노려보았다.

pack
[pæk]

v. (짐을)싸다, 포장하다   **n.** 꾸러미, 짐, 한 상자

Did you pack everything you need?
필요한 것은 전부 쌌니?
[packed – packed – packing]

portrait
[pɔ́ːrtrit]

n. 초상화, 인물화

The artist is good at painting portraits.
그 화가는 인물화에 능숙하다.

work
[wəːrk]

v. (약이)효과가 있다, (기계가)작동하다 **n.** 일, 노동, 작품

This pill **works** very well for headaches.
이 알약은 두통에 매우 잘 듣는다.
Many students are interested in volunteer **work**.
많은 학생들이 봉사활동에 관심이 있다.
[worked – worked – working]

exercise
[éksərsàiz]

v. 운동하다, 체조하다 **n.** 운동, 체조

We need to **exercise** every day.
우리는 매일 운동을 할 필요가 있다.
I need some **exercise**.
나는 운동이 좀 필요해.
[exercised – exercised – exercising]

vow
[vau]

v. 맹세하다 **n.** 맹세, 서약

I **vowed** to study harder to my mother.
나는 어머니에게 공부를 더 열심히 하겠다고 맹세했다.
[vowed – vowed – vowing]
■take a vow 맹세하다
I **took a vow** to stop smoking.
나는 담배를 끊기로 맹세했다.

basic
[béisik]

a. 기본적인, 기초의

The family is the **basic** unit of society.
가족은 사회의 기본적인 단위이다.
■basically[béisikəli]   **ad.** 기본적으로
You should know this expression **basically**.
너는 이 표현을 기본적으로 알고 있어야 한다.

calm
[kɑːm]

v. 진정시키다, 차분하게 하다 **a.** 고요한, 잔잔한

That music always **calms** me down.
그 음악은 언제나 나를 진정시킨다.
[calmed – calmed – calming]

nearby
[níərbài]

ad. 가까이에

My homeroom teacher lives nearby.
우리 담임선생님은 가까이에 사셔.

aisle
[ail]

n. 통로

I'd like an aisle seat.
저는 통로 쪽 좌석을 원합니다.

remove
[rimú:v]

v. 치우다, 제거하다

We have to remove snow in front of our house.   집 앞의 눈을 치워야 한다.
[removed-removed-removing]

upward
[ʌ́pwərd]

ad. 위쪽으로, 위로 향하여

She pointed upward with the stick.
그녀는 막대기로 위를 향해 가리켰다.

downward
[dáunwərd]

ad. 아래쪽으로, 아래로 향하여

He looked downward.   그는 아래쪽을 쳐다봤다.

less
[les]

ad. 덜 ~하게, 적게   **a.** 더 적은

He is less handsome than his father.
그는 아버지보다 덜 잘생겼다.
Less students like math than before.
전보다 더 적은 학생들이 수학을 좋아한다.

rinse
[rins]

v. 헹구다, 씻어 내다

She rinsed her hair with cold water.
그녀는 찬 물로 머리를 씻어 냈다.
[rinsed-rinsed-rinsing]

bathtub
[bǽθtʌb]

n. 욕조

I found some hair in the bathtub.
나는 욕조에서 머리카락을 발견했다.

Asian
[éiʒən]

a. 아시아의　**n.** 아시아 사람

Indonesia is an Asian country.
인도네시아는 아시아 국가이다.
Millions of Asians live in America.
수백만 명의 아시아 사람들이 미국에 살고 있다.

European
[jùərəpíːən]

a. 유럽의　**n.** 유럽 사람

Hungary is an European country.
헝가리는 유럽 국가이다.
She looks like an European.
그녀는 유럽 사람처럼 보인다.

lead
[liːd]

v. 이끌다, 인도하다, (길이) ~로 이르다

The boy led the girl to the secret garden.
소년은 소녀를 비밀의 화원으로 이끌었다.

■ leading[líːdiŋ]　a. 선도하는, 앞장서는

He is one of the leading people of the field.
그는 그 분야에서 선도하는 사람 중 한 명이다.

■ leader[líːdər]　n. 지도자, 인도자

Do you know who will be the new leader of our club?
동호회의 새 지도자가 누가 될지 알고 있니?
[led – led – leading]

intend
[inténd]

v. ~할 의도이다, ~할 생각이다

The teacher intended to teach only in English.
그 선생님은 영어로만 가르칠 의도였다.
[intended – intended – intending]

■ intention[inténʃən]　n. 의도, 의지

A good intention does not always lead to good results.
좋은 의도가 언제나 좋은 결과를 가져오지는 않는다.

action
[ǽkʃən]

n. 행동, 움직임, 실행

I am not interested in his words or actions.
나는 그의 말이나 행동에 관심이 없다.

■ act[ækt] v. 행동하다

Why did you act so strangely?
왜 그렇게 이상하게 행동했니?

electricity
[ilèktrísəti]

n. 전기

We should save electricity.
우리는 전기를 아껴야만 한다.

■ electric[iléktrik] a. 전기의

Don't use an electric stove too often.
전기난로를 너무 자주 사용하지 마세요.

plus
[plʌs]

prep. ~을 더하여, ~을 보태어 **n.** 덧셈 부호

Three plus seven makes ten.
3에 7을 더하면 10이 된다.

minus
[máinəs]

prep. ~을 뺀, ~만큼 적은 **n.** 뺄셈 부호

Ten minus two makes eight.
10에서 2를 빼면 8이 된다.

colander
[kʌ́ləndər]

n. 체, 여과기

She moved the boiled potatoes into the colander.
그녀는 삶은 감자를 체에 옮겼다.

brick
[brik]

n. 벽돌

This old road is made of bricks.
이 오래된 길은 벽돌로 만들어져 있다.

proper
[prápər]

a. 알맞은, 적당한

She wore a proper dress for the meeting.
그녀는 모임에 알맞은 옷을 입었다.

■ properly[prápərli]   ad. 알맞게, 적당하게

You should answer the question properly.
너는 그 질문에 알맞게 대답해야 한다.

different
[dífərənt]

a. 다른

He had a different idea about the result.
그는 결과에 대해 다른 생각을 갖고 있었다.

■ difference[dífərəns] n. 다름, 차이

There are many differences between Korea
and Japan.   한국과 일본 사이에는 많은 차이점이 있다.

rise
[raiz]

v. 뜨다, 오르다, 일어나다

The sun rises around five in summer.
여름에는 해가 5시쯤에 뜬다.

[rose-risen-rising]

film
[film]

n. 필름, 얇은 막, 영화

She brought several rolls of film in her pocket.
그녀는 주머니에 몇 통의 필름을 가지고 왔다.

contain
[kəntéin]

v. 가지다, 포함하다

This box contains a dozen of eggs.
이 상자에는 달걀 열두 개가 들어있다.

[contained-contained-containing]

■ container[kəntéinər]   n. 그릇, 콘테이너

Put the cheese into the container.
그릇에 치즈를 넣어라.

compass
[kʌ́mpəs]

n. 나침반, 컴퍼스

He stared at the magnetic needle of the compass.　그는 나침반의 자침을 응시했다.

senior
[sí:jər]

n. (고등학교/대학의) 최고학년생, 연장자
a. 고령자의, 손위의, 선배의

My sister is a high school senior.
우리 누나는 고등학교 3학년생이다.

■ senior citizen 노인

There is a special hospital for senior citizens.
노인 분들을 위한 전문 병원이 있다.

referee
[rèfərí:]

n. 심판, 중개자

The referee stopped the game.
심판은 경기를 중단시켰다.

wake
[weik]

v. 깨우다, 일어나다

Can you wake me up at six thirty?
6시 30분에 깨워주실 수 있으세요?
[woke - waken - waking]

wedding
[wédiŋ]

n. 결혼식, 혼례

I am going to my brother's wedding now.
지금 우리 형 결혼식에 가고 있어.

■ wedding ceremony 결혼식

She plans to have a wedding ceremony on July fifth.　그녀는 7월 5일에 결혼식을 할 계획입니다.

rush
[rʌʃ]

v. 돌진하다, 서두르다

The students rushed to the main gate of school not to be late.
학생들은 늦지 않기 위해 학교 정문을 향해 돌진했다.
[rushed - rushed - rushing]

patient
[péiʃənt]

n. 환자   **a.** 인내심 있는

The doctor examined the patient carefully.
의사는 환자를 주의 깊게 진찰했다.

galaxy
[gǽləksi]

n. 은하, 은하수

There are over 125 billion galaxies in the universe.   우주에는 1250억 개가 넘는 은하계가 있다.

common
[kámən]

a. 공통의, 공공의, 보통의

English is a common language of America and Canada.   영어는 미국과 캐나다의 공통어이다.

■common sense   상식, 양식

Behave according to your common sense.
상식에 따라 행동하세요.

attend
[əténd]

v. 출석하다, 주의하다, 귀를 기울이다

She has not attended school for 2 months.
그녀는 학교에 두 달 동안 출석하지 않고 있다.
[attended – attended – attending]

■attention[əténʃən]   n. 주목, 주의

May I have your attention, please?
주목해 주시겠습니까?

anymore
[ènimɔ́ːr]

ad. (부정문, 의문문) 더 이상, 이제는

She doesn't come to school anymore.
그녀는 더 이상 학교에 오지 않는다.

person
[pə́ːrsn]

n. 사람, 개인

He is a nice person.   그는 착한 사람이다.

■personal[pə́ːrsənl]   a. 개인의, 사람의

Be careful when you give out your personal information.
개인 정보를 제공할 때는 주의하세요.

curve
[kə:*rv*]

n. 굴곡, 곡선　　**v.** 구부러지다

You should speed down the car at the curve in a road.
길의 굴곡 부분에서는 속도를 늦춰야만 한다.

The road curved around the mountain.
그 도로는 산을 둘러싸며 구부러졌다.

lawyer
[lɔ́:jə*r*]

n. 변호사

The lawyer argued that his client was innocent.
그 변호사는 의뢰인의 무죄를 주장했다.

mission
[míʃən]

n. 사명, 임무

He thought his mission was to help the poor students.
그는 가난한 학생들을 돕는 것이 그의 사명이라고 생각했다.

fare
[fɛə*r*]

n. 요금, 운임

How much is the student fare?
학생 요금은 얼마입니까?

responsible
[rispánsəbl]

a. 책임이 있는, 책임감 강한

She is responsible for nursing 6 children.
그녀는 6명의 아이들을 간호할 책임이 있다.

■ responsibility[rispànsəbíləti]　　n. 책임

Taking care of my younger sister will be my responsibility.
여동생을 돌보는 일은 내 책임이 될 것이다.

battery
[bǽtəri]

n. 전지, 배터리

This alarm clock takes two small-sized batteries.

이 자명종은 2개의 작은 사이즈의 전지를 필요로 한다.

decline
[dikláin]

v. 거절하다 (opp. accept)

The teacher declined the gift.

그 선생님은 선물을 거절하셨다.

twist
[twist]

v. 꼬다

The old man twisted straws into a rope.

그 노인은 짚을 꼬아 밧줄로 만들었다.

[twisted – twisted – twisting]

bug
[bʌg]

n. 벌레

There was a strange bug inside the bookcase.

책장 안에 이상한 벌레가 있었다.

die
[dai]

v. 죽다

The old woman was dying of cancer.

그 나이든 여자는 암으로 죽어가고 있었다.

[died – died – dying]

since
[sins]

conj. 시간 : ～이후 쭉, ～이래 /이유 : ～이기 때문에

He has been my best friend since I met him at the age of 10.

열 살 때 그를 만난 이후 쭉 그는 나의 가장 친한 친구였다.

harmony
[háːrməni]

n. 화합, 조화

Each country must try to live in peace and harmony.

모든 나라들은 평화와 화합 속에서 살기 위해 노력을 해야 한다.

service
[sə́ːrvis]

n. 서비스, 봉사, 공공 업무

The food is bad, and the service is worse.

음식은 형편없고, 서비스는 더 형편없다.

attract
[ətrǽkt]

v. 끌어당기다, 유인하다, 매혹하다

Her dance was nice, but couldn't attract people.

그녀의 춤은 멋졌지만, 사람들을 끌어당기지는 못했다.

[attracted–attracted–attracting]

calendar
[kǽləndər]

n. 달력

The teacher hung the calendar on the wall.

선생님은 달력을 벽에 걸었다.

champion
[tʃǽmpiən]

n. 챔피언, 우승자

He is a champion of soccer.

그는 축구 챔피언이다.

surf
[səːrf]

v. 파도타기 하다, 인터넷을 검색하다

He is surfing with his friends.

그는 친구들과 파도타기를 하고 있다.

[surfed–surfed–surfing]

abbey
[ǽbi]

n. 수도원, 사원

Isaac Newton was buried in Westminster Abbey.
아이작 뉴턴은 웨스트민스터 사원에 묻혔다.

past
[pæst]

a. 지나간, 과거의   **n.** 과거 (opp. present)

For the past few years, people have moved to this city constantly.
지난 몇 년 동안 사람들은 이 도시로 꾸준히 이주해 왔다.

Students used to bring lunch boxes to school in the past.
학생들은 과거에 학교로 도시락을 가져왔었다.

debate
[dibéit]

v. 논쟁하다   **n.** 논쟁, 토의

Nowadays people are debating about the death penalty in Korea.
요즘 한국에서는 사람들이 사형 제도에 대해 논쟁하고 있다.

[debated – debated – debating]

pray
[prei]

v. 빌다, 기도하다

She prayed him to take care of her child.
그녀는 그에게 자신의 아이를 돌봐달라고 빌었다.

professional
[prəféʃnl]

a. 프로의, 전문직의 (opp. amateur)

The boy wants to be a professional soccer player.
그 소년은 프로 축구선수가 되고 싶어 한다.

■ profession[prəféʃən]   **n.** 직업, 전문직

My profession is a student.
나의 직업은 학생이다.

beach [biːʃ]

n. 바닷가, 해안가

We saw the beautiful sunset on the beach.
우리는 바닷가에서 아름다운 석양을 보았다.

missing [mísiŋ]

a. 사라진, 행방불명된

Two important pages were missing in this book. 이 책에서 중요한 두 페이지가 사라졌다.

dolphin [dálfin]

n. 돌고래

Sometimes we can see some dolphins in the East Sea.
때때로 우리는 동해에서 돌고래를 볼 수 있다.

cash [kæʃ]

n. 현금, 현찰   **v.** 현금으로 바꾸다

How would you like to pay, cash or charge?
어떻게 돈을 내시겠습니까, 현금 아니면 카드요?
I'd like to cash this traveler's check.
이 여행자 수표를 현금으로 바꾸고 싶습니다.
[cashed – cashed – cashing]

coin [kɔin]

n. 동전

This box is full of old coins.
이 상자는 오래된 동전으로 가득 차 있다.

bill [bil]

n. 지폐, 계산서

I'd like to change this ten dollar bill for 10 one dollar bills.
10달러 지폐를 1달러짜리 10장으로 바꾸고 싶습니다.

compact [kəmpǽkt]

a. 소형의, 꽉 들어찬

He bought a compact car for an economic reason. 그는 경제적인 이유로 소형차를 샀다.

whistle
[*h*wísl]

v. 휘파람을 불다, 호각을 불다　**n.** 휘파람, 호각

The referee whistled to stop the game.
심판은 경기를 중단시키기 위해 호각을 불었다.
The teacher blew a whistle to draw students' attention.
선생님은 학생들의 주목을 끌기 위해 호각을 불었다.
[whistled – whistled – whistling]

weed
[wi:d]

n. 잡초

His old garden was full of weeds.
그의 오래된 정원은 잡초들로 가득했다.

produce
[prədjú:s]

v. 생산하다, 만들다

The factory produces plastic bowls and plates.
그 공장은 플라스틱 그릇과 접시를 생산한다.
[produced – produced – producing]

■ production [prədʌ́kʃən] n. 생산

We will start the production tomorrow.
내일부터 생산을 시작할 것입니다.

cross
[krɔ:s]

v. 건너다, 교차하다, 십자표시 하다　**n.** 십자, 십자가, 교차

Let's cross the street at the crosswalk.
건널목에서 길을 건너자.

■ cross out　십자표시를 해서 지우다

Cross out wrong words in the passage.
이 문단에서 잘못된 단어를 찾아 십자표시를 해서 지워라.

course
[kɔ:rs]

n. 과정, 진로

I am going to take an English conversation course.　나는 영어 회화 과정을 수강할 예정입니다.

up-to-date
[ʌ́ptədéit]

a. 최신식의, 최신의

Keep this web page up-to-date.
이 웹 페이지를 최신식이 되도록 유지하세요.

design
[dizáin]

The family decided to design their new house together.

그 가족은 그들의 새 집을 함께 설계하기로 했다.

■ designer[dizáinər]   n. 디자이너, 설계자

My sister wants to be a designer.

우리 언니는 디자이너가 되고 싶어한다.

difficulty
[dífikʌlti]

n. 어려움, 곤란

She had difficulty in hearing after the accident.

그녀는 사고 후 듣는 데 어려움을 겪게 되었다.

■ difficult[dífikʌlt]   a. 어려운

The book was too difficult to read.

그 책은 읽기에 너무 어려웠다.

peace
[piːs]

n. 평화, 평온

She is enjoying the peace of the Saturday afternoon.

그녀는 토요일 오후의 평화를 즐기고 있다.

■ peaceful[píːsfəl]   a. 평화로운

It is very peaceful today.

오늘은 매우 평화롭다.

fur
[fəːr]

n. 모피

She wanted to buy a fur coat though it is very expensive.

그녀는 값이 비싸도 모피 코트를 한 벌 사고 싶어 했다.

anyway
[éniwèi]

ad. 어쨌든, 하여간

You should finish your homework anyway until I come back.

내가 돌아올 때까지 어떻게 해서든 숙제를 마쳐 놓아라.

population
[pὰpjəléiʃən]

n. 인구

Seoul has a population of about ten millions.　서울시의 인구는 약 1천만이다.

guide
[gaid]

v. 안내하다, 이끌다　**n.** 안내자

She guided the tourists to the room that was full of portraits.

그녀는 초상화가 가득한 방으로 관광객들을 안내했다.

She makes money, working as a tour guide.

그녀는 여행 안내자를 하며 돈을 번다.

[guided-guided-guiding]

prison
[prízn]

n. 감옥, 교도소

His father has been in prison for 2 years.

그의 아버지는 2년 째 감옥에 갇혀 있다.

■ prisoner[príznər]　n. 죄수, 피고인

The prisoner must be in prison 10 more years.　그 죄수는 감옥에서 10년을 더 있어야 한다.

war
[wɔːr]

n. 전쟁, 전란

The second World War started in 1939.

2차 세계대전은 1939년에 시작되었다.

till
[til]

prep. ~까지　**conj.** ~까지

She didn't come home till late at night.

그녀는 밤늦게까지 집에 오지 않았다.

highway
[háiwèi]

n. 고속도로, 간선도로 (syn. motorway)

He drove the car very fast on the highway.

그는 고속도로 위에서 차를 매우 빨리 몰았다.

flea
[fli:]

n. 벼룩

I found some fleas on the sofa.
나는 소파에서 벼룩을 몇 마리 발견했다.

■ flea market 벼룩시장

I bought this coat at the flea market in Paris.
나는 이 코트를 파리에 있는 벼룩시장에서 샀어.

beyond
[biánd]

prep. ~ 너머에, ~을 넘어선

The middle school is beyond the park.
그 공원 너머에 중학교가 있다.

warm
[wɔ:rm]

a. 따뜻한, 온난한 **v.** 데우다, 따뜻하게 하다

It's getting warmer and warmer day by day.
날마다 점점 따뜻해지고 있다.

He came near to the fire and warmed up his hands. 그는 불 가까이 다가와서는 손을 데웠다.

[warmed – warmed – warming]

bow
[bau]

v. 절하다, 복종하다 **n.** 절, 인사

The students bowed to the principal politely.
학생들은 교장 선생님께 예의 바르게 인사했다.

The man made a polite bow to the lady.
그 남자는 그 숙녀에게 예의바르게 절했다.

[bowed – bowed – bowing]

pity
[píti]

n. 동정, 애석함

I feel pity for him. 나는 그를 동정한다.

■ pitiful[pítifəl] a. 불쌍한

What a pitiful old man he is! 정말 불쌍한 노인이야!

empire
[émpaiər]

n. 제국, 왕국

I learned about the history of the Roman Empire today.
나는 오늘 로마 제국의 역사에 대해 배웠다.

■ emperor[émpərər]　n. 황제

There is no emperor in Rome now.
이제 로마에는 황제가 없다.

detail
[díːteil]

n. 세부, 상세

I don't know about the details of the fact.
나는 그 사실의 세부적인 것까지는 모른다.

■ in detail　자세히

Explain what you know in detail.
네가 알고 있는 것을 자세히 설명해 봐.

sand
[sænd]

n. 모래

The family made a sand castle together.
그 가족은 함께 모래성을 쌓았다.

lively
[láivli]

a. 활기찬, 생기 있는

The boys look lively outside the classroom.
소년들은 교실 밖에서 활기차 보인다.

jewel
[dʒúːəl]

n. 보석 (syn. gem)

The stolen jewel was found under the sofa.
도둑맞은 보석은 소파 아래에서 발견 되었다.

beast
[biːst]

n. 짐승

The lion is the king of all beasts.
사자는 모든 짐승들의 왕이다.

forest
[fɔ́ːrist]

n. 숲, 산림

The forest was destroyed by the fire.
화재 때문에 숲이 파괴되었다.

appreciate
[əprí:ʃièit]

I **appreciate** your thoughtful advice.
당신의 사려 깊은 충고를 고맙게 생각합니다.
[appreciated – appreciated – appreciating]

■ appreciation[əprì:ʃiéiʃən]
  n. 감사, 감상력, 높게 평가하기

I would like to express my **appreciation** for your effort.
당신의 노고에 관해 감사를 표하고자 합니다.

national
[nǽʃənl]

The Liberation Day is one of the **national** holidays in Korea.
광복절은 한국의 국경일 중 하나이다.

path
[pæθ]

I took a walk along the **path** through the forest.　나는 숲 속의 오솔길을 따라 산책을 했다.

darkness
[dɑ́:rknis]

Darkness falls early in winter.
겨울에는 어둠이 빨리 깔린다.

■ dark[dɑ:rk]　a. 어두운, 캄캄한

It is too **dark** in the classroom.
교실 안이 너무 어둡다.

purple
[pə́:rpl]

The child's lips turned **purple** with cold.
추위로 인해 아이의 입술은 자줏빛이 되었다.

whale
[hweil]

The news said that a rare **whale** appeared in the East Sea.
뉴스는 동해에 희귀한 고래가 나타났다고 보도했다.

community
[kəmjúːnəti]

n. 공동체, 사회

We can do many things for our community.
우리는 공동체를 위해 많은 것을 할 수 있다.

illness
[ílnis]

n. 병 (opp. health)

He gave up the job because he had a serious illness.
그는 심각한 병을 갖고 있어서 직장을 그만 두었다.
■ ill[il] a. 아픈
I heard that he's ill.　그가 아프다고 들었어.

pimple
[pímpl]

n. 여드름, 뾰루지

You should not pot the pimples.
여드름을 짜지 않아야 한다.

shell
[ʃel]

n. 조개껍질, 조가비

The child was walking along the seashore, looking for shells.
그 어린아이는 조개껍질을 찾아 바닷가를 걷고 있었다.

lift
[lift]

v. 올리다, 들어 올리다　**n.** 차에 태우기, (영국) 엘리베이터

The man lifted his baby with his arms.
그 남자는 자신의 아이를 팔로 안아 올렸다.
Can you give me a lift to school?
학교까지 태워주실 수 있으세요?
[lifted – lifted – lifting]

physical
[fízikəl]

a. 신체의, 물리적인 (opp. mental)

We should develop both physical and mental abilities.
우리는 신체적 능력과 정신적 능력을 동시에 개발해야 한다.

attach
[ətǽtʃ]

v. 붙이다, 부착하다 (opp. detach)

She attached her name tags on all her belongings.
그녀는 모든 소지품에 이름표를 붙였다.
[attached–attached–attaching]

■attachment[ətǽtʃmənt]　n. 첨부 파일, 부착

Could you send me the attachment again?
첨부 파일을 다시 보내 주실 수 있어요?

entry
[éntri]

n. 들어감, 입구

The sign says, "No Entry"
표지판에"출입 금지"라고 쓰여 있습니다.

education
[édʒukèiʃən]

n. 교육

The man did not receive school education at all.　그 남자는 학교 교육을 전혀 받지 않았다.

■educate[édʒukèit]　v. 교육하다

She decided to educate her children by herself.
그녀는 아이들을 그녀 혼자 교육시키기로 결심했습니다.

reward
[riwɔ́:rd]

v. 보답하다, 보상을 주다　**n.** 보답, 보상

His effort was rewarded with the great success.　그의 노력은 큰 성공으로 보답 받았다.

The boy received a reward for finding the missing child.
그 소년은 미아를 찾아준 보답을 받았다.
[rewarded–rewarded–rewarding]

remind
[rimáind]

v. 생각나게 하다, 일깨우다

You always remind me of my brother.
너는 언제나 우리 형을 생각나게 해.
[reminded–reminded–reminding]

total
[tóutl]

a. 전체의, 총합의, 완전한

The total number of the students in this school is two thousand.
이 학교 학생들의 전체 학생수는 2000명이다.

■ totally[tóutəli]   adv. 완전히

A cat is totally different from a dog.
개는 고양이와 완전히 다르다.

needy
[níːdi]

a. 가난한, 극빈한

His family was needy when he was born.
그가 태어났을 때 그의 가족은 가난했었다.

napkin
[nǽpkin]

n. 냅킨

She put the napkin on the plate.
그녀는 접시 위에 냅킨을 두었다.

solution
[səljúːʃən]

n. 해결법, 해답

The teacher showed the solution of the difficult math problem.
선생님은 그 어려운 수학 문제의 해답을 보여주셨다.

motto
[mátou]

n. 좌우명, 표어, 격언

What is your motto?   너의 좌우명은 뭐야?

pronounce
[prənáuns]

n. v. 발음하다, 낭송하다

Korean students are not good at pronouncing 'z' sound correctly.
한국인 학생들은 'z' 발음을 정확하게 발음하는 것을 잘 못한다.

[pronounced-pronounced-pronouncing]

■ pronunciation[prənʌnsiéiʃən]   n. 발음

Her English pronunciation was so good.
그녀의 영어 발음은 매우 좋았다.

usage
[júːsidʒ]

n. 사용량, 사용, 어법

The electricity usage is increases in summer.
여름에는 전기 사용량이 는다.

let
[let]

v. 하게 하다, 허락하다

My parents will not let me take a trip alone.
부모님께서는 내가 혼자 여행하는 것을 허락하지 않을 것이다.
[let – let – letting]

helpful
[hélpfəl]

a. 도움이 되는, 유용한

Her English ability was quite helpful when she traveled abroad.
그녀가 외국을 여행했을 때 그녀의 영어 실력은 꽤 도움이 되었다.

■help[help]　n. 도움 v. 돕다

I need your help.　너의 도움이 필요해.

■helpless[helplis]　a. 무력한, 어쩔 수 없는

I felt helpless when I knew there was nothing to do.
할 수 있는 게 없다는 것을 알았을 때 나는 무력함을 느꼈다.

discover
[diskʌ́vər]

v. 발견하다, 깨닫다

The young scientist discovered the new material by chance.
그 젊은 과학자는 새로운 물질을 우연히 발견했다.
[discovered–discovered– discovering]

■discovery[diskʌ́vəri]　n. 발견, 발견물

His discovery of the star was reported in the journal.　그 별에 대한 그의 발견은 잡지에 보고되었다.

industry
[índəstri]

n. 산업, 근면

L.A. is the center of the American film industry.
L.A.는 미국 영화 산업의 중심지이다.

■ industrial[indʌ́striəl]   a. 산업의, 공업의, 근면한

Japan is an industrial country.
일본은 공업 국가이다.

rank
[ræŋk]

v. 정렬시키다, 등급을 매기다   **n.** 등급, 계급

The teacher ranked the students according to their heights.
선생님은 학생들을 키에 따라 정렬시켰다.
His English ability was in the first rank.
그의 영어 실력은 1등급이다.
[ranked-ranked-ranking]

bronze
[branz]

n. 청동

The statue of a man sitting on the rock is made of bronze.
바위 위에 앉아 있는 남자의 상은 청동으로 만들어졌다.

increase
동[inkríːs]
명[ínkriːs]

v. 늘다, 증가하다 (opp. decrease)   **n.** 증가

The population of this city didn't increase since 1997.   1997년 이후 이 도시의 인구는 늘지 않았다.
The government should prepare for the increase of senior citizens.
정부는 노인 인구의 증가를 대비해야만 한다.
[increased-increased-increasing]

decrease
동[dikríːs]
명[díkriːs]

v. 줄다, 감소하다 (opp. increase)   **n.** 감소, 감퇴

The total number of the students are decreasing rapidly.
학생들의 전체 수는 빠르게 줄고 있다.
The use of coal is on the decrease.
석탄의 사용은 줄고 있다.
[decreased-decreased-decreasing]

horn
[hɔ:rn]

n. 뿔, 경적

Cows, sheep and goats have horns.
소, 양, 그리고 염소는 뿔을 가지고 있다.

skin
[skin]

n. 피부, 가죽, 껍질

The baby's skin is as white as milk.
그 아기의 피부는 우유처럼 하얗다.

habitat
[hǽbitæt]

n. 서식지

The citizen groups argued that the birds' habitat should be protected.
시민 단체들은 새들의 서식지가 보호되어야 한다고 주장했다.

merchant
[mə́:rtʃənt]

n. 상인

He succeeded as a merchant before he was twenty.
그는 스무 살이 되기 전에 상인으로서 성공했다.

burden
[bə́:rdn]

n. 짐, 부담

He put the heavy burden of wood on the ground. 그는 무거운 나뭇짐을 땅 위에 놓았다.

recognize
[rékəgnàiz]

v. 알아보다, 인식하다, 인정하다

I recognized her though she changed a lot.
많이 변했지만 나는 그녀를 알아 보았다.
■ recognition[rèkəgníʃən] n. 인정, 인식, 알아봄
The singer deserves people's recognition.
그 가수는 사람들의 인정을 받을 만하다.

gather
[gǽðər]

v. 모이다, 모으다

We gathered around the new teacher.
우리는 새로운 선생님 곁으로 모여 들었다.
[gathered–gathered–gathering]

harvest
[háːrvist]

n. 수확, 추수

The farmer was happy with the good harvest of rice.   그 농부는 쌀의 풍성한 수확을 기뻐했다.

crash
[kræʃ]

v. 부서지다, 충돌하다

The dump truck crashed into the street shop.
덤프 트럭이 거리의 가게에 충돌했다.
[crashed-crashed-crashing]

relative
[rélətiv]

n. 친척, 일가   a. 상대적인, 비교되는

A lot of relatives gather at my house on Chuseok.   추석에는 많은 친척들이 우리 집에 모인다.
Beauty is relative.   미는 상대적인 것이다.

worth
[wəːrθ]

a. 가치가 있는   n. 가치 (syn. value)

This movie is worth watching.
이 영화는 볼 가치가 있다.
■worthy[wə́ːrði]   a. 가치 있는, 훌륭한, 존경할 만한
French is worthy to learn.
프랑스어는 배울 만한 가치가 있다.

toilet
[tɔ́ilit]

n. 변기, 화장실

My father is fixing the toilet.
아버지는 변기를 고치고 계신다.

traditional
[trədíʃənəl]

a. 전통적인, 고풍의

Some people wear Korean traditional clothes on Chuseok.
어떤 사람들은 추석에 한국 전통 의상을 입는다.
■tradition[trədíʃən]   n. 전통
We should try to keep our tradition.
우리는 우리의 전통을 지키기 위해 노력해야 한다.

fiction
[fíkʃən]

n. 소설, 허구의 것, 꾸며낸 것

He has written several science fictions since 2000.
2000년 이후 그는 몇 권의 과학 소설을 썼다.

■ fictional[fíkʃənəl]   a. 허구의, 꾸며낸

The documentary turned out to be fictional.
그 다큐멘터리는 허구인 것으로 밝혀졌다.

thus
[ðʌs]

ad. 이리하여, 그러므로

Thus, we cannot go there.
그러므로 우리는 그곳에 갈 수 없다.

folk
[fouk]

a. 민속의 **n.** 사람들, 민중 (syn. people)

She is interested in various folk cultures.
그녀는 다양한 민속 문화에 흥미가 있다.
You can meet a lot of folks while traveling abroad.
해외 여행을 하는 동안 많은 사람들을 만날 수 있다.

housewarming
[háuswɔ̀ːrmiŋ]

n. 집들이

She invited me to her housewarming party on Thursday.
그녀는 나를 목요일 집들이에 초대했다.

located
[loukéitid]

a. ~에 위치한

My school is located near the subway stop.
우리 학교는 지하철 역 근처에 위치하고 있다.

■ location[loukéiʃən]   n. 장소

The location of the cave has not been known yet.
동굴의 위치는 아직까지 알려지지 않았다.

friendship
[fréndʃìp]

n. 우정, 친분

They have had a deep friendship for a long time.
그들은 오랫동안 깊은 우정을 가져왔다.

shorten
[ʃɔ́ːrtn]

v. 줄이다, 단축하다

Many girls like to shorten their school uniforms.
많은 소녀들이 교복을 줄이기 좋아한다.
[shortened–shortened–shortening]

■ short[ʃɔːrt]　a. 짧은

The boys have short hair.
그 소년들은 짧은 머리를 하고 있다.

retire
[ritáiər]

v. 은퇴하다, 물러나다

The singer said that he would retire at the end of this year.
그 가수는 금년 말에 은퇴할 것이라고 말했다.
[retired – retired – retiring]

■ retirement[ritáiərmənt]　n. 은퇴, 은거

The actress has helped poor children since her retirement.
그 여배우는 은퇴 이후 가난한 아이들을 돕고 있습니다.

detergent
[ditə́ːrdʒənt]

n. 세제

You have to reduce the use of detergent when you wash clothes.
세탁할 때 세제의 사용을 줄여야만 한다.

frozen
[fróuzən]

a. 냉동된, 동상 입은

My father hates frozen foods.
우리 아버지는 냉동식품을 아주 싫어하신다.

■ freeze[friːz]　v. 얼다, 얼리다

The pond froze last night.
연못이 간밤에 얼었다.

D·A·Y 41

hunger
[hʌ́ŋgər]

n. 굶주림, 배고픔

A lot of Africans are dying of hunger.
많은 아프리카 사람들이 굶주림으로 죽어가고 있다.

■ hungry[hʌ́ŋgri]　a. 배고픈

I am always hungry after school.
방과 후에는 항상 배가 고프다.

create
[kriéit]

v. 창조하다, 창작하다

King Sejong created Hanguel.
세종대왕은 한글을 창제했다.

[created-created-creating]

■ creature[kríːtʃər]　n. 동물, 피조물, 창조물

None of creatures can live without air.
어떠한 생물도 공기 없이 살 수 없다.

rather
[rǽðər]

ad. 오히려, 꽤, 다소

She is cute rather than pretty.
그녀는 예쁘다기보다는 오히려 귀엽다.

sensitive
[sénsətiv]

a. 민감한, 예민한

She is so sensitive to the cold that she would not go out on cold days.
그녀는 추위에 민감해서 추운 날에는 밖에 절대 나가지 않는다.

■ sense[sens]　n. 감각

We have 5 senses.
우리는 5개의 감각을 가지고 있다.

harbor
[háːrbər]

n. 항구

I saw a huge ship sailing to the harbor.
나는 커다란 배가 항구로 들어가는 것을 보았다.

fortune
[fɔ́ːrtʃən]

n. 재산 (syn. wealth), 행운

The man made a great fortune when he was only 20 years old.
그는 겨우 20살 때 큰 재산을 모았다.
■ fortunate[fɔ́ːrtʃənət] a. 운 좋은, 행운의
It is fortunate for me to study abroad.
내가 외국에서 공부할 수 있는 것은 행운이다.

deceive
[disíːv]

v. 속이다 (syn. cheat)

The wicked boy deceived the teacher with tears.
그 못된 소년은 눈물로 선생님을 속였다.
[deceived–deceived–deceiving]
■ deceit[disíːt] n. 속임수, 기만
The teacher realized the student's deceit.
선생님은 그 학생의 속임수를 알아차리셨다.

period
[píəriəd]

n. 기간, 시기

February and March are the busiest period for teachers.
2월과 3월은 선생님들에게 가장 바쁜 기간이다.

technique
[tekníːk]

n. 기술, 기법

He taught me some speech techniques.
그는 내게 몇 가지 연설 기술을 가르쳤다.

native
[néitiv]

a. 출생지의, 토박이의   n. 원주민

He speaks English well as if he were a native speaker.
그는 마치 본토 사람처럼 영어를 잘 한다.

He is a native of Australia.
그는 호주 원주민이다.

volcano
[vɑlkéinou]

n. 화산

The volcano has not erupted for 1000 years.
그 화산은 1000년 동안 분출하지 않았다.

■ volcanic[vɑlkǽnik]   a. 화산의

A huge cloud of volcanic gas and ash covered the city.
화산 가스와 재의 거대한 구름이 도시를 뒤덮었다.

romance
[róumæns]

n. 연애 사건, 로맨스

Everybody is talking about the singer's romance.
모든 사람들이 그 가수의 연애 사건에 대해 말하고 있다.

■ romantic[roumǽntik]   a. 낭만적인, 로맨틱한

Many girls dream of romantic love.
많은 소녀들은 로맨틱한 사랑을 꿈꾼다.

reality
[riǽləti]

n. 진실, 현실

She would not accept the reality about her son.
그녀는 아들에 대한 진실을 받아들이지 않으려고 한다.

■ real[ríəl]   a. 진짜의, 실제의

The fiction was so real that everybody believed it.
그 소설은 너무나 진짜 같아서 모든 사람들이 그것을 믿었다.

confuse
[kənfjúːz]

v. 혼란시키다, 헛갈리게 하다

What she said confused me.
그녀가 말한 것은 나를 혼란시켰다.
[confused-confused-confusing]

handle
[hǽndl]

v. 다루다, 취급하다 (syn. treat)　**n.** 손잡이, 핸들

I can't handle the problem with the old customers.
나는 그 단골과의 문제를 다룰 수가 없다.
The handle of the door was broken.
문손잡이가 부서졌다.

lunar
[lúːnər]

a. 달의 (opp. solar)

Our ancestors followed the lunar calendar.
우리의 조상은 음력을 따랐다.

wisdom
[wízdəm]

n. 현명함, 지혜

We cannot help being surprised at the ancestors' wisdom of life.
우리는 조상들의 삶의 지혜에 대해 놀랄 수밖에 없다.
■ wise[waiz]　n. 현명한
Someday I'll be old and wise.
언젠가 나는 나이가 들고 현명해 질 것이다.

surgeon
[sə́ːrdʒən]

n. 외과 의사

The surgeon operated on my leg.
그 외과의사는 내 다리를 수술했다.

intestine
[intéstin]

n. 장, 창자

I have weak intestines.
나는 장이 약하다.

frown
[fraun]

v. 찡그리다, 눈살을 찌푸리다

The beauty looked very beautiful even when she frowned.
그 미인은 얼굴을 찡그리고 있을 때조차도 아름다워 보였다.
[frowned-frowned-frowning]

dump
[dʌmp]

v. 버리다, 내버리다

The students dumped their textbooks after the graduation ceremony.
그 학생들은 졸업식 후 교과서를 내다 버렸다.
[dumped-dumped-dumping]

otherwise
[ʌ́ðərwàiz]

ad. 그렇지 않으면

Prepare for the mid-term exam well, otherwise, you will have a bad record.
중간고사를 잘 준비해. 그렇지 않으면 성적이 나쁠 거야.

storm
[stɔ:rm]

n. 폭풍

A heavy storm hit the south coast of the country.
강력한 폭풍우가 그 나라의 남해안을 강타했다.

solar
[sóulər]

a. 태양의 (opp. lunar)

There are eight planets in our solar system.
태양계에는 8개의 행성이 있다.

homeless
[hóumlis]

a. 집 없는, 노숙하는

The typhoon made a lot of people homeless.
그 태풍은 많은 사람들을 집을 잃게 했다.

harsh
[hɑ:rʃ]

a. 가혹한, 거친

I think the teacher is too harsh to his students.
나는 그 선생님이 학생들에게 너무 가혹하다고 생각해.

Thanksgiving Day
[θæ̀ŋksgíviŋ dei]

n. 추수 감사절

When is Thanksgiving Day?
추수 감사절은 언제입니까?

orphan
[ɔ́ːrfən]

n. 고아

The traffic accident made him an orphan.
그 교통사고로 인해 그는 고아가 되었다.

■ orphanage[ɔ́ːrfənidʒ]   n. 고아원

she visits the orphanage twice a month.
그녀는 한 달에 두 번 고아원을 방문한다.

jet lag
[dʒétlæg]

n. 시차로 인한 피로

I suffered from jet lag for a few days.
나는 며칠 동안 시차로 인한 피로에 시달렸다.

overuse
[òuvərjúːz]

v. 남용하다, 과도하게 쓰다

Koreans tend to overuse drugs.
한국인들은 약을 남용하는 경향이 있다.
[overused–overused–overusing]

hardship
[háːrdʃìp]

n. 어려움, 고난, 역경

Many people are suffering from economic hardships.
많은 사람들이 경제적 어려움을 겪고 있다.

architect
[áːrkitèkt]

n. 건축가

I want to be an architect when I grow up.
나는 자라서 건축가가 되고 싶다.

■ architecture[áːrkətèktʃər]   n. 건축

I'm interested in architecture.
나는 건축에 흥미가 있다.

graze
[greiz]

v. (가축이) 풀을 뜯어먹다

We saw a lot of sheep grazing on the green hills in New Zealand.
뉴질랜드에서 우리는 푸른 언덕 위에서 많은 양들이 풀을 뜯는 것을 보았다.
[grazed–grazed–grazing]

turkey
[tə́:rki]

n. 칠면조

Turkeys look very funny.
칠면조는 매우 웃기게 생겼다.

ignore
[ignɔ́:r]

v. 무시하다

The teacher ignored students' opinions.
그 선생님은 학생들의 의견을 무시했다.
[ignored–ignored–ignoring]
■ ignorance[ígnərəns]　n. 무지, 무식
Ignorance is bliss.　(속담) 모르는 게 약이다.

approach
[əpróutʃ]

v. 다가가다, 접근하다　**n.** 접근, 입구

A huge typhoon is approaching the Korean peninsula.　거대한 태풍이 한반도로 접근하고 있다.
The homeless are afraid of the approach of winter.
노숙자들은 겨울이 가까이 오는 것을 두려워한다.
[approached–approached–approaching]

alive
[əláiv]

a. 살아 있는 (opp. dead), 생동감 있는

I am not sure whether he is alive or dead.
그가 살아있는지 죽었는지 확신하지 못한다.

rat
[ræt]

n. 쥐, 시궁쥐

The students were surprised when they saw the huge rat in the classroom.
교실에서 커다란 쥐를 보고 학생들은 깜짝 놀랐다.

structure
[strʌ́ktʃər]

n. 구조, 조직, 건물

She explained the structure of the difficult sentence.
그녀는 그 어려운 문장의 구조를 설명해 주었다.

destroy
[distrɔ́i]

v. 파괴하다, 멸망시키다

The large area of the city was totally destroyed by fire.
도시의 넓은 지역이 화재로 파괴되었다.
[destroyed–destroyed–destroying]

■ destruction[distrʌ́kʃən] n. 파괴

The destruction of the environment is a very serious problem.
환경 파괴는 매우 심각한 문제이다.

hire
[háiər]

v. 고용하다, 돈을 주고 빌리다

The store plans to hire 3 clerks in fall.
그 상점은 가을에 3명의 점원을 더 고용할 예정이다.
[hired – hired – hiring]

impressive
[imprésiv]

a. 인상적인, 감동적인

The ruins of Pompeii were very impressive to me.
내게는 폼페이의 유적이 매우 인상적이었다.
■ impress[impres] v. 인상을 남기다, 감동시키다
I was impressed by his speech.
그의 연설은 나를 감동시켰다.

electric
[iléktrik]

a. 전기의, 전자의

My father gave me an electric dictionary for a birthday gift.
아버지는 생일 선물로 전자 사전을 주셨다.

■ electricity[ilèktrísəti] n. 전기

I can't even imagine my life without electricity.
전기가 없는 생활은 상상조차 할 수 없어.

surround
[səráund]

v. 둘러싸다, 에워싸다

The wall surrounds the house.
벽이 이 집을 둘러싸고 있다.

■ be surrounded by ～에 둘러싸다

Seoul is surrounded by mountains and hills.
서울은 산과 언덕들로 둘러싸여 있다.

last
[læst]

v. 지속하다, 계속하다

This battery lasts more than 8 hours.
이 배터리는 8시간 이상 지속됩니다.
[lasted – lasted – lasting]

kid
[kid]

v. 놀리다, 장난치다

No kidding!   농담 아니야!

face
[feis]

v. 향하다, 직면하다   **n.** 얼굴

This window faces the sea.
이 창은 바다로 향해 있다.
She washed her face with warm water.
그녀는 더운 물로 얼굴을 닦았다.
[faced-faced-facing]

conductor
[kəndʌ́ktər]

n. 차장, 안내자, 지휘자

The conductor checked my round ticket.
차장은 내 왕복표를 확인했다.

curious
[kjúəriəs]

a. 알고 싶어하는, 호기심이 강한

I am curious about whether he will go out with her or not.
나는 그가 그녀와 데이트를 할지 안 할지 알고 싶어.
- curiosity[kjùəriásəti]　n. 호기심
Most teenagers start drinking out of curiosity.
대부분의 청소년들은 호기심에서 음주를 시작한다.

steal
[sti:l]

v. 훔치다

I didn't steal anything from the convenient store!　저는 편의점에서 아무 것도 훔치지 않았어요!
[stole – stolen – stealing]

insect
[ínsekt]

n. 곤충, 벌레

I hate insects.　나는 곤충을 싫어한다.
- worm[wə́:rm]　(발 없는) 벌레
I hate worms　나는 벌레가 싫어.

toll
[toul]

n. 통행료, 사용료

How much do I have to pay for an express way toll?　고속도로 통행료를 얼마나 내야합니까?

lay
[lei]

v. 놓다, 눕히다 (syn. put)　**v.** 알을 낳다

He laid the map on the table.
그는 테이블 위에 지도를 놓았다.
This hen lays two or three eggs a week.
이 닭은 1주일에 2~3개의 알을 낳는다.
[laid – laid – laying]

rare
[rɛər]

a. 드문, 진기한

White tigers extremely rare in the world.
흰 호랑이는 세상에서 매우 드물다.
- rarely[rɛ́ərli]　ad. 거의 ~ 않다
He rarely eats junk food.
그는 인스턴트 음식을 거의 먹지 않는다.

earthquake
[ə́:rθkwèik]

n. 지진

A strong earthquake hit Kobe city in 1995.   1995년 강력한 지진이 고베시를 강타했다.

desolate
[désəlit]

a. 황량한, 사람이 없는, 고독한

His house was located at a desolate field.
그의 집은 황량한 벌판에 위치해 있었다.

organization
[ɔ̀:rgənəzéiʃən]

n. 단체, 연합회

The organization, "Doctors without borders" won Nobel Peace Prize in 1999.
"국경 없는 의사회"라는 단체는 1999년에 노벨 평화상을 수상했다.

frighten
[fráitn]

v. 소스라쳐 놀라게 하다

The dog frightened me suddenly.
그 개는 갑자기 나를 소스라쳐 놀라게 했다.
[frightened – frightened – frightening]

lend
[lend]

v. 빌리다 (opp. borrow 잠깐 빌리다)

Could you lend me some money?
돈 좀 빌려주실 수 있나요?
[lent – lent – lending]

roof
[ru:f]

n. 지붕

They were sitting on the roof, looking at the flooded houses.
그들은 물에 잠긴 집들을 보면서 지붕 위에 앉아 있었다.

hug
[hʌg]

v. 끌어안다

My mother hugged me tight.
어머니는 나를 꽉 끌어안으셨다.
[hugged–hugged–hugging]

march
[mɑːrtʃ]

v. 행진하다

The boys marched into the school.
소년들은 학교로 행진해 들어왔다.
[marched–marched–marching]

hay
[hei]

n. 건초, 말린 풀

Make hay while the Sun shines.
햇빛이 날 때 건초를 만들어라.

fertile
[fə́ːrtl]

a. 기름진, 비옥한 (opp. sterile)

They planted seeds in the fertile soil near the river.
그들은 강 가까이의 기름진 흙에 씨를 뿌렸다.

waterfall
[wɔ́ːtərfɔ̀ːl]

n. 폭포

I took a picture of the beautiful waterfall.
나는 그 아름다운 폭포의 사진을 찍었다.

spine
[spain]

n. 등뼈, 척추

He got hurt his spine in the accident.
그는 그 사고에서 척추를 다쳤다.

prevent
[privént]

v. 예방하다, 막다

This new sign will prevent a lot of traffic accidents.
이 새로운 표지판은 많은 교통사고를 예방할 것이다.
[prevented–prevented–preventing]

■prevention[privénʃən] n. 예방, 막음
This sign was made for prevention of traffic accidents.
이 표지판은 교통사고 예방을 위해 만들어졌다.

D·A·Y 43

cover
[kʌvər]

v. 싸다, 덮다　　**n.** 덮개, 겉표지

He covered all his textbooks with pretty paper.　그는 모든 교과서를 예쁜 종이로 쌌다.
Don't judge a book by its cover.
(속담) 겉표지로 책을 판단하지 마라.
[covered–covered–covering]

flow
[flou]

v. 흐르다, 순환하다

The Han River flows through Seoul to the Yellow Sea.
한강은 서울을 통과해 황해로 흐른다.
[flowed–flowed–flowing]

cheerful
[tʃíərfəl]

a. 쾌활한, 유쾌한

The students of class 6 are always cheerful.
6반 학생들은 언제나 유쾌하다.

blind
[blaind]

a. 눈 먼, 장님인

Nobody knew that the old man had been blind since 2000.
그 노인이 2000년 이후 눈이 멀었다는 것을 누구도 알지 못했다.

defend
[difénd]

v. 방어하다 (opp. attack)

The best way to defend is to attack.
(격언) 공격은 최선의 방어다.
[defended–defended–defending]

barley
[báːrli]

n. 보리

Koreans usually drink barley tea.
한국인들은 대개 보리차를 마신다.

chain
[tʃein]

n. 사슬, 연쇄

The suitcase was locked with chains.
여행 가방은 사슬로 잠겨 있었다.

suppose
[səpóuz]

v. 가정하다, 생각하다

Suppose that your boy friend were a popular singer.   네 남자친구가 유명 가수라고 가정해 봐라.

[supposed–supposed–supposing]

■ be supposed to   ～하기로 되어 있다

We are supposed to have two English classes today.   우리는 오늘 영어 수업을 두 번 하게 되어 있다.

least
[liːst]

a. 가장 적은, 가장 작은 (opp. most)

Which class has the least number of students of all classes?
모든 학급들 중 가장 학생 수가 적은 학급은 어디입니까?

■ at least   ～적어도, 최소한(opp. at most 기껏해야, 잘 해야)

You have to study at least for 2 hours a day.
적어도 하루에 2시간은 공부해야 합니다.

factory
[fǽktəri]

n. 공장

Factories pollutes the environment less than before.   공장들은 전보다 환경을 덜 오염시키고 있다.

man-made
[mǽnméid]

a. 인공의, 인조의 (syn. artificial)

Lake Ilsan is known as the greatest man-made lake in Asia.
일산 호수(호수공원)는 아시아에서 가장 큰 인공 호수로 알려져 있다.

surrounding
[səráundiŋ]

n. 주위 환경, 처지

Most Korean students study under an unhealthy surroundings.
대부분의 한국 학생들은 건강에 좋지 않은 환경에서 공부한다.

tear
동 [tέər]
명 [tíər]

v. 찢다, 뜯어내다　**n.** 눈물

She tore all his letters, crying bitterly.
그녀는 몹시 울면서 그의 모든 편지를 찢었다.
Her eyes were wet with tears.
그녀의 눈은 눈물로 젖었다.
[tore – torn – tearing]

bury
[béri]

v. 묻다, 파묻다

The stupid tree frog buried his mother by the stream.
어리석은 청개구리는 엄마를 냇가에 묻었다.
[buried–buried–burying]

erupt
[irʌ́pt]

v. (화산이) 분출하다, 폭발하다

Mt. Hala erupted in the 12th century.
한라산은 12세기에 분출했다.
[erupted–erupted–erupting]

■ eruption[irʌ́pʃən]　**n.** 화산 폭발

Have you ever heard of the eruption in the island?
그 섬에서 화산 폭발에 대해 들어본 적 있니?

author
[ɔ́ːθər]

n. 작가

Do you know the name of the author of Harry Potter series?
해리 포터 시리즈의 작가 이름을 아니?

achieve
[ətʃíːv]

v. 이루다, 성취하다

It takes much time and effort to achieve your goal.
목표를 이루는 데는 많은 시간과 노력이 든다.
[achieved – achieved – achieving]

■ achievement[ətʃíːvmənt] n. 성취, 달성

He made a great achievement by winning the contest.   그는 대회에서 우승의 큰 성취를 이루었다.

notice
[nóutis]

v. 알아차리다, 주의하다   n. 알림, 벽보, 주의

She noticed that there were serious errors in the report.
그녀는 보고서에 심각한 잘못이 있음을 알아차렸다.
Did you see the notice "Beware of the dog."
"개 조심"이라는 주의사항을 보았니?
[noticed – noticed – noticing]

pretend
[priténd]

v. 체하다

The student pretended to study hard.
그 학생은 공부를 열심히 하는 체했다.
[pretended – pretended – pretended]

ancient
[éinʃənt]

a. 고대의 (opp. modern)

Paper was invented in ancient China.
종이는 고대 중국에서 발명되었다.

ambitious
[æmbíʃəs]

a. 야심을 가진, 패기 있는

Boys, be ambitious!   소년들이여, 야망을 가져라!

■ ambition[æmbíʃən] n. 야심, 패기

The politician seems to have no ambition.
그 정치가는 아무런 야심이 없어 보인다.

iron
[áiərn]

n. 쇠, 다리미

This statue is made of iron.
이 상은 쇠로 만들어져 있다.

fist
[fist]

n. 주먹

The bully shook his fist in front of other students.
그 깡패는 다른 학생들 앞에서 주먹을 흔들어 보였다.

ointment
[ɔ́intmənt]

n. 연고

He applied the ointment to his wound on his knee.   그는 무릎 위의 상처에 연고를 발랐다.

delay
[diléi]

v. 늦추다, 미루다   **n.** 지체, 연기

The departure was delayed because of the heavy rain.   폭우 때문에 출발이 늦춰졌다.
You must come to school without delay.
지체 없이 학교로 와야 한다.
[delayed – delayed – delaying]

charge
[tʃɑːrdʒ]

n. 요금, 청구액   **v.** 청구하다, 돈을 내게 하다

We have to pay a charge of 3 dollars for admission.   우리는 입장료로 3달러를 내야만 한다.

The museum charges 2 dollars for each student.   그 박물관은 학생 1명 당 2달러씩 내게 한다.

basis
[béisis]

n. 기초, 근거

What do you think the basis of friendship is?   우정의 기초가 무엇이라고 생각하십니까?

chairman
[tʃɛ́ərmən]

n. 의장, 사회자, 사장

He was elected as chairman of the student association.
그는 학생회의 의장으로 선출되었다.

degree
[digríː]

n. (각도, 온도계의) 도, 정도

It is 12 degrees at Centigrade today.
오늘은 섭씨 12도이다.

pale
[peil]

a. 창백한

You look pale. What's wrong?
창백해 보여. 어디 아프니?

mayor
[méiər]

n. 시장

The mayor made a speech at the City Hall.
시장은 시청에서 연설을 했다.

dustpan
[dʌstpæn]

n. 쓰레받기

I swept dust into the dustpan.
나는 쓰레받기에 먼지를 쓸어 담았다.

anthem
[ǽnθəm]

n. 찬송가, 축가

We sang anthems last Christmas.
우리는 지난 크리스마스에 찬송가를 불렀다.

definition
[dèfəníʃən]

n. 정의, 말뜻

We don't have even a definition about human rights.
우리는 인권에 대한 정의조차 갖고 있지 않다.

basin
[béisn]

n. 대야, 세면대

She poured warm water into the basin.
그녀는 대야에 더운 물을 부었다.

arrest
[ərést]

v. 체포하다　**n.** 체포

All the gangs were arrested.
모든 갱들이 체포되었다.
You are under arrest!　당신은 체포되었습니다!
[arrested – arrested – arresting]

force
[fɔːrs]

n. 힘　**v.** 강요하다

He thought that the apple fell from a tree by the force of gravity.
그는 중력의 힘에 의해서 나무에서 사과가 떨어진다고 생각했다.
His parents forced him to prepare for the entrance exam to the foreign language school.
그의 부모님은 그가 외국어 고등학교의 입학시험을 준비하도록 강요했다.

flight
[flait]

n. 비행, 항공편

The flight has been canceled 30 minutes ago.
그 비행은 30분 전에 취소되었습니다.

nest
[nest]

n. 둥지, 보금자리

I saw a swallow nest under the eaves.
나는 처마 아래에서 제비 둥지를 보았다.

pigeon
[pídʒən]

n. 비둘기

You can see pigeons very easily in big cities.
큰 도시에서는 비둘기를 쉽게 볼 수 있다.

suffer
[sʌ́fər]

v. 괴로워하다, 앓다

Most students suffer from lack of sleep.
많은 학생들이 수면 부족으로 괴로워한다.
[suffered - suffered - suffering]

forgive
[fərgív]

v. 용서하다

The teacher forgave him for stealing money.
그 선생님은 그가 돈을 훔친 것을 용서해 주었다.
[forgave - forgiven - forgiving]

■ forgiveness[fərgívnis] n. 용서

You should ask for forgiveness with tears.
당신은 눈물로 용서를 빌어야 해.

mild
[maild]

a. 온화한, 포근한, 순한

My homeroom teacher is a mild person.
우리 담임선생님은 온화한 사람이다.

prescription
[priskrípʃən]

n. 처방, 처방전

Give this prescription to the pharmacist.
약사에게 이 처방전을 주세요.

formal
[fɔ́:rməl]

a. 형식적인, 공식적인 (opp. informal)

The singer has not received formal school education.
그 가수는 공식적인 학교 교육을 받은 적이 없다.

frame
[freim]

n. 틀, 테두리, 뼈대

The window frames of the classroom are made of wood.
교실의 창틀은 나무로 만들어져 있다.

bamboo
[bæmbúː]

n. 대나무

Damyang is famous for bamboos.
담양은 대나무로 유명하다.

remain
[riméin]

v. 남다

He remains my best friend though he moved to Busan 3 years ago.
그는 3년 전 부산으로 이사 갔지만, 여전히 내 가장 친한 친구로 남아있다.
[remained – remained – remaining]

hardly
[háːrdili]

ad. 거의 ~ 않다

I hardly eat breakfast.
나는 아침 식사를 거의 하지 않는다.

nod
[nɑd]

v. 끄덕이다, 졸다

I nodded my head to show that I understood her words.
나는 그녀의 말을 알아들었다는 것을 보여주기 위해 고개를 끄덕였다.
[nodded – nodded – nodding]

despair
[dispέər]

n. 절망, 자포자기   **v.** 절망하다

She would not do anything in despair.
그녀는 절망하여 아무 것도 하지 않으려 했다.
Don't despair.   절망하지 마세요.
[despaired – despaired – despairing]

float
[flout]

v. 물에 뜨다, 떠돌다

Beautiful white clouds are floating in the sky.
하늘에는 아름다운 흰 구름이 떠 있다.
[floated – floated – floating]

drown
[draun]

v. 물에 빠져 죽다, 익사하다

Several people are drowned in this river every year.

해마다 몇 명의 사람들이 이 강에서 빠져 죽는다.

[drowned – drowned – drowning]

perform
[pərfɔ́:rm]

v. 수행하다, 공연하다

He has performed the role of class president very well.

그는 학급 반장의 역할을 잘 수행해오고 있다.

[performed – performed – performing]

■ performance[pərfɔ́:rməns] n. 수행, 공연

I have to turn in a paper for a performance test.

나는 수행평가로 이 숙제를 제출해야만 해.

disappear
[dìsəpíər]

v. 사라지다 (opp. appear)

The bus disappeared behind the building.

버스는 그 건물 뒤로 사라졌다.

[disappeared – disappeared – disappearing]

■ disappearance[dìsəpíərəns] n. 사라짐, 실종

Have you heard of the disappearance of the ship?

너는 그 배의 실종에 대해 들어본 적 있니?

jealous
[dʒéləs]

a. 질투하는, 시기하는

I am jealous of my friend's good records.

나는 내 친구의 좋은 성적에 질투가 난다.

■ jealousy[dʒéləsi] n. 질투

I was almost mad with jealousy.

나는 질투로 미칠 것 같았다.

owe
[ou]

v. 빚지다, 은혜를 입다, ~의 덕택으로 알다

I owed ten dollars to him.
나는 그에게 10달러를 빚졌다
[owed – owed – owing]

cage
[keidʒ]

n. 우리, 새장

There was a huge black dog in the cage.
우리 안에는 커다란 검은 개가 있었다.

clothes
[klouz]

n. 옷, 의복

I like wearing comfortable clothes at home.
나는 집에서는 편안한 옷을 입는 것이 좋다.

celebrate
[séləbrèit]

v. 기념하다, 축하하다

We celebrate parents' day on May eighth.
우리는 5월 8일에 어버이날을 기념한다.
[celebrated – celebrated – celebrating]

climate
[kláimit]

n. 기후

Cactuses grow well in a hot climate.
선인장은 더운 기후에서 잘 자란다.

army
[áːrmi]

n. 육군, 군대

He joined the army when he was only 19 years old.
그는 겨우 19살 때 군에 입대했다.

mercy
[mə́ːrsi]

n. 자비, 연민

The rich man didn't show any mercy to the poor.
그 부자는 가난한 사람들에게 어떤 자비도 보이지 않았다.

blame
[bleim]

v. 꾸짖다, 비난하다

The teacher blamed him for his careless words.
선생님께서 그가 말을 함부로 한다고 꾸짖으셨다.
[blamed – blamed – blaming]

belonging
[bilɔ́:ŋiŋ]

n. 소지품

He lost all his belongings during the school excursion.
그는 수학여행 중 소지품을 모두 잃어 버렸다.

mend
[mend]

v. 수선하다, 고치다

He mended his old pants.
그는 그의 낡은 바지를 수선했다.
[mended – mended – mending]

border
[bɔ́:rdər]

n. 국경, 가장자리

The river flows along the border of the country.   그 강은 그 나라의 국경을 따라 흐른다.

Atlantic
[ætlǽntik]

a. 대서양의   **n.** 대서양

I've never seen the Atlantic Ocean.
나는 대서양을 본 적이 없다.

cultural
[kʌ́ltʃərəl]

a. 문화의, 교양의

I am interested in the cultural differences between Korea and Japan.
나는 한국과 일본 간의 문화 차이에 관심이 있다.

separate
[sépərèit]

v. 떼어 놓다, 분리하다

The teacher separated two boys who were fighting.
선생님은 싸우던 두 소년을 떼어 놓으셨다.
[separated – separated – separating]

■ separation[sèpəréiʃən]　n. 떼어 놓기, 분리

After a long separation, the child met his parents at last.
오랫동안 떨어지고 난 후, 그 아이는 마침내 부모님을 만났다.

conquer
[kάŋkər]

v. 정복하다

Who is the first man who conquered the North Pole?
북극을 최초로 정복한 사람은 누구인가?
[conquered – conquered – conquering]

■ conqueror[kάŋkərər]　n. 정복자

They had to obey the conqueror.
그들은 정복자에게 순종해야만 했다.

decorate
[dékərèit]

v. 장식하다

They decorated the living room for the birthday party.
그들은 생일파티를 위해 거실을 장식했다.
[decorated – decorated – decorating]

■ decoration[dèkəréiʃən]　n. 장식

She brought a lot of flowers for Christmas decoration.
그녀는 크리스마스 장식을 위해 많은 꽃을 가져왔다.

dew
[djuː]

n. 이슬

The grass was wet with dew.
풀이 이슬로 젖어 있었다.

shut
[ʃʌt]

v. 닫다, 덮다 (opp. open)

Please shut the door.
문을 닫아주세요.
[shut - shut - shutting]

loaf
[louf]

n. 빵 한 덩어리 (pl. loaves)

I need a loaf of bread.
빵 한 덩어리가 필요합니다.

garlic
[gáːrlik]

n. 마늘

Koreans eat a lot of garlic every day.
한국인들은 매일 많은 마늘을 먹는다.

volleyball
[válibɔ̀ːl]

n. 배구

Some boys are playing volleyball in the gym.
몇몇 남자 아이들이 체육관에서 배구를 하고 있다.

hesitate
[hézətèit]

v. 망설이다, 주저하다

The student hesitated to skip the English class or not.
그 학생은 영어 수업을 빼먹을까 말까 망설였다.
[hesitated - hesitated - hesitating]

■ hesitation[hèzətéiʃən] n. 망설임, 주저
I don't understand your hesitation to study abroad.
외국에서 공부하는 데 대한 네 망설임이 이해가 안 돼.

century
[séntʃuri]

n. 세기

The festival started in the middle of the twentieth century.
그 축제는 20세기 중엽에 시작되었다.

generous
[dʒénərəs]

a. 관대한, 아량 있는

The old teacher is very generous to his students.
그 나이 드신 선생님께서는 학생들에게 매우 관대하시다.

■generosity[dʒènərásəti] a. 관대함, 마음이 후함
Thank you for your generosity.
당신의 관대함에 감사드립니다.

tight
[tait]

a. 꽉 죄는, 단단한, 빈틈없는

I hate these jeans because they are too tight.
나는 이 청바지가 너무 꽉 죄어서 싫어해.

■tighten[táitn] v. 죄다, 팽팽하게 하다
I tightened the belt. 나는 벨트를 죄었다.

melt
[melt]

v. 녹다, 사라지다

Ice melts into water. 얼음이 녹아 물이 된다.
[melted — melted/molten — melting]

legend
[lédʒənd]

n. 전설

Have you ever heard about the legend of Gyeonwoo and Jiknyeo?
견우와 직녀의 전설을 들어본 적 있니?

noodle
[nu:dl]

n. 국수

Koreans eat bean noodles or iced noodles in summer.
한국인들은 여름에 콩국수나 냉면을 먹는다.

deer
[diər]

n. 사슴

I saw a huge deer in the middle of the forest.

나는 숲 한가운데서 커다란 사슴을 보았다.

harm
[hɑːrm]

v. 해치다, 손상시키다　**n.** 손해, 해악

Eating too much at night harms your stomach.

밤에 너무 많이 먹는 것은 위를 해친다.

[harmed – harmed – harming]

■ do harm　해를 끼치다

Playing computer games sometimes does much harm to teenagers.

컴퓨터 게임을 하는 것은 때때로 청소년에게 큰 해를 끼친다.

tiny
[táini]

a. 조그마한, 작은

I found a tiny pimple on my forehead this morning.

나는 오늘 아침에 작은 뾰루지가 이마에 난 것을 발견했다.

instrument
[ínstrəmənt]

n. 도구, 기구

You would better use another instrument to fix the machine.

그 기계를 고치려면 다른 도구를 사용하는 게 좋을거야.

■ musical instrument　악기

They sell various musical instruments at the store.

저 가게에서는 다양한 악기를 팔고 있다.

loose
[luːs]

a. 느슨한, 풀린

Your seat belt is too loose.

안전벨트가 너무 느슨합니다.

skull
[skʌl]

n. 두개골, 해골

His skull was broken.
그의 두개골은 골절되었다.

jog
[dʒɑg]

n. 조깅하다, 느리게 달리다

I have to get up early tomorrow to go jogging.
나는 조깅하기 위해 내일 일찍 일어나야만 한다.

value
[vǽljuː]

n. 가치   **v.** 평가하다, 높이 평가하다

The old man doesn't know the value of his paintings.
그 노인은 그의 그림들의 가치를 알지 못한다.
[valued – valued – valuing]

■ valuable[vǽljuːəbl]   **a.** 가치 있는, 값비싼

Taking a trip with my friends was a valuable experience for me.
친구들과 함께 여행하는 것은 가치 있는 경험이었다.

offer
[ɔ́ːfər]

v. 제공하다   **n.** 제안, 제의

The after school will offer various English conversation programs.
방과 후 학교는 다양한 영어 회화 프로그램을 제공할 것입니다.
He refused the company's offer.
그는 회사의 제안을 거절했다.
[offered – offered – offering]

scatter
[skǽtər]

v. 뿌리다, 흩어지다

He scattered some sand on the frozen road.
그는 얼어붙은 도로에 모래를 뿌렸다.
[scattered – scattered – scattering]

display
[displéi]

v. 전시하다, 진열하다

Various types of shoes were displayed in the shop windows.
가게 진열장에 다양한 신발이 전시되어 있었다.
[displayed – displayed – displaying]

stretch
[stretʃ]

v. 쭉 펴다, 기지개켜다

You have to stretch your arms when your shoulders are aching.
어깨가 아플 때는 팔을 쭉 펴야만 한다.
[stretched – stretched – stretching]

kettle
[kétl]

n. 주전자

He put a kettle on the stove.
그는 난로 위에 주전자를 올려놓았다.

review
[rivjú:]

v. 복습하다

I have to review what I learned before going to bed. 자기 전에 배운 것을 복습해야만 한다.
[reviewed – reviewed – reviewing]

positive
[pázətiv]

a. 긍정적인, 적극적인 (opp. negative)

Be positive about yourself.
네 자신에 대해 긍정적이 되라.
■ positively[pázətivli] ad. 긍정적으로, 적극적으로
Express yourself positively.
네 자신을 적극적으로 표현하라.

negative
[négətiv]

a. 부정적인, 소극적인 (opp. positive)

The doctor's words were negative.
의사의 말은 부정적이었다.
■ negatively[négətivli] ad. 부정적으로, 소극적으로
Don't think negatively.
부정적으로 생각하지 마라.

overcome
[òuvərkʌ́m]

v. 극복하다, 이겨내다

The man overcame all his difficulties with his wife.
그는 아내와 함께 모든 어려움을 극복했다.
[overcame – overcome – overcoming]

chief
[tʃiːf]

a. 최고의, 수석의, 주요한   n. 가장, 우두머리

He is the chief engineer of the company.
그는 그 회사의 최고 기술자입니다.
The chief of a family is usually father in Korea.
한국에서는 한 가정의 가장은 대개 아버지이다.

monthly
[mʌ́nθli]

a. 매달의, 월 1회의

It is a monthly magazine.
그것은 매달 나오는 잡지입니다.

yearly
[jíərli]

a. 매년의, 연 1회의

The temple is opened to public yearly.
그 사찰은 매년 대중에게 개방된다.

overeat
[òuvəríːt]

v. 과식하다

Overeating at night is not good for your health.
밤에 과식하는 것은 건강에 좋지 않습니다.
[overate – overeaten – overeating]

professor
[prəfésər]

n. 교수

Is the professor in?
교수님 안에 계신가요?

jar
[dʒɑːr]

n. 단지, 항아리

Collect change in the jar for a month.
한 달 동안 이 단지 안에 잔돈을 모으세요.

exist
[igzíst]

v. 존재하다, 있다

I think, therefore I exist.
(격언) 나는 생각한다, 그러므로 나는 존재한다.
[existed – existed – existing]
■ existence[igzístəns]   n. 존재
Nobody can prove the existence of aliens.
누구도 외계인의 존재를 증명할 수 없다.

aloud
[əláud]

ad. 소리 내서, 들릴 수 있게

Can you read the story aloud to me?
내게 그 이야기를 소리 내서 읽어줄 수 있어요?

badly
[bǽdli]

ad. 나쁘게, 서투르게, 심하게

He behaved badly so I was angry.
그가 나쁘게 행동해서 화가 났었어.

fence
[fens]

n. 울타리

The boy jumped over the fence.
그 남자 아이는 울타리를 뛰어 넘었다.

flame
[fleim]

n. 불꽃, 화염

The flame won't be out easily.
그 불꽃은 쉽게 꺼지지 않을 것이다.

grown-up
[gróunʌ̀p]

n. 어른

This movie is only for grown-ups.
이 영화는 성인만을 위한 것입니다.

amount
[əmáunt]

n. 총액, 총계, 양

There was a large amount of information.
많은 양의 정보가 있었다.

citizen
[sítəzən]

n. 시민

A lot of citizens are taking walks in the park.
많은 시민들이 공원에서 산책을 하고 있습니다.

trust
[trʌst]

v. 믿다, 신뢰하다, 의지하다

There is only one who I trust. That's my mother.
내가 믿는 유일한 사람이 있다. 바로 내 어머니다.
[trusted – trusted – trusting]

frankly
[fræŋkli]

ad. 솔직하게

I will tell you everything about him frankly.
그에 관해서 모든 것을 솔직하게 이야기할게.

messy
[mési]

a. 어질러진, 엉망진창인

My room was so messy that I couldn't find even my school bag.
내 방이 너무 어질러져 있어서 나는 책가방조차 찾을 수 없었다.

■ mess[mes]　n. 어질러 놓은 것, 뒤죽박죽

Clean up the mess in your room before dinner.
저녁 먹기 전에 네 방에 어질러 놓은 것을 치워라.

wheat
[*h*wiːt]

n. 밀

Farmers grow wheat and corn in this area.
이 지역에서 농부들은 밀과 옥수수를 기른다.

bother
[bάðə*r*]

v. 괴롭히다, 귀찮게 하다

Don't bother me with such a little thing.
그런 사소한 일로 나를 괴롭히지 마라.
[bothered – bothered – bothering]

stare
[stɛə*r*]

v. 빤히 쳐다보다, 응시하다

The teacher stared at me for a while.
선생님께서는 잠시 동안 나를 빤히 쳐다보셨다.
[stared – stared – staring]

heaven
[hévən]

n. 천국 (opp. hell)

She believed that her boyfriend went to heaven.
그녀는 남자 친구가 천국에 갔을 것이라고 믿었다.

normal
[nɔ́ː*r*məl]

a. 정상적인, 표준의, 평범한

Your weight is perfectly normal.
네 몸무게는 완전히 정상이야.

mark
[mɑː*r*k]

n. 표시, 기호   **v.** 표시하다

He found some red marks on the map.
그는 지도에서 몇 개의 붉은 표시를 발견했다.
You have to mark your answer sheet with a special pen.
특별한 펜으로 답안지에 표시해야 한다.
[marked – marked – marking]

plenty
[plénti]

n. 많음, 풍부함

We have plenty of sandwiches and cookies for lunch.
우리는 점심으로 샌드위치와 쿠키를 많이 가지고 있다.

government
[gʌ́vərnmənt]

n. 정부

The government said that it would raise tax this year.
정부는 올해 세금을 인상할 것이라고 했다.

sauce
[sɔːs]

n. 양념, 소스

He added some sauce to his steak.
그는 스테이크에 약간의 양념을 뿌렸다.

obtain
[əbtéin]

v. 얻다, 획득하다

We can obtain some information about the school through the Internet.
우리는 인터넷을 통해 그 학교에 대한 정보를 얻을 수 있다.

[obtained – obtained – obtaining]

vehicle
[víːikl]

n. 탈 것, 차

Mr. Fog found that there were only a few vehicles in the village.
포그 씨는 그 마을에는 탈 것이 몇 대밖에 되지 않는 것을 발견했다.

royal
[rɔ́iəl]

a. 왕실의, 왕의

The soap opera "Gung" was about a girl's royal life.
드라마"궁"은 한 소녀의 왕실 생활에 관한 것이었다.

halfway
[hǽfwéi]

ad. 도중에, 중간까지

He came back home halfway.
그는 도중에 집으로 되돌아왔다.

master
[mǽstər]

v. 정복하다, 지배하다　　**n.** 주인, 지배자, 장인

I'd like to master English.
나는 영어를 정복하고 싶다.
The servant carried his master's baggage.
하인은 주인의 짐을 날랐다.
[mastered – mastered – mastering]

brief
[bri:f]

a. 짤막한, 간결한

He left you a brief note.
그는 네게 짤막한 편지를 남겼어.
■ briefly[brí:fli]　ad. 간단히
The guide talked about the legend of the old temple briefly.
가이드는 그 오래된 절의 전설에 대해 간단하게 말했다.

digestion
[didʒéstʃən]

n. 소화

I have a poor digestion.
나는 소화력이 좋지 못하다.

slice
[slais]

n. 얇게 썬 조각

He cut the thick ham into slices.
그는 두꺼운 햄을 얇은 조각으로 잘랐다.

seafood
[sí:fú:d]

n. 해산물, 해물 요리

You can eat various delicious seafood at the beach.
바닷가에서 다양하고 맛있는 해산물을 먹을 수 있다.

D·A·Y 47

faint
[feint]

v. 기절하다   a. 희미한, 어렴풋한

The student suddenly fainted from the heat.
그 학생은 더위 때문에 갑자기 기절해 버렸다.
I saw the faint sunshine from the window.
나는 창문으로부터 희미한 햇빛을 보았다.
[fainted – fainted – fainting]

scenery
[síːnəri]

n. 풍경

The scenery of London was so impressive.
런던의 풍경은 매우 인상 깊었다.

reuse
[riːjúːz]

v. 다시 쓰다

I think we can reuse these document boxes.
이 서류 상자들을 다시 쓸 수 있을 것 같아.
[reused – reused – reusing]

passport
[pǽspɔːrt]

n. 여권

Can you show me your passport?
여권 좀 보여 주시겠어요?

spank
[spæŋk]

v. (엉덩이 등을) 찰싹 때리다

I spanked my younger brother because he was naughty.
남동생이 버릇없이 굴어서 찰싹 때렸다.
[spanked – spanked – spanking]

☐ **tax**
[tæks]

n. 세금

We must pay our taxes.
우리는 세금을 내야만 한다.

☐ **hole**
[houl]

n. 구멍

I looked into the hole, but I couldn't see anything.
나는 구멍 안을 들여다보았지만, 아무 것도 볼 수 없었다.

☐ **swan**
[swɑn]

n. 백조

I saw two swans swimming in the lake.
나는 호수에서 백조 두 마리가 헤엄치는 것을 보았다.

☐ **point**
[pɔint]

v. 가리키다　**n.** 득점, 뽀족한 끝

What are you pointing at?
무엇을 가리키고 있어요?
She got only 20 points on the English test.
그는 영어 시험에서 겨우 20점을 얻었다.
[pointed – pointed – pointing]

☐ **board**
[bɔːrd]

n. 판자

She painted board green.
그녀는 판자를 녹색으로 칠했다.

☐ **temple**
[témpl]

n. 절, 사원

What is the oldest temple in Korea?
한국에서 가장 오래된 절은 무엇입니까?

thread
[θred]

n. 실

Bring a needle and thread!
바늘과 실을 가져 오거라!

highlight
[háilàit]

n. 가장 두드러진 부분, 하이라이트

The highlight of the festival was the fireworks.
축제의 가장 멋진 부분은 불꽃놀이였다.

case
[keis]

n. 경우, 사건, 상자

In that case, you should call the police.
그 경우에는, 경찰을 불러야만 한다.

whoever
[hu:évər]

pron. 누구든지, 누구라도

Whoever come to my party will be welcomed.
내 파티에 오는 사람은 누구나 환영받을 겁니다.

central
[séntrəl]

a. 중심의, 중앙의

The college is in the central area of the city.
그 대학은 도시의 중심 지역에 있다.

■ center[séntər] n. 중앙, 중심
There is a small garden in the center of the building.
건물의 중앙에는 작은 정원이 있다.

symbol
[símbəl]

n. 상징, 기호

The dove is the symbol of peace.
비둘기는 평화의 상징이다.

instruction
[instrʌ́kʃən]

n. 교훈, 지시, 사용 설명서

What do you think of the instruction of the fable?
그 우화의 교훈이 무엇이라고 생각해?

revolution
[rèvəlú:ʃən]

n. 혁명, 회전

We learned about the French revolution yesterday.
우리는 어제 프랑스 혁명에 대해 배웠다.

copy
[kápi]

n. 복사물　**v.** 베끼다, 복사하다

This is a copy of a famous picture.
이것은 유명한 그림을 베낀 것이야.
Can you copy these pages?
이 페이지들을 복사해 주시겠어요?
[copied – copied – copying]

coast
[koust]

n. 해안, 연안 (syn. seashore)

He and I walked along the coast.
그와 나는 해안을 따라 걸었다.

stable
[stéibl]

a. 안정된, 고정된

The student only wanted to have a stable family.
그 학생은 단지 안정된 가족을 가지기를 원했을 뿐이다.

unite
[ju:náit]

v. 합치다, 결합하다

We cannot unite oil with water easily.
물과 기름을 쉽게 합칠 수 없다.
[united – united – uniting]

pumpkin
[pʌ́mpkin]

n. 호박

Americans carve pumpkins on Halloween.
할로윈 때 미국 사람들은 호박에 조각을 한다.

trade
[treid]

n. 무역, 거래

There has been no trade between the country and Korea.
그 나라와 한국 사이에서는 무역이 없었다.

exhibit
[igzíbit]

v. 전시하다

The art museum exhibited Rene Magritte's paintings.
그 미술관에서는 르네 마그리트의 그림들을 전시했다.
[exhibited – exhibited – exhibiting]

■ exhibition[èksəbíʃən]   n. 전시, 전시회
There is an exhibition of cars at COEX.
코엑스에서 자동차 전시회가 열리고 있다.

dive
[daiv]

v. (물에) 뛰어들다, 잠수하다

They dived into the river to find the lost child.
그들은 실종된 어린아이를 찾기 위해 강으로 뛰어 들었다.
[dived/dove – dived – diving]

seed
[si:d]

n. 씨앗

The farmer is sowing seeds over the fields.
농부가 밭에 씨를 뿌리고 있다.

weapon
[wépən]

n. 무기

The terrorists were arrested while they carried weapons.
테러리스트들은 무기를 나르다가 체포되었다.

spirit
[spírit]

n. 혼, 정신

We can feel the spirit of Korea through the Korean culture.
우리는 한국의 문화를 통해 한국의 혼을 느낄 수 있다.

democracy
[dimάkrəsi]

n. 민주주의, 민주주의 국가

Many people think democracy is good.
많은 사람들이 민주주의가 좋다고 생각한다.
■ democratic[déməkrǽtik]   a. 민주주의의, 민주적인
South Korea is a democratic country.
남한은 민주주의 국가입니다.

effective
[iféktiv]

a. 효과적인

This medicine is very effective against a bad cold.
이 약은 독한 감기에 매우 효과적이다.
■ effectively[iféktivli]   ad. 효과적으로
I want to learn English effectively.
나는 영어를 효과적으로 배우고 싶어.

role
[roul]

n. 역할

We must have one role at least.
우리는 최소한 하나의 역할을 갖고 있어야 한다.
■ play a role in   ～에서 역할을 하다
He plays an important role in the organization.
그는 조직에서 중요한 역할을 하고 있다.

sorrow
[sάrou]

n. 슬픔 (opp. joy)

He and I have shared joys and sorrows for a long time.
그와 나는 기쁨과 슬픔을 오랫동안 나누어왔다.

indoor
[índɔ̀:r]

a. 실내의

There is an indoor pool in the hotel.
그 호텔에는 실내 풀장이 하나 있습니다.

sow
[sou]

v. 씨 뿌리다

When do I have to sow the barley seeds?
보리 씨앗을 언제 뿌려야 할까요?

[sowed – sowed – sowing]

iceberg
[áisbə:rg]

n. 빙산

I've never seen icebergs before.
나는 예전에 빙산을 본 적이 없다.

■the tip of the icebergs 빙산의 일각

It was only the tip of the iceberg.
그것은 단지 빙산의 일각에 지나지 않았다.

log
[lɔ:g]

n. 통나무

I sat on the log to relax my legs.
나는 다리를 좀 쉬게 하려고 통나무 위에 앉았다.

oversleep
[òuvərslí:p]

v. 늦잠자다

I overslept today and was late for school.
오늘 늦잠을 자서 학교에 늦었다.

[overslept – overslept – oversleeping]

court
[kɔ:rt]

n. 안마당, 경기장, 법정

I like taking a walk in the court.
나는 안마당에서 산책하는 것을 좋아한다.

affair
[əfɛ́ər]

n. 일, 사건, 사무

Some fathers are not interested in family affairs at all.
어떤 아버지들은 집안일에 전혀 관심이 없다.

lock
[lɑk]

n. 자물쇠　**v.** 잠그다

I found out the lock was broken when I came back home.
집에 돌아왔을 때 자물쇠가 부서진 것을 발견했습니다.
Why don't you lock your locker?
사물함을 잠그지 그래?

opportunity
[ɑ̀pərtjúːnəti]

n. 기회

You have a good opportunity to study abroad.
너는 외국에서 공부할 수 있는 좋은 기회를 가지고 있어.

topic
[tápik]

n. 주제, 토픽

What is the main topic of the conversation?
대화의 주제가 무엇입니까?

polish
[páliʃ]

v. 닦다, 윤내다

You should polish your glasses.
안경을 닦는 게 좋겠다.
[polished – polished – polishing]

dialog
[dáiəlɔ̀ːg]

n. 대화

Listen to the dialog, and choose the appropriate answer.
대화를 듣고 적절한 답을 고르시오.

stiff
[stif]

a. 뻣뻣한, 뻐근한, 경직된

After playing computer games for 6 hours, I felt stiff on my shoulders.

컴퓨터 게임을 6시간 한 후, 나는 어깨가 뻐근한 것을 느꼈다.

request
[rikwést]

v. 요청하다, 바라다

I requested the teacher to change my seat.

나는 선생님께 자리를 바꿔 달라고 요청했다.

[requested – requested – requesting]

horizon
[həráizn]

n. 수평선, 지평선

The sun rose above the horizon.

태양은 수평선 위로 솟았다.

■ horizontal[hɔ̀:rəzántl]
  a. 가로의, 수평의, 수평선의, 지평선의

There are horizontal lines on the blackboard.

칠판에는 가로줄이 있다.

standard
[stǽndərd]

n. 기준, 표준, 모범

Is there a quality standard for these erasers?

이 지우개에 적용되는 품질 기준이 있나요?

castle
[kǽsl]

n. 성

We're going to visit several castles around the mountain.

우리는 산 근처에 있는 몇 개의 성을 방문할 예정이야.

might
[mait]

n. 힘 (syn. power)

Some students believe that might is right.

어떤 학생들은 힘만이 옳다고 믿는다.

■ mighty[máiti]   a. 힘 센, 강한

Money is mighty.

돈은 힘이 세다.

☐ **compose**
[kəmpóuz]

v. 구성하다, 만들다, 작문하다, 작곡하다

This English conversation club is composed of 30 members.
이 영어 회화 클럽은 30명의 멤버로 구성되어 있다.
[composed – composed – composing]

■ composition[kὰmpəzíʃən] n. 작문, 구성

I have to do my composition homework.
나는 작문 숙제를 해야만 한다.

☐ **navy**
[néivi]

n. 해군

My brother is in the navy.
우리 형은 해군에 복무 중입니다.

☐ **coeducation**
[kòuedʒukéiʃən]

n. 남녀공학

Most students prefer the system of coeducation.
대부분의 학생들은 남녀공학 제도를 더 좋아한다.

☐ **occur**
[əkə́:r]

v. 발생하다, 일어나다 (syn. happen)

Fires sometimes occur in winter.
화재는 때때로 겨울에 발생한다.
[occurred – occurred – occurring]

☐ **stress**
[stres]

n. 스트레스, 강조, 압박

A lot of students are under much stress because of the exams.
많은 학생들이 시험 때문에 스트레스를 받고 있다.

☐ **committee**
[kəmíti]

n. 위원회

The school committee decided to hire the English teacher.
학교 운영위원회는 그 영어 선생님을 채용하기로 결정했다.

ceiling
[síːliŋ]

n. 천장

The classroom has a low ceiling.
교실의 천장이 낮다.

tool
[tuːl]

n. 도구, 연장

A bad workman finds fault with his tools.
(속담) 서투른 일꾼이 연장을 탓한다.

funeral
[fjúːnərəl]

n. 장례식

I couldn't go to school because I had to
be at my grandmother's funeral.
할머니의 장례식에 가야만 해서 학교에 갈 수 없었습니다.

basement
[béismənt]

n. 지하실

I hid my new bike in the basement.
나는 새 자전거를 지하실에 숨겼다.

compare
[kəmpέər]

v. 비교하다, 비유하다

Don't compare yourself with others.
다른 사람과 너를 비교하지 마라.

[compared – compared – comparing]

material
[mətíəriəl]

n. 물질, 재료

The statue is made of wood, clay, and
some strange materials.
이 조각상은 나무, 진흙, 그리고 몇 가지 이상한 물질로
만들어졌다.

earn
[ə:rn]

v. 벌다, 일해서 얻다

He managed to earn money by washing cars every morning.
그는 아침마다 세차를 해서 그럭저럭 돈을 벌었다.
[earned – earned – earning]

crack
[kræk]

n. 금   **v.** 깨다, 금가게 하다

I saw a huge crack on the classroom wall.
나는 교실 벽에서 큰 갈라진 틈을 보았다.
Can you crack walnuts with your teeth?
이로 호두를 깰 수 있니?
[cracked – cracked – cracking]

creek
[kri:k]

n. 시내, 개울

We sat on the ground near the creek.
우리는 시내 근처의 땅바닥에 앉았다.

delight
[diláit]

n. 기쁨, 즐거움

You are my only delight.
당신은 나의 유일한 기쁨입니다.

spade
[speid]

n. 삽

I had to dig in the ground with a spade all day long.
나는 하루 종일 삽으로 땅을 파야만 했다.

torch
[tɔ:rtʃ]

n. 횃불

He carried a torch in his right hand.
그는 오른손에 횃불을 들었다.

D·A·Y 49

suburb
[sʌ́bə:rb]

n. 교외, 시외

He lives in the suburb of Seoul with his family.

그는 가족과 함께 서울 교외에 산다.

tongue
[tʌŋ]

n. 혀

He bit his tongue while he was laughing.

그는 웃다가 자기 혀를 깨물고 말았다.

noble
[nóubl]

a. 고결한, 귀족의

She is noble and wise.

그녀는 고결하며 현명하다.

robber
[rɑ́bər]

n. 강도, 약탈자

The brave police officer chased the robber and finally caught him.

그 용감한 경찰관은 강도를 쫓아서 마침내는 잡고 말았다.

cheek
[tʃi:k]

n. 뺨, 볼

The baby has lovely rosy cheeks.

그 아기는 사랑스러운 발그레한 뺨을 갖고 있다.

nail
[neil]

n. 못, 손톱, 발톱

I need a bag of nails.

못 한 봉지가 필요합니다.

concentrate
[kánsəntrèit]

v. 집중하다, 전념하다

I couldn't **concentrate** on my homework.
나는 숙제에 집중할 수 없었다.
[concentrated – concentrated – concentrating]

■ concentration[kànsəntréiʃən]   n. 집중

The **concentration** of population around the Seoul area is a very serious problem.
수도권 인구 집중은 매우 심각한 문제이다.

chase
[tʃeis]

v. 뒤쫓다, 추격하다

The dog barked at me and started to **chase** me.
개가 나를 보고 짖더니 나를 뒤쫓아서 달리기 시작했다.
[chased – chased – chasing]

chin
[tʃin]

n. 턱

I got hurt my **chin** when I fell down.
나는 넘어졌을 때 턱을 다쳤다.

shadow
[ʃǽdou]

n. 그림자

The child was frightened by his own **shadow**.
그 어린아이는 자기의 그림자에 겁을 먹었다.

establish
[istǽbliʃ]

v. 설립하다, 건립하다

The wealthy lady plans to **establish** a middle school.
그 부유한 부인은 중학교를 설립할 계획이다.

■ establishment[istǽbliʃmənt]   n. 설립, 건립

Most citizens want the **establishment** of a public library.
대부분의 시민들이 공공 도서관의 설립을 원합니다.

laundry
[lɔ́:ndri]

n. 세탁물, 세탁소

Put your laundry into the basket.
바구니 안에 세탁물을 넣어 둬.

crew
[kru:]

n. 승무원

The crew was very kind.
그 승무원은 매우 친절했다.

vain
[vein]

a. 헛된, 허영심이 있는

I realized that all my efforts were vain.
나는 내 모든 노력이 헛된 것이었음을 깨달았다.

civilization
[sìvəlizéiʃən]

n. 문명

He is interested in ancient Chinese civilization.
그는 고대 중국 문명에 관심이 있다.

widely
[wáidli]

ad. 폭넓게

This type of electric dictionary is widely used.
이 형태의 전자 사전은 폭넓게 사용되고 있다.

generation
[dʒènəréiʃən]

n. 세대

I feel a generation gap every time I talk to my boss.
상사에게 얘기할 때마다 세대 차이를 느낀다.

pure
[pjuər]

a. 순수한, 청순한

The crown was made of pure gold and jade.

그 왕관은 순금과 비취로 만들어져 있었다.

■ purity[pjúərəti] n. 순수, 청순

A lily is the symbol of purity.

백합은 순수의 상징이다.

exit
[égzit]

n. 출구

You should know the nearest exit at the theater.

극장에서는 가장 가까운 출구를 알아 두세요.

acknowledge
[əknálidʒ]

v. 인정하다, 시인하다

The student acknowledged that he had stolen the money in the classroom.

그 학생은 자신이 교실에서 돈을 훔쳤다고 인정했다.

■ acknowledgement[əknálidʒmənt]
  n. 답례, 인정

He smiled at us in acknowledgment of our kindness.

그는 우리의 친절에 대한 답례로 미소를 지었다.

shade
[ʃeid]

n. 그늘, 응달

The snow in the shade is not melt away yet.

그늘의 눈은 아직 녹지 않았다.

slippery
[slípəri]

a. 미끄러운

The stairs are slippery. Be careful.

계단이 미끄러워. 조심해.

exhausted
[igzɔ́:stid]

a. 완전히 지친, 탈진한

The soccer player looked exhausted after the game.
그 축구 선수는 경기 후에 완전히 지쳐 보였다.

seaweed
[síːwìːd]

n. 해초

Most westerners don't like eating seaweeds.
대부분의 서양인들은 해초를 먹는 것을 좋아하지 않는다.

steady
[stédi]

a. 착실한, 꾸준한

The student is slow but steady.
그 학생은 느리지만 착실합니다.

consider
[kənsídər]

v. 생각하다, 고려하다

The painter considered himself as a genius.
그 화가는 자신을 천재라고 생각했다.
[considered – considered – considering]

■ considerate[kənsídərit]
  a. 마음씨 좋은, 이해심이 있는

I think she is considerate.
나는 그녀가 마음씨가 좋다고 생각한다.

quality
[kwáləti]

n. 질, 품질, 특성 (opp. quantity)

Quality is more important than quantity.
양보다 질이 더 중요하다.

quantity
[kwántəti]

n. 양 (opp. quality)

I prefer quantity to quality.
나는 질보다 양을 더 중시한다.

appreciate
[əpríːʃièit]

I appreciate your help.
도움을 주셔서 고맙습니다.
[appreciated–appreciated–appreciating]
■ appreciation[əpríːʃiéiʃən] n. 감사, 평가, 감상
I want to show my deep appreciation to you.   당신께 깊은 감사를 보여드리고 싶습니다.

major
[méidʒər]

I'd like to major in medical science.
나는 의학을 전공하고 싶습니다.
San Francisco is one of the major cities of America.
샌프란시스코는 미국의 중요 도시 중 하나입니다.
[majored–majored–majoring]

blank
[blæŋk]

Fill in the blanks with proper answers.
알맞은 답으로 빈 칸을 채우세요.
Take out a blank sheet of paper.
빈 종이를 하나 꺼내세요.

whatever
[hwatévər]

Whatever you do, do your best.
무엇을 하든지, 최선을 다해라.

corridor
[kɔ́ːridər]

Don't run in the corridor.
복도에서 뛰지 마라.

coal
[koul]

Put more coals into the stove.
난로에 석탄을 더 넣어라.

connect
[kənékt]

v. 잇다, 연결하다, 전화로 연결하다

You can connect the mp3 player to your computer.
그 mp3 플레이어를 컴퓨터에 연결시킬 수 있습니다.
[connected–connected–connection]

■ connection[kənékʃən]   n. 연결, 관계

There is a connection between smoking and cancer.
흡연과 암 사이에는 관계가 있다.

advise
[ædváiz]

v. 충고하다

The doctor advised me to sleep eight hours a day.
그 의사 선생님께서는 내게 하루에 8시간씩 자라고 충고하셨다.
[advised–advised–advising]

■ advice[ədváis]   n. 충고

She would not listen to the teacher's advice.
그녀는 선생님의 충고를 듣지 않으려 한다.

breathe
[bri:ð]

v. 숨 쉬다, 들이쉬다

Humans can't breathe in water.
사람은 물속에서 숨을 쉴 수 없다.
[breathed–breathed–breathing]

■ breath[breθ]   n. 호흡, 숨

When you are nervous, take a breath.
긴장이 될 때는 숨을 쉬어라.

control
[kəntróul]

v. 통제하다, 억누르다 **n.** 컨트롤, 통제, 지배

The new system will control the traffic properly.
새로운 시스템은 교통을 적절히 통제할 것입니다.
[controlled–controlled–controlling]

■under control 통제되는, 조종되는
The fire is under control.
불길이 통제되고 있다.

■out of control 통제할 수 없는, 걷잡을 수 없는
The fire already became out of control.
화재는 이미 통제할 수 없었다.

crowded
[kráudid]

a. 혼잡한, 붐비는

The concert hall was so crowded that we couldn't hear the music at all.
콘서트 장은 너무 혼잡해서 우리는 음악을 전혀 들을 수 없었다.

■crowd[kraud] n. 군중, 인파
There was a huge crowd at the station.
역에는 거대한 인파가 몰려 있었다.

error
[érər]

n. 오류, 잘못된 것, 틀린 것

I found more than ten errors in the grammar book.
나는 그 문법 책에서 열 개 이상의 오류를 찾아냈다.

disagree
[dìsəgrí:]

v. 의견이 다르다, 맞지 않다

I always disagree with my mother.
나는 언제나 어머니와 의견이 다르다.
[disagreed–disagreed–disagreeing]

■disagreement[dìsəgrí:mənt] n. 의견 차이, 불일치
I am worried about disagreement among club members.
나는 동아리 회원 간의 의견 차이를 고민하고 있다.

determine
[ditə́:rmin]

v. 결심하다, 결정하다

I determined that I would go to a foreign language high school.
외국어 고등학교에 다니기로 결심했다.
[determined–determined–determining]

■ determination[ditə́:rmənéiʃən] n. 결심, 결정
Nothing can change my determination.
어떤 것도 내 결심을 바꾸지 못한다.

clap
[klæp]

v. 박수 치다, 가볍게 두드리다

The students clapped for a long time after he sang the song.
그가 노래를 부른 후 학생들은 오랫동안 박수를 쳤다.
[clapped–clapped–clapping]

appropriate
[əpróuprièit]

a. 알맞은, 적당한 (syn. proper)

Listen to the dialog and choose the appropriate answer.
대화를 듣고 알맞은 답을 고르시오.

exhibition
[èksəbíʃən]

n. 전시회

We can see many kinds of antique furniture at the exhibition.
우리는 그 전시회에서 많은 종류의 골동품 가구를 볼 수 있다.

function
[fʌ́ŋkʃən]

n. 기능, 작용, (수학) 함수

What's the function of kidneys?
신장의 기능은 무엇입니까?

parliament
[pá:rləmənt]

n. (영국의) 의회, 국회 (syn. congress 미국 국회)

Dissolved a Parliament yesterday.
어제 의회를 해산했다.

behave
[bihéiv]

v. 행동하다, 처신하다

The two girls behaved politely in front of the prince.

그 두 소녀는 왕자 앞에서 예의바르게 행동했다.

[behaved–behaved–behaving]

■ behavior[bihéivjər]   n. 행동

You must apologize for your impolite behavior.　너는 무례한 행동에 대해 사과해야 한다.

company
[kʌ́mpəni]

n. 회사, 상사, 동료, 일행, 친구

Many people want to work for a big company.

많은 사람들이 큰 회사에서 일하기를 원한다.

familiar
[fəmíljər]

a. 잘 아는, 친숙한, 친밀한 (opp. unfamiliar)

I am familiar with the new English teacher.

나는 새로 오신 영어 선생님을 잘 알고 있다.

■ familiarity[fəmiliǽrəti]   n. 친밀, 친근함

There was no familiarity between my cousin and me.

내 사촌과 나 사이에는 어떤 친밀함도 없었다.

memorize
[méməràiz]

v. 외우다, 암기하다

I plan to memorize 100 English words a week.

나는 일주일에 영어 단어를 100개씩 외울 계획이다.

[memorized–memorized–memorizing]

■ memory[méməri]   n. 기억력, 기억, 추억

I have a good memory for names.

나는 이름에 대한 기억력이 좋다.

flavor
[fléivər]

n. 맛, 풍미

What flavors of candies do you like?

어떤 맛의 사탕을 좋아하니?

opinion
[əpínjən]

n. 의견, 판단

My opinion about freedom of hair length is different from yours.
두발 길이 자유에 대한 내 의견은 너와 다르다.

- in my opinion   내 의견으로는

In my opinion, we have to visit the teacher tomorrow.
내 의견으로는, 선생님을 내일 찾아가야 해.

minister
[mínistər]

n. 목사, 성직자, 장관

My grandfather was a minister of a little church.
우리 할아버지는 작은 교회의 목사였습니다.

effect
[ifékt]

n. 결과, 효과 (opp. cause)

Do you know the cause and effect of the accident?
그 사건의 원인과 결과를 알고 있습니까?

- effective[iféktiv]   a. 효과적인

This medicine is effective against a bad cold.
이 약은 독감에 효과적이다.

natural
[nǽtʃərəl]

a. 자연의, 자연스런, 타고난

An earthquake is one of the natural disasters.
지진은 자연재해 중 하나다.

- nature[néitʃər]   n. 자연, 천성

She always paints pictures of nature.
그녀는 언제나 자연의 그림을 그린다.

- naturally[nǽtʃərəli]   ad. 자연스럽게, 당연히

Naturally, we became friends after my family moved next to his house.
우리 가족이 그의 옆집으로 이사 온 후, 우리는 자연스럽게 친구가 되었다.

reply
[riplái]

The teacher always replies to students' questions kindly.
그 선생님은 학생들의 질문에 언제나 친절하게 대답하신다.

I didn't receive a reply from him yet.
나는 아직 그에게서 대답을 듣지 못했다.

[replied-replied-replying]

explore
[iksplɔ́:r]

Amundsen explored the North and South Pole.   아문센은 북극과 남극을 탐험했다.

[explored-explored-exploring]

communicate
[kəmjú:nəkèit]

A lot of teenagers prefer communicating with each other through cell phones.
많은 십대들이 휴대 전화로 의사소통하는 것을 좋아한다.

[communicated-communicated-communicating]

■ communication[kəmjù:nəkéiʃən]
   n. 의사소통, 통신

A lot of parents have difficulty in communication with their children.
많은 부모들이 그들의 자녀와의 의사소통에 어려움을 겪는다.

add
[æd]

The soup is salty. Add some water.
국이 짜다. 물을 더 넣어라.

■ addition[ədíʃən]   n. 추가, 보충, 덧셈

Children are learning addition and subtraction in their first year at elementary school.
어린아이들은 초등학교 1학년 때 덧셈과 뺄셈을 배운다.

license
[láisəns]

n. 면허증, 면허, 허가서

I have to renew my license in a week.
나는 일주일 안에 내 면허증을 갱신해야만 한다.

improve
[imprú:v]

v. 향상시키다, 나아지게 하다

By watching many American movies, I could improve my English listening ability.
미국 영화를 많이 봄으로써 영어 듣기 능력을 향상시킬 수 있었다.
[improved–improved–improving]

■ improvement[imprú:vmənt]   n. 향상, 개선

The student showed a lot of improvement in study.
그 학생은 공부에서 많은 향상을 보여주었다.

notice
[nóutis]

n. 경고, 알림, 벽보   **v.** 알아차리다, 주의하다

Did you see the notice "Beware of the dog."
"개 조심"이라는 경고를 보았니?
You should notice the bank closes at 4 PM.
은행은 오후 4시에 닫는다는 것을 주의해야만 한다.
[noticed–noticed–noticing]

persuade
[pəːrswéid]

v. 설득하다

The teacher persuaded me to enter an English writing contest.
선생님은 내가 영어 쓰기 대회에 참가하도록 설득하셨다.
[persuaded–persuaded–persuading]

finally
[fáinəli]

ad. 드디어, 마침내 (syn. at last)

Finally, he graduated from middle school.
마침내 그는 중학교를 졸업했다.

journal
[dʒə́:rnəl]

n. 일기, 잡지, 신문

I keep a journal in English to improve English writing ability.
나는 영어 쓰기 능력을 향상시키기 위해 영어로 일기를 쓴다.

modern
[mádərn]

a. 현대의, 현대적인

Modern science technology has made our life more convenient.
현대의 과학 기술은 우리의 삶을 더 편리하게 만들었다.

reflect
[riflékt]

v. 반사하다, 반영하다

A mirror reflects light.
거울은 빛을 반사한다.
[reflected–reflected–reflecting]

wind
[wind]

v. 굽이지다, 꾸불거리다, 감다

The road to the mountain wound along the forest.
산으로 가는 길은 숲을 따라 굽이졌다.
[wound–wound–winding]

literature
[lítərətʃər]

n. 문학

Many youths are interested in Japanese literature.
많은 젊은이들이 일본 문학에 관심을 가지고 있다.

patient
[péiʃənt]

a. 인내심(참을성) 있는　**n.** 환자

Teachers should be patient with their students.

교사는 학생들에 대해 인내심을 지녀야 한다.

■ patience [péiʃəns]　n. 인내

Parents need a lot of patience about their children.

부모들은 그들의 아이들에 대해 많은 인내를 필요로 한다.

litter
[lítər]

v. 어지르다, 쓰레기를 버리다
n. 쓰레기, 어지르는 것

The students littered the classroom with scraps of paper.

학생들은 교실을 종잇조각으로 어지럽혀 놓았다.

Students were picking up litter in the park.

학생들이 공원 안에서 쓰레기를 줍고 있었다.

[littered-littered-littering]

literal
[lítərəl]

a. 글자 그대로의, 문자 상의

He didn't understand the literal meaning of the word.

그는 그 말의 글자 그대로의 뜻을 이해하지 못했다.

pronunciation
[prənʌnsiéiʃən]

n. 발음

Nowadays, students' English pronunciation is very good.

요즘은 학생들의 영어 발음이 매우 좋다.

method
[méθəd]

n. 방법, 방식

I use my own special method to memorize new words.

나는 새 단어들을 암기 위해 나만의 특별한 방법을 사용한다.

exchange
[ikstʃéindʒ]

v. 교환하다, 주고받다

I **exchanged** cell phone numbers and e-mails with a new friend.
나는 새 친구와 휴대폰 번호와 이메일을 교환했다.
[exchanged–exchanged–exchanging]

frustrated
[frʌ́streitid]

a. 좌절한

I felt very **frustrated** when I knew the test result.
시험 결과를 알았을 때 나는 매우 좌절했다.

classical
[klǽsikəl]

a. 고전 음악의, 고전 문학의, 고전의

I am not interested in **classical** music.
나는 고전 음악에 흥미가 없다.

apply
[əplái]

v. 신청하다, 지원하다, 적용하다, 응용하다

I plan to **apply** for a volunteer program in the countryside this summer.
나는 이번 여름에 농촌 봉사 활동 프로그램을 신청할 생각이다.
[applied–applied–applying]

guard
[gɑːrd]

v. 지키다, 호위하다

He ordered two police officers to **guard** the woman.
그는 두 명의 경찰관에게 그 여자를 지키라고 명령했다.
[guarded–guarded–guarding]

courageous
[kəréidʒəs]

a. 용기 있는, 용감한

It was **courageous** of the student to tell the principal about the problem.
그 학생이 교장 선생님에게 그 문제를 말한 것은 용기 있는 일이었다.

inspect
[inspékt]

v. 점검하다

A mechanic is inspecting the elevator. You can't use it now.

수리공이 엘리베이터를 점검하고 있어요. 지금 이용할 수 없습니다.

[inspected-inspected-inspecting]

inspection[inspékʃən] n. 정밀 검사, 점검

The last inspection of this car was made six months ago.

이 차의 마지막 정밀 검사는 6개월 전에 이루어졌습니다.

spin
[spin]

v. 돌리다, 회전시키다

The boys are spinning coins on the desks.

남자아이들이 책상 위에서 동전을 돌리고 있다.

[spined-spined-spinning]

neglect
[niglékt]

v. 무시하다, 경시하다, 소홀히 하다

The student neglected the teacher's advice.

그 학생은 선생님의 충고를 무시했다.

[neglected-neglected-neglecting]

exceed
[iksí:d]

v. 초과하다, 넘다

Drivers must not exceed 60 kilometer an hour in this area.

이 지역에서 운전자들은 시속 60km를 초과해서는 안 됩니다.

[exceeded-exceeded-exceeding]

coward
[káuərd]

n. 겁쟁이, 비겁자

Everybody called him a coward.

모든 사람들이 그를 겁쟁이라고 했다.

■cowardly[káuərdli] a. 겁 많은

He was very cowardly when he was a child.

그는 어린아이였을 때 겁이 아주 많았다.

☐ **spit**
[spit]

v. 침 뱉다, 뱉다

You must not spit on the street.
거리에 침을 뱉으면 안 된다.
[spitted-spitted-spitting]

☐ **preserve**
[prizə́:rv]

v. 보존하다, 보호하다, 지키다

We must preserve the Korean traditional culture.
우리는 한국의 전통 문화를 보존해야만 합니다.
[preserved-preserved-preserving]

■ preservation[prèzərvéiʃən]   n. 보존, 보호

The politician has much interest in the preservation of the environment.
그 정치가는 환경 보존에 많은 관심이 있다.

☐ **firm**
[fə:rm]

a. 확고한, 굳은, 단단한

I have a very firm idea.
나는 매우 확고한 생각이 있어요.

☐ **prefer**
[prifə́:r]

v. 더 좋아하다, 선호하다

I prefer movies to books.
나는 책보다는 영화를 더 좋아한다.
[preferred-preferred-preferring]

☐ **order**
[ɔ́:rdər]

v. 명령하다   **n.** 주문, 명령

The police officer ordered me to stop the car.
경찰관은 내게 차를 멈추라고 명령했다.
[ordered-ordered-ordering]

■ out of order   고장 난

The vending machine have been out of order for 1 week.
그 자판기는 일주일째 고장 나 있다.

D·A·Y 52

complain
[kəmpléin]

v. 불평하다, 투덜대다

The students complained about the difficult test.

그 학생들은 그 어려운 시험에 대해 불평했다.

[complained–complained–complaining]

■ complaint[kəmpléint]　n. 불평, 불만

The student always makes complaints about everything.

그 학생은 언제나 모든 것에 불평한다.

prepare
[pripέər]

v. 준비하다, 마련하다

Because her mother was ill in bed, she had to prepare meals.

그녀의 어머니가 아파 누웠기 때문에, 그녀는 식사 준비를 해야만 했다.

■ prepare for　대비하다, 준비를 갖추다

You have to prepare for the mid-term exam.　중간고사를 대비해 두어야 한다.

ambition
[æmbíʃən]

n. 큰 뜻, 야심

She has ambition to be a great scientist.

그녀는 위대한 과학자가 되겠다는 큰 뜻을 가지고 있다.

■ ambitious[æmbíʃəs]　a. 큰 뜻을 품은, 야심 있는

Boys, be ambitious!

(격언) 소년들이여, 큰 뜻을 품어라!

bush
[buʃ]

n. 덤불, 떨기나무

The dog found a rabbit in the bush.

그 개는 덤불 속에서 토끼를 발견했다.

aware
[əwɛ́ər]

a. 알고 있는, 깨닫고 있는 (opp. unaware)

Most smokers are aware of the danger of smoking.

대부분의 흡연자들은 흡연의 위험에 대해 알고 있다.

assist
[əsíst]

v. 돕다, 조력하다

The teachers decided to assist poor students of their school.

그 선생님들은 그들 학교의 가난한 학생들을 돕기로 결정하셨다.

[assisted-assisted-assisting]

■assistant[əsístənt]　n. 조수, 보조자

The cartoonist works on drawings with two assistants.

그 만화가는 두 명의 조수와 함께 삽화 작업을 한다.

secretary
[sékrətèri]

n. 비서

She works at the company as a secretary.

그녀는 그 회사에서 비서로 일한다.

pedal
[pédl]

n. 페달

Keep pressing the pedals.

페달을 계속 밟아라.

illusion
[ilú:ʒən]

n. 환상, 환각

A lot of students have a rosy illusion about the college life.

많은 학생들이 대학 생활에 대해 장밋빛 환상을 가지고 있다.

glow
[glou]

n. 백열, 달아오른 빛

The traveler found a warm glow from a hut in the dark.

그 여행자는 어둠 속에서 오두막으로부터의 따스한 백열을 발견했다.

experience
[ikspíəriəns]

v. 경험하다 **n.** 경험

I experienced cultural differences when I was in New Zealand.

나는 뉴질랜드에 있을 때 문화적 차이을 경험했다.

[experienced–experienced–experiencing]

■ experienced[ikspíəriənst] a. 노련한, 경험이 있는

My homeroom teacher is an experienced English teacher.

우리 담임 선생님께서는 노련한 영어 선생님이시다.

support
[səpɔ́:rt]

v. 지지하다, 받치다, 부양하다

Do you support the idea that students should wear school uniforms?

학생들은 교복을 입어야 한다는 생각을 지지합니까?

[supported–supported–supporting]

youth
[ju:θ]

n. 젊은이, 청년, 젊음

Some youths were singing and dancing in the park.

몇몇 젊은이들은 공원에서 노래를 부르고 춤을 추고 있었다.

young[jʌŋ] a. 젊은

My father played the guitar when he was young.   우리 아버지는 젊었을 때 기타를 연주하셨다.

appear
[əpíər]

v. 나타나다, 모습을 보이다, ~인 듯하다

The singer finally appeared on the stage.

그 가수가 마침내 무대에 나타났다.

[appeared–appeared–appearing]

■ appearance[əpíərəns] n. 외모, 출현, 출석

All the animals made fun of the ugly appearance of the duckling.

모든 동물들이 오리 새끼의 못생긴 외모를 놀려댔다.

unless
[ənlés]

You will be late for school unless you hurry up.
서두르지 않으면 학교에 늦겠다.

express
[iksprés]

The artist expressed his feeling by painting pictures.
그 예술가는 그의 감정을 그림을 그림으로써 표현했다.
[expressed–expressed–expressing]

■ expression[ikspréʃən]   n. 표정, 표현

The girl always has a sad expression on her face.
그 소녀는 언제나 얼굴에 슬픈 표정을 짓고 있다.

account
[əkáunt]

I opened an account at the bank.
나는 그 은행에 계좌를 개설했다.

confused
[kənfjúːzd]

Most students may be confused if they hear the news.
그 소식을 들으면 대부분의 학생들은 어리둥절해 할지 모른다.
[confused–confused–confusing]

■ confuse[kənfjúːz]   v. 혼동하다, 혼란시키다

The teacher always confuses me with my twin brother.
그 선생님은 언제나 나와 내 쌍둥이 형을 혼동한다.

agriculture
[ǽgrikʌltʃər]

Agriculture is the first industry.
농업은 1차 산업이다.

☐ **anxious**
[ǽŋkʃəs]

a. 몹시 바라는, 걱정하는

A lot of youths are anxious for wealth.
많은 젊은이들이 부귀를 바라고 있다.
■ anxiety[æŋzáiəti]   n. 걱정, 근심, 열망
The anxiety about the test made me sick.
시험에 대한 걱정이 나를 아프게 했다.

☐ **according**
[əkɔ́ːrdiŋ]

ad. ～에 따라서, ～에 의하면(to)

According to today's weather forecast, it will be rainy and cold in the afternoon.
오늘의 날씨 예보에 따르면 오후에는 비가 오고 추워질 것이다.

☐ **declare**
[diklέər]

v. 선언하다, 단언하다

The chairman declared the meeting closed.
의장은 회의가 끝났음을 선언했다.
[declared–declared–declaring]

☐ **creative**
[kriéitiv]

a. 창의적인, 창조의, 독창적인

The teacher realized that the student's answer was very creative.
선생님은 그 학생의 답이 매우 창의적이라는 것을 깨달았다.
■ creation[kri:éiʃən]   n. 창조
Imitation is the mother of Creation.
(격언) 모방은 창조의 어머니다.

☐ **distribute**
[distríbjuːt]

n. 나누어주다, 배포하다, 분배하다

The teacher distributed worksheets to the students.
선생님께서는 학생들에게 학습지를 나누어주셨다.
[distributed–distributed–distributing]
■ distribution[dìstrəbjú:ʃən]   n. 분배, 배급, 분포
The unequal distribution of wealth is worse recently.
최근 부의 불평등한 분배가 심각해지고 있다.

voice
[vɔis]

n. 목소리, 음성

His voice was low and tender.
그의 목소리는 낮고 부드러웠다.

stressful
[strésfəl]

a. 스트레스가 많은

Memorizing 30 words a day is too stressful.
하루에 30개의 단어를 외우는 것은 너무 스트레스가 많다.

■ stress[stres]　n. 스트레스, 압박, 압박감

Stress may make us weak and nervous.
스트레스는 우리를 약하고 불안하게 만들 수 있다.

effort
[éfərt]

n. 노력, 수고

Thanks to her lifelong effort, she won the Nobel Peace prize.
그녀의 일생에 걸친 노력 덕택에 그녀는 노벨 평화상을 수상했다.

■ make efforts　노력하다

He made great efforts to pass the exam.
그는 시험에 합격하기 위해 엄청난 노력을 했다.

serve
[sə:rv]

v. 섬기다, 역할을 하다, 접대하다

Slaves served masters in old times.
예전에 노예는 주인을 섬겼다.

[served-served-serving]

■ service[sə́:rvis]　n. 서비스, 봉사, 시중

Fast food restaurants are popular because the service is fast.
패스트푸드 식당은 서비스가 빠르기 때문에 인기가 있다.

resource
[rí:sɔ:rs]

n. 자원, 원천

Oil is a limited resource.　석유는 제한된 자원이다.

■ natural resources　천연자원

Many African countries have lots of natural resources.
많은 아프리카 국가들은 풍부한 천연자원을 갖고 있다.

summarize
[sʌ́məràiz]

v. 요약하다

The teacher **summarized** the difficult text into 3 sentences.

선생님은 그 어려운 단락을 3줄로 요약해 주셨다.

[summarized–summarized–summarizing]

sunstroke
[sʌ́nstrouk]

n. 일사병

The students might have **sunstroke** if they keep standing outside.

계속 밖에 서 있으면 그 학생들은 일사병에 걸릴 지도 모른다.

result
[rizʌ́lt]

v. 결과가 나오다　**n.** 결과, 성과 (opp. cause)

Nothing will **result**.　어떤 것도 결과로 나오지 않을 것이다.

[resulted–resulted–resulting]

■as a result　결과적으로, 그 결과로

As a result, he passed the entrance examination.　결과적으로, 그는 입학 시험에 합격했다.

■result from　~의 결과이다

Many skin troubles **result from** the change of eating habits.

많은 피부 질환은 식습관의 변화의 결과이다.

cause
[kɔːz]

n. 원인, 이유 (opp. effect)　**v.** ~을 일으키다

Road repairing is often one major **cause** of a traffic jam.

도로 공사는 종종 교통 체증의 주요한 원인이 된다.

Eating too much salty food often **causes** stomach cancer.

소금이 들어간 음식을 너무 많이 먹는 것은 종종 위암을 일으킨다.

[caused–caused–causing]

bend
[bend]

v. 구부리다, 굽히다

He **bent** his knees and looked into the hole.
그는 무릎을 굽히고 구멍 안을 들여다보았다.
[bent–bent–bending]

deliver
[dilívər]

v. 배달하다, 전달하다

The boy **delivered** milk early in the morning.
그 소년은 이른 아침에 우유를 배달했다.
[delivered–delivered–delivering]

■ delivery [dilívəri] n. 배달

The Internet shopping mall has a free **delivery** service.
그 인터넷 쇼핑몰은 무료 배달 서비스를 한다.

fluent
[flú:ənt]

a. 유창한, 말을 잘 하는

The new teacher speaks **fluent** English.
새로 오신 선생님께서는 영어를 유창하게 말하신다.

channel
[tʃǽnl]

n. 수로, 해협, (통신) 채널

The English **Channel** lies between the North Sea and the Atlantic.
영국 해협은 북해와 대서양 사이에 놓여있다.

charity
[tʃǽrəti]

n. 자선단체, 자선사업, 자선

The rich businessman promised to give all his property to **charity** after his death.
그 부유한 사업가는 죽은 후 그의 전 재산을 자선단체에 기부할 것을 약속했다.

rest
[rest]

v. 쉬다　**n.** 휴식, 안정, 나머지

We stopped and **rested** under the tree.
우리는 걸음을 멈추고 나무 아래에서 쉬었다.
You should take a **rest** after you work hard.
열심히 일한 다음에는 휴식을 취해야 한다.
[rested–rested–resting]

doubt
[daut]

I doubt if you can complete the homework until tomorrow.
나는 네가 내일까지 숙제를 끝마칠 수 있을지 의심스러워.
[doubted-doubted-doubting]

■ doubtful[dáutfəl]   a. 의심스러운, 의심을 품은
It is doubtful that he can pass the exam.
그가 시험에 합격할 수 있을 지 의심스럽다.

direction
[dirékʃən]

Listen to the teacher's directions.
그 선생님의 지시를 잘 들으세요.

■ direct[dirékt]   v. 지도하다, 지시하다
Who will direct your English report?
네 영어 보고서를 누가 지도하니?

semester
[siméstər]

The first semester usually starts on March second.   1학기는 보통 3월 2일에 시작됩니다.

silent
[sáilənt]

The school is silent at night.   학교는 밤에 조용하다.

■ silence[sáiləns]   n. 침묵, 정숙
Speech is silver, silence is gold.
(격언) 웅변은 은이요 침묵은 금이다.

difference
[dífərəns]

There are a lot of differences between Korean culture and American culture.
한국 문화와 미국 문화 사이에는 많은 차이점이 있습니다.

■ different[dífərənt]   a. 다른, 차이가 나는
You look very different from your mother.
너는 어머니와 매우 달라 보인다.

☐ **correct**
[kərékt]

a. 올바른, 정확한 (opp. incorrect) **v.** 바로잡다, 고치다

I could not guess the correct answer to the question.
나는 그 질문에 대한 올바른 답을 짐작할 수 없었다.
The English teacher corrected my wrong sentences.
영어 선생님은 내 잘못된 문장들을 고쳐주셨다.
[corrected-corrected-correcting]

☐ **certain**
[sə́:rtn]

a. 확실한, 확실하다고 생각하는

It is certain to rain in the afternoon.
오후에 비가 올 것은 확실하다.
■ certainly[sə́:rtnli]   ad. 확실히
Certainly, he is good at speaking English.
확실히 그는 영어로 말하는 데 능숙하다.

☐ **cancel**
[kǽnsəl]

v. 취소하다

The school canceled the school excursion because of heavy rain.
폭우 때문에 학교는 수학여행을 취소했다.
[canceled-canceled-canceling]

☐ **chance**
[tʃæns]

n. 기회 (syn. opportunity), 가능성, 우연

It is a good chance for you to go abroad.
이것은 네가 외국에 갈 수 있는 좋은 기회이다.
■ by chance   우연히
I met a famous actor by chance at the department store.
나는 백화점에서 우연히 유명한 배우를 만났다.

☐ **deserve**
[dizə́:rv]

v. ~를 받을 만하다, ~할 만하다

A hard worker deserves a large salary.
열심히 일하는 사람은 높은 봉급을 받을 만하다.
[deserved-deserved-deserving]

especially
[ispéʃəli]

ad. 특히

I like Korean dishes, especially Bulgogi.
나는 한국 요리, 특히 불고기를 좋아한다.

shine
[ʃain]

v. 빛나다, 태양이 비치다

The stars shone brightly last night.
별들이 어젯밤에 밝게 빛났다.
[shone-shone-shining]

funeral
[fjúːnərəl]

n. 장례식

He was so shocked at her death that he couldn't even go to her funeral.
그는 그녀의 죽음에 너무 충격을 받아서 장례식에조차 갈 수 없었다.

continue
[kəntínjuː]

v. 계속하다, 지속되다 (opp. stop)

Many students continue studying after school.
많은 학생들은 방과 후에도 공부를 계속한다.
[continued-continued continuing]

afford
[əfɔ́ːrd]

v. ~할 여유가 있다

My family couldn't afford to buy an apartment at that time.
그때 우리 가족은 아파트를 살 여유가 없었다.
[afforded-afforded-affording]

transportation
[trænspərtéiʃən]

n. 교통수단, 운송

Thanks to the development of transportation, we can travelaround the world easily.
교통수단의 발달로, 우리는 전 세계를 쉽게 여행할 수 있다.

■public transportation   대중교통

The public transportation is not easy to use around here.
이 근처에서는 대중교통 이용이 쉽지 않습니다.

figure
[fígjər]

n. 모습, 숫자, 형태   v. 계산하다, 나타나다

I saw a figure like a ghost in the dark classroom.
나는 어두운 교실 안에서 유령과 같은 모습을 보았다.
[figured-figured-figuring]

■ figure out   이해하다
I finally figured it out.
나는 마침내 그것을 이해했다.

principal
[prínsəpəl]

n. 교장, 우두머리   a. 주요한, 앞장서는

The principal kicked the two students out.
교장 선생님은 그 두 학생을 퇴학시켰다.
What is the principal cause of the failure of the policy?
그 정책이 실패한 주요한 원인은 무엇입니까?

wherever
[hwɛərévər]

conj. 어디에 ~하든지, ~하는 곳은 어디라도

Wherever you go, you can come across many foreigners.
당신이 어디로 가든지, 많은 외국인들을 마주칠 수 있다.

whenever
[hwenévər]

conj. ~할 때는 언제나, 언제라도

You can use my cell phone whenever you want.
네가 원할 때는 언제라도 내 핸드폰을 이용할 수 있다.

discover
[diskʌvər]

v. 발견하다

Scientists have discovered a lot of sea creatures at the bottom of the ocean.
과학자들은 해저에서 많은 해양 생물들을 발견했다.
[discovered--discovered--discovering]

■ discovery[diskʌvəri]   n. 발견, 발견물
Let me show your discovery.
내가 발견한 것을 보여주도록 해 줘.

root
[ruːt]

n. 뿌리   **v.** 뿌리내리다

I dug out the root of the orchid.
나는 그 난초의 뿌리를 파냈다.
A tree which roots deep into the soil will not wither during a drought.
뿌리 깊은 나무는 가뭄에도 마르지 않는다.
[rooted-rooted-rooting]

scold
[skould]

v. 꾸짖다

The teacher scolded him for being late for his class.
선생님께서는 그가 수업에 늦은 것을 꾸짖으셨다.
[scolded-scolded-scolding]

wealth
[welθ]

n. 재물, 재산, 부

People are anxious for only wealth nowadays.
사람들은 오늘날 오직 재물만을 갈망하고 있다.
■ wealthy[wélθi]   a. 부유한, 부자인
The actress married a wealthy businessman.
그 배우는 부유한 사업가와 결혼했다.

emergency
[imə́ːrdʒənsi]

n. 응급 상황, 비상사태

In case of emergency, call 119.
응급 상황에는 119로 전화하세요.
■ emergency room   응급실
She lies in the emergency room now.
그녀는 지금 응급실에 누워있다.

develop
[divéləp]

v. 개발하다, 발전시키다, 발달하다

The southern area of the river was developed in the 1970s.
강의 남쪽 지역은 1970년대에 개발되었다.
[developed–developed–developing]

■ development[divéləpmənt]   n. 발달, 발전, 개발

The development of the Internet has changed our society.
인터넷의 발달은 우리의 사회를 변화시켰다.

wound
[wu:nd]

n. 부상, 상처   v. 부상 입히다

The actress died from her wounds in the traffic accident.
그 여배우는 교통사고로 입은 부상으로 죽고 말았다.
The comedian was seriously wounded in the accident and died after 1 month.
그 코미디언은 사고에서 심각하게 부상을 입고 한 달 뒤 죽고 말았다.
[wounded–wounded–wounding]

drain
[drein]

v. 물을 빼다, 배수 설비를 하다   n. 배수관, 배수로

She drained pasta.
그녀는 파스타의 물기를 뺐다.
The drain was stopped up.
배수관이 막혔다.

contribute
[kəntríbju:t]

v. 공헌하다, 기여하다

The teacher always says, "All of you can contribute much to this society."
선생님은 언제나 "너희 모두는 이 사회에 많은 것을 공헌할 수 있다"라고 말씀하십니다.

■ contribution[kàntrəbjú:ʃən]   n. 기여, 공헌

Thank you for your contribution.
당신의 기여에 감사드립니다.

culture
[kʌltʃər]

n. 문화

Teenage culture is changing rapidly.
십대들의 문화가 빠르게 변화하고 있다.

■ cultural[kʌltʃərəl]   a. 문화의, 교양의

I found a lot of cultural differences between Korea and Japan.
나는 한국과 일본 사이의 많은 문화적 차이를 발견했다.

spare
[spɛər]

a. 여분의, 예비의, 여가의   v. 아끼다

I have no spare money to buy it.
나는 그것을 살 여분의 돈이 없다.
He doesn't spare his time and money for her.
그는 그녀를 위해 시간과 돈을 아끼지 않는다.

shock
[ʃɑk]

n. 충격   v. 충격을 주다, 깜짝 놀라게 하다

She felt shocks several times.
그녀는 몇차례 충격을 느꼈다.
The teacher was shocked by the student's impolite words.
그 선생님께서는 학생의 무례한 말에 충격을 받으셨다.

strength
[streŋkθ]

n. 힘

He pushed the door with all his strength.
그는 모든 힘을 다해서 문을 밀었다.

■ strong[strɔːŋ]   a. 힘센, 강한

He is strong enough to move the box.
그는 그 상자를 옮길 수 있을 만큼 충분히 힘세다.

microscope
[máikrəskòup]

n. 현미경

Could you tell me how to use this microscope?
이 현미경 사용법을 알려주시겠어요?

talent
[tǽlənt]

n. 재능, 소질

The student has an amazing talent for writing.
그 학생은 글쓰기에 놀라운 재능을 가지고 있다.
■ talented[tǽləntid]   a. 재능이 있는, 유능한
She is a talented actress.
그녀는 재능이 있는 배우이다.

ancestor
[ǽnsestər]

n. 조상, 선조 (opp. descendant)

His ancestors came from Scotland.
그의 조상은 스코틀랜드 출신이다.

outgoing
[áutgòuiŋ]

a. 외향적인, 사교성이 풍부한

I am an outgoing person, so I like making new friends.
나는 외향적인 성격이라 친구 만드는 것을 좋아한다.

source
[sɔːrs]

n. 근원, 출처, 공급원

The source of his information was not known.   그의 정보 출처는 밝혀지지 않았다.

sour
[sáuər]

a. 신, 시큼한

The grapes must be sour. I will not eat them.
그 포도는 실 것이 틀림없어. 나는 먹지 않을 테야.

realistic
[ríːəlistik]

a. 현실적인, 실제적인

The story was so realistic that everybody believed it.
그 이야기는 너무 사실적이라 모든 사람들이 그것을 믿었다.

policy
[pálɔsi]

n. 정책, 방침

The new education policy is based on the importance of English communication.

새로운 교육 정책은 영어 의사소통의 중요성을 기초로 한다.

pain
[pein]

n. 아픔, 통증, 고통

I felt a pain in my left foot and found a nail under my foot.

나는 왼쪽 발에 통증을 느끼고 발 밑에서 못을 하나 발견했다.

■ painful[péinfəl]   a. 아픈, 고통을 주는

It is too painful to tell you about the story.

그 이야기를 네게 말하는 것은 너무 고통스러워.

warn
[wɔːrn]

v. 경고하다

The teacher warned me not to be late for school any longer.

선생님은 내게 더 이상 늦지 말라고 경고했다.

[warned–warned–warning]

■ warning[wɔ́ːrniŋ]   n. 경고, 훈계

The man ignored the doctor's warning.

그 남자는 의사의 경고를 무시했다.

struggle
[strʌ́gəl]

v. 힘겹게 ~하다, 고군분투하다

The fire fighters struggled to put out the fire.

그 소방관들은 불을 끄기 위해 사력을 다했다.

[struggled–struggled–struggling]

medical
[médikəl]

a. 의학의, 의사의, 약품의

He is a medical student.   그는 의과대학생이다.

■ medicine[médəsin]   n. 약, 약품

Take this medicine every 6 hours.

이 약을 여섯 시간마다 드세요.

particular
[pərtíkjələr]

a. 특별한, 특유한, 개별적인

We eat a pork cutlet and french fries for lunch on a particular day.

우리는 특별한 날에는 돈가스와 감자튀김을 점심으로 먹는다.

■ particularly[pərtíkjələrli]　ad. 특별히

I am particularly interested in Japanese television dramas.

나는 특별히 일본 TV 드라마에 흥미가 있다.

attractive
[ətrǽktiv]

a. 매력적인, 마음을 끄는

The actor is very attractive.

그 배우는 매우 매력적이다.

obstacle
[ábstəkl]

n. 장애물, 방해물

He thinks of his family as one of the obstacles to success.

그는 가족을 성공의 장애물 정도로만 생각한다.

manage
[mǽnidʒ]

v. 그럭저럭 ~하다, 경영하다, 관리하다

I managed to pass the entrance examination.

나는 그럭저럭 입학 시험에 합격했다.

[managed-managed-managing]

■ management[mǽnidʒmənt]　n. 경영, 관리

The young man is responsible for the management of the shop.

그 젊은이는 그 가게의 경영을 맡고 있다.

■ manager[mǽnidʒər]　n. 경영자, 관리자

He is a manager of the company.

그는 그 회사의 경영자이다.

predict
[pridíkt]

v. 예언하다, 예측하다

Nobody could predict the result of the experiment.

누구도 그 실험의 결과를 예측할 수 없었다.

[predicted-predicted-predicting]

■ prediction[pridíkʃən]　n. 예언, 예측

The scientist's prediction about the comet was correct.

그 과학자의 혜성에 대한 예측은 옳았다.

lift
[lift]

v. 들어 올리다, 올리다

The box was too heavy to lift.

그 상자는 너무 무거워 들어 올릴 수가 없었다.

[lifted-lifted-lifting]

leisure
[líːʒər]

n. 여가, 한가한 때

Playing golf is one of the popular leisure activities in this country.

이 나라에서 골프를 치는 것은 가장 인기 있는 여가 활동 중 하나이다.

continent
[kántənənt]

n. 대륙

Asia is the largest continent.

아시아는 가장 큰 대륙이다.

■ continental[kàntənéntl]　a. 대륙의, 대륙적인

The continental climate makes the country very cold in winter.

대륙성 기후는 그 나라를 겨울에 매우 춥게 만든다.

marine
[mərí:n]

a. 바다의, 해양의

We learned about marine life today.
우리는 오늘 해양 생물에 대해 배웠다.

attack
[ətǽk]

v. 공격하다　**n.** (병의) 발작, 공격

Sharks usually don't attack humans.
상어는 대개 사람을 공격하지 않는다.
The politician died of a heart attack.
그 정치가는 심장 발작으로 죽었다.
[attacked-attacked-attacking]

similar
[símələr]

a. 비슷한, 유사한 (opp. different)

My style of wearing clothes is similar to yours.
내가 옷 입는 스타일은 너와 비슷해.
■ similarity[sìmələǽrəti] n. 유사점, 유사
The police found a lot of similarities between the two crimes.
그 경찰은 그 두 사건 사이에서 많은 유사점을 발견했다.

appointment
[əpɔ́intmənt]

n. 예약, 약속

I have an appointment with a dentist after school.
나는 방과 후에 치과에 예약이 되어 있어요.

shy
[ʃai]

a. 부끄러워하는, 소심한 (syn. timid)

Don't be shy when you ask something you don't know.
네가 모르는 것을 물어볼 때 부끄러워하지 마라.
■ shyness [ʃáinis] n. 소심함, 수줍음
I am worried about my shyness.
나는 내 소심함이 걱정된다.

contrast
[kántræst]

n. 대조, 대비, 차이　**v.** 대비되다, 대조를 이루다

We can see the contrast of colors in his paintings.
우리는 그의 그림에서 색채들의 대조를 볼 수 있다.
[contrasted–contrasted–contrasting]

■in contrast　대조적으로, 반대로

In contrast, boys enjoy physical activities.
대조적으로, 소년들은 신체 활동을 즐긴다.

sophomore
[sáfəmɔ̀ːr]

n. (고등학교) 2학년 학생, (대학의) 2학년 학생

A sophomore is a student in the second year of high school.
‘sophomore’는 고등학교 2학년 학생이다.

death
[deθ]

n. 죽음

I feel sorry for your grandfather's death.
네 할아버지의 죽음에 대해 유감으로 생각해.

■dead[ded]　a. 죽은, 사망한

The dead man was my friend.
죽은 남자는 내 친구였다.

bead
[biːd]

n. 구슬

My hobby is making bead accessories.
내 취미는 구슬 액세서리를 만드는 것이다.

practice
[præktis]

v. 연습하다, 실천하다　**n.** 습관, 실행, 연습

He practices listening English by watching some English programs on TV.
그는 TV에서 영어 프로그램을 시청함으로써 영어 듣기를 연습한다.
[practiced–practiced–practicing]

■practical[præktikəl]　a. 실용적인, 실제적인

The company plans to teach its workers practical English.
그 회사는 사원들에게 실용적인 영어를 가르칠 계획이다.

refuse
[rifjú:z]

The singer **refused** to talk about his divorce.
그 가수는 이혼에 대해 말하는 것을 거부했다.
[refused-refused-refusing]

■ refusal[rifjú:zəl]　n. 거절, 거부

She was disappointed at my **refusal** to come to her birthday party.
그녀는 내가 생일 파티에 올 것을 거절한 것에 실망했다.

waste
[weist]

Don't **waste** time on playing computer games.　컴퓨터 게임을 하면서 시간을 낭비하지 마라.
[wasted-wasted-wasting]

■ wasteful[wéistfəl]　a. 낭비하는

She spends much money on clothes and bags. She is a **wasteful** person.
그녀는 옷과 가방에 돈을 많이 쓴다. 그녀는 낭비하는 사람이다.

cure
[kjuər]

Aspirin will **cure** your headache.
아스피린이 네 두통을 낫게 할 거야.
There is no **cure** for her rare disease.
그녀의 희귀병에는 치료법이 없다.
[cured-cured-curing]

laughter
[lǽftər]

I heard his **laughter** in the next room.
나는 옆방에서 그의 웃음소리를 들었다.
■ laugh[læf]　v. 웃다

She started to **laugh** suddenly.
그녀는 갑자기 웃기 시작했다.

cradle
[kréidl]

n. 요람

from the cradle to the grave. 요람에서 무덤까지.

proverb
[právə:rb]

n. 속담, 교훈

She knows a lot of Korean proverbs even though she is a foreigner.
그녀는 외국인이지만 많은 한국 속담을 알고 있다.

settle
[sétl]

v. 정착하다, 안정시키다, 문제를 해결하다

His ancestors settled in America about 150 years ago. 그의 조상들은 약 150년 전에 미국에 정착했다.
[settled-settled-settling]

succeed
[səksí:d]

v. 성공하다

Most students succeeded in passing the test before December.
대부분의 학생들이 12월이 되기 전에 그 테스트를 통과하는 데 성공했다.
[succeeded-succeeded-succeeding]

■ success[səksés] n. 성공, 성공작

His parents were really happy about his success.
그의 부모님은 그의 성공에 정말로 기뻐하셨다.

■ successful[səksésfəl] a. 성공적인, 좋은 결과의

More than six million people watched the movie. The movie was very successful.
600만 명 이상의 사람들이 그 영화를 보았다. 그 영화는 매우 성공적이었다.

junior
[dʒú:njər]

n. (대학의) 3학년 학생, 손아래 사람   **a.** 연하의, 손아래의

My brother is a junior in college.
우리 형은 대학 3학년 학생입니다.
He is junior to me by 2 years.
그는 나보다 2살 연하이다.

complicated
[kámpləkèitid]

a. 복잡한 (opp. uncomplicated)

This sentence is so complicated that I can't understand it.
이 문장은 너무 복잡해서 난 이해할 수 없어.

bless
[bles]

v. 축복하다, 은혜를 베풀다

God bless you!
(당신에게) 하나님의 축복을 빕니다. (재채기 했을 때 하는 말)
[blessed-blessed-blessing]

competition
[kàmpətíʃən]

n. 경기, 경쟁, 시합

He couldn't join any international competitions for one year.
그는 1년 동안 국제 경기에 참여할 수 없었다.
■ competitive[kəmpétətiv]　a. 경쟁력 있는, 경쟁적인
You should study English hard to be a competitive person.
경쟁력 있는 사람이 되기 위해 영어 공부를 열심히 해야 한다.

mine
[main]

n. 광산

There was a gold mine near this village.
이 마을 근처에는 금광이 하나 있었다.

thought
[θɔ:t]

n. 생각, 사고

What is your thought about the problem?
그 문제에 대한 네 생각은 뭐니?
■ thoughtful [θɔ́:tfəl]　a. 생각이 깊은, 사려 깊은
My brother is thoughtful about everything.
우리 형은 모든 일에 사려가 깊다.
■ think [θiŋk]　v. 생각하다
I think my homeroom teacher is too strict.
나는 우리 담임 선생님께서 너무 엄격하시다고 생각해.

D·A·Y 56

realize
[ríːəlàiz]

v. 깨닫다, 실감하다, 실현시키다

I **realized** that I made a serious mistake.
나는 심각한 실수를 저질렀음을 깨달았다.
[realized-realized-realizing]

■ realization[rìːələzéiʃən] n. 실현, 깨달음

He made great efforts for the **realization** of his dream. 그는 꿈의 실현을 위해 엄청난 노력을 했다.

punish
[pʌniʃ]

v. 처벌하다, 벌하다

The student will be **punished** for bullying his classmates.
그 학생은 급우들을 괴롭힌 것으로 처벌받을 것입니다.
[punished-punished-punishing]

■ punishment[pʌniʃmənt] n. 처벌

The **punishment** was too harsh for a little child.
그 처벌은 어린 아이에게는 너무 가혹했다.

capable
[kéipəbl]

a. 유능한, ~할 능력이 있는 (syn. able)

Miss Davis is a **capable** English teacher.
Davis 양은 유능한 영어 교사입니다.

■ capability[kèipəbíləti] n. 재능, 능력

The student has **capability** to do it by himself.
그 학생은 그 일을 혼자 해 낼 능력이 있다.

within
[wiðín]

p. ~이내에, ~안쪽에서

The class ends **within** 15 minutes.
수업은 15분 이내에 끝날 것이다.

suggest
[səgdʒést]

v. 제안하다

My parents suggested a nice studying plan to me.   부모님께서는 내게 좋은 학업 계획을 제안하셨다.

[suggested–suggested–suggesting]

- suggestion[səgdʒéstʃən]   n. 제안

I agreed with his suggestion to take a trip to Japan in winter.
나는 겨울에 일본 여행을 하자는 그의 제안에 동의했다.

quite
[kwait]

ad. 꽤, 상당히

Although the boy looks small and weak, he is quite good at doing all kinds sports.
그 소년은 작고 약해 보이지만, 모든 종류의 운동에 꽤 능하다.

regard
[rigá:rd]

v. ~로 여기다, 생각하다   **n.** 관계, 관련, 생각, 호의, 존경

Koreans regard the number 4 as the symbol of death.
한국인들은 숫자 4를 죽음의 상징으로 여긴다.

[regarded–regarded–regarding]

- give one's regard to   ~에게 안부를 전하다

Please give my regard to your parents.
네 부모님에게 안부를 전해 줘.

purpose
[pə́:rpəs]

n. 목적, 의도

What's the purpose of your visit to this country?
이 나라의 방문 목적은 무엇입니까?

- on purpose   일부러, 고의로

She broke the computer on purpose.
그녀는 일부러 컴퓨터를 망가뜨렸다.

section
[sékʃən]

n. 부분, 구역, 구획

Section 4 is for the books on natural science.
4구역은 자연 과학에 관련한 책들을 위한 곳입니다.

survey
[sə:rvéi]

v. 조사하다　**n.** 조사

We surveyed 200 students of our school about their hobbies.
우리는 우리 학교 학생 200명을 취미에 대해 설문조사했다.
The survey shows that most students are attending private institutes after school.
그 조사는 대부분의 학생들이 방과 후에 사설 학원을 다니고 있다는 것을 보여준다.
[surveyed-surveyed-surveying]

another
[ənʌðər]

a. 다른, 별개의　**n.** 다른 것, 별개의 것

This book is not interesting. Show me another book.
이 책은 재미없어요. 다른 책을 보여주세요.

protein
[próuti:n]

n. 단백질

Teenagers need to take enough protein.
십대들은 충분한 단백질을 섭취해야만 한다.

extra
[ékstrə]

a. 여분의 (syn. additional)

Do you really need extra shirts?
너 정말로 여분의 셔츠들이 필요하니?

regret
[rigrét]

v. 후회하다　**n.** 후회, 유감

I regretted that I had said such harsh words to her.
나는 그녀에게 그렇게 심한 말을 한 것을 후회했다.
He always says that he has no regret about the problem.
그는 언제나 그 문제에 대해 후회는 없다고 말한다.
[regretted-regretted-regretting]

area
[έəriə]

n. 지역, 구역

There are a lot of factories in this area.
이 지역에는 공장들이 많다.

damage [dǽmidʒ]

v. 손해를 입히다, 손상시키다　　**n.** 손해, 손상

The terrible case damaged the image of the school.
그 끔찍한 사건은 그 학교의 이미지를 손상시켰다.
The damage of my computer hard drive was caused by a kind of computer virus.
내 컴퓨터의 하드 드라이브 손상은 컴퓨터 바이러스 때문에 일어났다.
[damaged-damaged-damaging]

feed [fi:d]

v. 먹이를 주다, 음식을 먹이다

Don't feed animals at the zoo.
동물원에서 동물에게 먹이를 주지 마세요.
[fed-fed-feeding]

specific [spisífik]

a. 구체적인, 뚜렷한, 고유한

You should write your specific purpose of studying.
공부를 하려는 구체적인 목적을 써야만 합니다.
■ specifically[spisífikəli]　ad. 자세히, 상세히
The teacher explained the Korean War specifically.
선생님께서는 6·25 전쟁을 자세히 설명하셨다.

mental [méntl]

a. 정신의, 마음의

The artist suffered from the mental illness for all his life.
그 예술가는 평생을 정신 질환에 시달렸다.

goods [gudz]

n. 상품, 제품

We can buy electric goods very cheap at the store.
그 가게에서 전기 제품을 매우 싸게 살 수 있다.

absent
[ǽbsənt]

a. 자리에 없는, 결석한 (opp. present)

One of my friends has been absent from school for 3 days.
내 친구 중 하나가 학교에 3일이나 결석 중이다.

absence[ǽbsəns] n. 결석, 부재

The teacher started to check the absence.
선생님은 결석을 점검하기 시작하셨다.

depressed
[diprést]

a. 우울한, 의기소침한

I am usually depressed when it is cloudy or raining.
날이 흐릴 때나 비가 올 때 나는 대개 우울해진다.
[depressed-depressed-depressing]

depress[diprés] v. 낙담시키다, 우울하게 하다

The test result depressed me.
시험 결과는 나를 낙담시켰다.

society
[səsáiəti]

n. 사회, 공동체

The family is a basic unit of society.
가족은 사회의 기본 단위이다.

■ social[sóuʃəl] a. 사회의

We belong to various social groups.
우리는 다양한 사회 모임에 속해 있다.

monument
[mánjumənt]

n. 기념비, 기념물

The monument was built about 1300 years ago.   그 기념비는 약 1300년 전에 세워졌다.

muscle
[mʌ́sl]

n. 근육

A lot of boys are interested in having strong muscles.
많은 소년들이 강한 근육을 가지는 것에 관심이 많다.

slot
[slɑt]

n. 홈, 가늘고 긴 구멍

Insert a 500 won coin into the slot.
그 구멍에 500원짜리 동전을 넣으세요.

rarely
[rέərli]

ad. 거의 ~않는, 드물게

I **rarely** watch TV after school.
나는 방과 후에 TV를 거의 보지 않는다.
- rare[rεər]　a. 희귀한, 드문
She died of a **rare** disease.
그녀는 희귀한 병으로 죽고 말았다.

suddenly
[sʌ́dnli]

ad. 갑자기

She **suddenly** yelled at me.
그녀는 갑자기 내게 소리쳤다.
- sudden[sʌ́dn]　a. 갑작스러운
Everybody was shocked at her **sudden** death.
모든 사람들이 그녀의 갑작스러운 죽음에 충격을 받았다.

abnormal
[æbnɔ́ːrməl]

a. 이상한, 비정상의

The teacher has an **abnormal** personality.
그 선생님께서는 이상한 성격을 가지고 계신다.

nut
[nʌt]

n. 호두, 견과류

The **nut** is too hard to crack with teeth.
그 호두는 너무 단단해서 이로 깰 수 없다.

sure
[ʃuər]

a. 확신하는, 꼭 ~하는

I am **sure** of his honesty.
나는 그의 정직을 확신합니다.
- surely[ʃúərli]　ad. 확실히
Surely, your answer is wrong.
확실히, 네 대답은 틀렸다.

pitch
[pitʃ]

v. 던지다, 내던지다

The student **pitched** his bag into the classroom.
그 학생은 자신의 가방을 교실로 던졌다.
[pitched-pitched-pitching]

rear
[riər]

n. 뒤쪽, 뒤편 (opp. front) **v.** 기르다

We decided to put our new lockers at the rear of the classroom.
우리는 새 사물함을 교실 뒤쪽에 놓기로 결정했다.
[reared-reared-rearing]

neighborhood
[néibərhùd]

n. 근처, 인근

One of my classmates has just moved to my neighborhood.
우리 반 아이들 중 하나가 막 근처로 이사했다.

■ neighbor[néibər] n. 이웃, 이웃사람

I was surprised that my homeroom teacher is one of my neighbors.
담임 선생님이 이웃 분들 중 한 명이라서 놀랐다.

starve
[stɑːrv]

v. 굶주리다, 굶어 죽다

I'm starving! Do you have something to eat?
굶어 죽겠다. 뭐 먹을 것 좀 없니?

■ starved[stɑːrvd] a. 굶주린

We saw a lot of starved children in the country.
우리는 그 나라에서 많은 굶주린 어린이들을 보았다.

thunderstorm
[θʌ́ndərstɔ̀ːrm]

n. 뇌우

There may be a thunderstorm around the East Sea.
동해안에는 뇌우가 칠 것입니다.

scary
[skέəri]

a. 무서운, 두려운

I heard someone walking behind me in the dark. I felt scary.

나는 어둠 속에서 누군가 내 뒤에서 걷는 것을 들었다. 나는 무서웠다.

divide
[diváid]

v. 나누다

My mother divided cake into six pieces.

어머니는 케이크를 여섯 조각으로 나누셨다.

■division[divíʒən] n. 나눔, 분배, 나눗셈

The child has not learned division yet.

그 어린아이는 아직 나눗셈을 배우지 않았습니다.

thumb
[θʌm]

n. 엄지

The boy raised his thumb to mean "the best."

그 소년은"최고"라고 말하기 위해 그의 엄지를 치켜 올렸다.

swing
[swiŋ]

v. 흔들리다, 흔들다   n. 그네

The door was swinging in the wind.

문이 바람에 흔들리고 있었다.

There are two swings.

그네 두 대가 있다.

[swung–swung–swinging]

cricket
[kríkit]

n. 귀뚜라미

Have you ever seen a cricket?

귀뚜라미를 본 적이 있습니까?

throughout
[θruːáut]

prep. 구석구석까지, ～동안

His great success was known throughout the country.

그의 큰 성공은 나라 안 구석구석까지 알려졌다.

kneel
[ni:l]

v. 무릎 꿇다

The students were kneeling on the icy floor.
그 학생들은 얼음장 같은 바닥에 무릎을 꿇고 있었다.
[kneeled/knelt–kneeled/knelt–kneeling]

forever
[fərévər]

ad. 영원히

The memory will remain in us forever.
그 기억은 우리에게 영원히 남을 것이다.

alligator
[ǽligèitər]

n. 악어

She saw alligators when she was in Thailand.
그녀는 태국에서 악어를 보았다.

treat
[tri:t]

v. 다루다, 치료하다, 대접하다

A teacher should treat his or her students with love.
교사는 그의 학생들을 사랑으로 다루어야 한다.
[treated–treated–treating]

amazed
[əméizd]

a. 놀란

We were all amazed at his serious face.
우리는 모두 그의 심각한 얼굴에 놀랐다.
■ amaze[əméiz]　v. 몹시 놀라게 하다
The big rat amazed all the students.
그 큰 쥐는 학생들 모두를 놀라게 했다.

position
[pəzíʃən]

n. 자세, 위치, 직위

The third-graders were sitting in the upright position at the ceremony.
3학년들은 그 기념식에서 바른 자세로 앉아 있었다.

misunderstand
[mìsʌndərstǽnd]

v. 오해하다

The couple misunderstood each other and quarreled.
그 커플은 서로를 오해하고 말다툼을 했다.
[misunderstood–misunderstood–misunderstanding]

■ misunderstanding[mìsʌndərstǽndiŋ] n. 오해

What did you do to clear up the misunderstanding with your friend?
네 친구와의 오해를 풀기 위해 너는 무엇을 했니?

merit
[mérit]

n. 장점, 뛰어남 (opp. shortcoming, demerit)

Every student has his or her own merits.
모든 학생들은 자신만의 장점을 갖고 있다.

chemical
[kémikəl]

a. 화학의, 화학적인

They found the dangerous chemical weapons in the country.
그들은 그 나라에서 위험한 화학 무기를 발견했다.

■ chemistry[kémistri]　n. 화학

I'd like to major in chemistry in college.
나는 대학에 가서 화학을 전공하고 싶다.

■ chemist[kémist]　n. 화학자

She decided to be a chemist.
그녀는 화학자가 되기로 결심했다.

enemy
[énəmi]

n. 적

Who do you think 'the public enemy' is?
'공공의 적' 이라는 것은 누구라고 생각합니까?

peaceful
[píːsfəl]

a. 평화스러운, 태평한

The scenery was so quiet and peaceful that I fell asleep.
풍경이 조용하고 평화스러워서 나는 그만 잠들어버렸다.

■ peace[piːs]　n. 평화, 평온

Doves represent peace.
비둘기는 평화를 상징한다.

☐ **symphony**
[símfəni]

Beethoven composed nine symphonies during his life.
Beethoven은 일생 동안 아홉 개의 교향곡을 작곡했다.

☐ **poverty**
[pávərti]

They lived in serious poverty.
그들은 심각한 가난 속에 살았다.
■ poor[puər] a. 가난한
He was too poor to continue his study.
그는 너무나 가난해서 공부를 계속할 수 없었다.

☐ **wipe**
[waip]

He wiped his dirty glasses with his shirt.
그는 셔츠로 자신의 더러운 안경을 닦았다.
[wiped-wiped-wiping]

☐ **toward**
[tɔ:rd]

The singers smiled and waved their hands toward their fans.
그 가수들은 자신의 팬들을 향해 미소 짓고 손을 흔들었다.

☐ **suit**
[su:t]

We all have to wear a suit and a tie for the ceremony.
우리 모두는 기념식을 위해 정장과 넥타이를 착용해야 한다.
This blue jacket suits you well.
이 파란색 자켓은 네게 잘 어울린다.
[suited-suited-suiting]

clay
[klei]

n. 진흙, 찰흙, 점토

The children are making various things with clay.

그 어린이들이 찰흙으로 다양한 것들을 만들고 있다.

scholar
[skάlər]

n. 학자

He is a well-known scholar.

그는 유명한 학자이다.

usual
[júːʒuəl]

a. 보통의, 평상시의 (opp. unusual)

It is very usual with him to be late for school.

그가 학교에 늦는 것은 보통이다.

■ usually[júːʒuəli]   ad. 보통, 대개

We usually go to school before eight thirty.

우리는 보통 8시 30분 전에 학교에 간다.

imitate
[ímitèit]

v. 모방하다, 흉내 내다

Children like to imitate what they see in the TV.

어린이들은 그들이 TV에서 보는 것을 모방하기 좋아한다.

[imitated-imitated-imitating]

appetite
[ǽpitàit]

n. 입맛, 식욕

I lost my appetite because I ate too many candies before dinner.

저녁 먹기 전에 사탕을 너무 먹어서 입맛을 잃고 말았다.

cucumber
[kjúːkəmbər]

n. 오이

My mother grows cucumbers in the back yard.

우리 어머니께서는 뒷마당에서 오이를 기르신다.

willing
[wíliŋ]

a. 기꺼이 하는, 자진해서 하는

Most students were willing to help the poor children.

대부분의 학생들은 기꺼이 그 가엾은 아이들을 도우려 했다.

■ willingly[wíliŋli] ad. 기꺼이, 자진해서

Most students join the volunteer group willingly.

대부분의 학생들이 그 자원 봉사 단체에 기꺼이 가입했다.

load
[loud]

v. 짐을 싣다

The workers loaded boxes of clothes into the truck.

일꾼들은 트럭에 옷이 든 상자를 실었다.

[loaded-loaded-loading]

pregnant
[prégnənt]

a. 임신한

My homeroom teacher is pregnant with her first child.

우리 담임 선생님은 첫 아이를 임신하고 계시다.

unusual
[ʌnjúːʒuəl]

a. 비범한, 보통이 아닌 (opp. usual)

She is an unusual student with great language talents.

그녀는 뛰어난 어학 능력을 지닌 비범한 학생이다.

feather
[féðər]

n. 깃털

The bird has blue feathers.

그 새는 파란 깃털을 가지고 있다.

353

☐ **skyscraper**
[skaiskréipər]

n. 마천루, 높은 빌딩

We all were amazed at the skyscrapers in New York.
우리 모두는 뉴욕의 마천루에 경탄했다.

☐ **acquire**
[əkwáiər]

v. 얻다, 습득하다

It is very difficult to acquire a good job before college graduation.
대학 졸업 전에 좋은 직업을 얻는 것은 어려운 일이다.
[acquired-acquired-acquiring]

☐ **report**
[ripɔ́ːrt]

v. 보고하다　**n.** 보고서

The man reported that his car had been stolen.
그 남자는 자신의 차가 도둑맞았다고 보고했다.
The report about students' stress was written by a teacher.
학생들의 스트레스에 대한 그 보고서는 한 교사에 의해 씌어졌다.
[reported-reported-reporting]

☐ **sew**
[sou]

v. 바느질하다, 바느질해서 만들다

We will sew a shirt during the home-engineering class.
우리는 기술가정 시간에 셔츠를 하나 바느질할 것이다.
[sewed-sewed/sewn-sewing]

☐ **system**
[sístəm]

n. 체계, 제도, 시스템

Hangeul has a scientific system.
한글은 과학적인 체계를 가지고 있다.

☐ **liberty**
[líbərti]

n. 자유

Why are most teachers against the liberty of hair length?
왜 대부분의 선생님들이 두발 자유에 반대하는가?

recommend
[rèkəménd]

v. 추천하다, 권하다

One of my friends recommended the restaurant at the corner.
내 친구 중 하나가 저 모퉁이의 식당을 추천했다.
[recommended-recommended-recommending]

■ recommendation[rèkəmendéiʃən]　n. 추천, 추천장

She could enter the school by the teacher's recommendation.
그녀는 선생님의 추천으로 학교에 입학할 수 있었다.

injure
[índʒər]

v. 다치게 하다, 상처 입히다

The announcer was badly injured in the traffic accident.
그 아나운서는 교통사고에서 심각하게 다쳤다.
[injured-injured-injuring]

■ injury[índʒəri]　n. 부상, 상처

He got a serious injury on his head.
그는 머리에 심각한 부상을 입었다.

economic
[ì:kənámik]

a. 경제의, 경제학의

He had to work at a factory because of the economic reason.
그는 경제적인 문제 때문에 공장에서 일을 해야만 했다.

■ economy[ikánəmi]　n. 경제, 경제학

I'm interested in economy a lot.
나는 경제에 관심이 많다.

represent
[rèprizént]

v. 상징하다, 나타내다

Doves represent peace.
비둘기는 평화를 상징한다.
[represented-represented-representing]

missionary
[míʃənèri]

n. 선교사　**a.** 선교의, 전도의

My father is a missionary.
나의 아버지께서는 선교사시다.
He did missionary work in Africa.
그는 아프리카에서 선교 일을 했다.

oversleep
[òuvərslíːp]

v. 늦잠 자다

I **overslept** today, and was late for school.
늦잠을 자서 학교에 늦었다.
[overslept–overslept–oversleeping]

witness
[wítnis]

n. 목격자

The **witness** said that the driver had ignored the signal.
그 목격자는 그 운전자가 신호를 무시했다고 말했다.

trunk
[trʌŋk]

n. 나무줄기, 코끼리 코

He carved his name on the **trunk**.
그는 그 나무줄기에 자신의 이름을 새겼다.

trick
[trik]

n. 속임수, 장난   **v.** 속이다, 잔꾀를 부리다

His wound was a **trick** to make fun of the teacher.
그의 부상은 선생님을 놀리기 위한 속임수였다.
He **tricked** the woman by saying that she was beautiful.
그는 그녀를 아름답다고 말해서 그녀를 속였다.

bear
[bɛər]

v. 낳다, 출산하다, 참다

My grandmother **bore** six children.
우리 할머니는 여섯 명의 아이들을 낳으셨다.
[bore–born–bearing]

search
[səːrtʃ]

v. 찾다, 수색하다

They has **searched** for the treasure ship for a long time.
그들은 오랫동안 보물선을 찾고 있다.
[searched–searched–searching]

cheat
[tʃiːt]

v. 속이다, 부정행위를 하다

The boy cheated his mother to get more money.
그 소년은 돈을 더 받으려고 그의 어머니를 속였다.
[cheated–cheated–cheating]

astonished
[əstániʃt]

a. 깜짝 놀란

My teacher looked astonished at my words.
우리 선생님은 내 말에 깜짝 놀란 듯 보였다.

detective
[ditéktiv]

n. 탐정

The detective found the lost jewel under the sofa.
그 탐정은 소파 아래에서 잃어버린 보석을 찾아냈다.

fountain pen
[fáuntin pèn]

n. 만년필

My father bought me a fountain pen for the birthday present.
아버지께서는 생일 선물로 만년필을 사주셨다.

tend
[tend]

v. ~하는 경향이 있다

Students tend to be noisy when the teacher goes out of the classroom for a while.
학생들은 선생님께서 잠시 밖으로 나가셨을 때 떠드는 경향이 있다.
[tended–tended–tending]

disease
[dizíːz]

n. 병 (syn. illness)

He died of an unknown disease after he visited the Pyramid.
그는 피라미드를 방문한 후 알려지지 않은 병으로 죽고 말았다.

intelligent
[intélədʒənt]

a. 지적인, 이성적인, 총명한

She is an intelligent and polite student.
그녀는 지적이고 예의바른 학생입니다.

■ intelligence[intélədʒəns] n. 지능, 지성

A dog has more intelligence than many other animals.
개는 많은 다른 동물보다 높은 지능을 가지고 있다.

ashamed
[əʃéimd]

a. 부끄러워하는

I was ashamed of my mistake during the presentation.
나는 발표회 동안의 내 실수가 부끄러웠다.

applaud
[əplɔ́ːd]

v. 박수 치다

We all applauded the student who won the first prize.
우리는 우승한 학생에게 박수를 쳤다.
[applauded-applauded-applauding]

chest
[tʃest]

n. 가슴

The heart is beating regularly in the chest.
심장은 가슴 안에서 규칙적으로 뛰고 있다.

male
[meil]

n. 남자, 수컷 (opp. female)

Males are usually taller than females.
남자는 대개 여자보다 키가 크다.

gaze
[geiz]

v. 뚫어지게 보다, 응시하다

The teacher gazed at my face.
선생님은 내 얼굴을 뚫어지게 쳐다보셨다.
[gazed-gazed-gazing]

cigarette
[sìgərét]

n. 담배

Teenagers must not smoke cigarettes.
청소년들은 담배를 피워서는 안 된다.

ancient
[éinʃənt]

a. 고대의

Pyramids were built as tombs of the kings of ancient Egypt.
피라미드는 고대 이집트 왕들의 무덤으로 만들어졌다.

baggage
[bǽgidʒ]

n. 짐, 화물

Where can I find my baggage?
제 짐은 어디에서 찾을 수 있습니까?

conclude
[kənklú:d]

v. 결론짓다, 끝맺다

The police concluded that he was the murderer.　경찰은 그가 살인범이라고 결론지었다.

[concluded–concluded–concluding]

■ conclusion [kənklú:ʒən]　n. 결론

They didn't reach the conclusion.
그들은 결론에 도달하지 못했다.

beg
[beg]

v. 구걸하다, 빌다

The poor child begged for bread everywhere.
그 불쌍한 아이는 사방에서 빵을 구걸했다.

[begged–begged–begging]

■ beggar [bégər]　n. 거지

A lot of beggars were sitting around the station.
역 주변에는 많은 거지들이 앉아 있었다.

emotion
[imóuʃən]

n. 감정

The actress didn't show her emotion in front of her fans.
그 배우는 팬들 앞에서 그녀의 감정을 드러내지 않았다.

cereal
[síəriəl]

n. 시리얼, 곡류

I eat cereals and some fruit for breakfast.
나는 아침 식사로 시리얼과 과일을 먹는다.

sleeve
[sliːv]

n. 소매

The girl took the boy by his sleeve.
그 소녀는 소년의 소매를 잡았다.

obey
[oubéi]

v. 순종하다, 복종하다

You should obey your parents.
부모님에게 순종해야만 한다.
[obeyed—obeyed—obeying]

■ obedience[oubíːdiəns] n. 순종, 복종

They vowed absolute obedience to the ruler.
그들은 군주에게 절대적 순종을 맹세했다.

average
[ǽvəridʒ]

n. 평균 **a.** 평균의, 보통 수준의

My math score was above the average.
내 수학 점수는 평균 이상이었다.
I wondered the average score of the test.
나는 그 시험의 평균 점수가 궁금했다.

glue
[gluː]

n. 접착제, 풀

She put glue on the board.
그녀는 판자에 접착제를 발랐다.

surface
[sə́:rfis]

n. 겉, 표면

The surface of the Venus shines brightly.
금성의 표면은 밝게 빛난다.

alarm
[əlá:rm]

n. 경보, 자명종

In case of fire, the alarm will ring.
화재가 발생했을 때, 경보가 울릴 것입니다.

aid
[eid]

n. 도움, 원조

The UN decided to halter food aid to the country.
UN은 그 나라에 대한 식량 원조를 억제하기로 결정했다.

■ first aid 응급 치료

Many people were helped by first aid.
많은 사람들이 응급 치료에 의해 도움을 받았다.

clue
[klu:]

n. 단서, 실마리

An important clue to the murder case was found in the house.
그 살인 사건에 대한 중요한 단서가 그 집에서 발견되었다.

pulse
[pʌls]

n. 맥박

His pulse was very weak.
그의 맥박은 매우 약했다.

newsstand
[njú:zstǽnd]

n. 신문 가판대

The bad boys kicked the newsstand on the street.
그 나쁜 아이들은 거리의 신문 가판대를 발로 찼다.

□ **distant**
[dístənt]

a. 먼, 먼 곳에 있는   **n.** 거리, 먼 곳

The stars are distant from the earth.
별들은 지구로부터 멀리 있다.
■ distance[dístəns]   n. 먼 곳, 거리
From a distance, the rock looks like a dragon head.
먼 곳에서 보면, 그 바위는 용의 머리처럼 보인다.

□ **comfort**
[kʌ́mfərt]

v. 편안하게 하다, 위로하다

This kind of music can comfort people.
이 종류의 음악은 사람을 편안하게 할 수 있다.

□ **evidence**
[évədəns]

n. 증거, 물증

There is no evidence that he stole the money.
그가 돈을 훔쳤다는 증거가 없다.

□ **motion**
[móuʃən]

n. 동작, 움직임

He showed how to hit the ball in slow motion.
그는 공을 어떻게 쳐야 하는지를 느린 동작으로 보여 주었다.

□ **available**
[əvéiləbl]

a. 이용 가능한, 쓸모 있는

This computer games is available for all ages.
이 컴퓨터 게임은 전 연령대에서 이용 가능합니다.

□ **string**
[résəl]

n. 줄, 끈, 실

A geomungo is a traditional musical instrument with six strings.
거문고는 6줄을 가진 전통 악기이다.

wrestle
[résəl]

v. 레슬링을 하다

The teacher told the boys not to wrestle in the classroom.
그 선생님께서는 그 남자 아이들에게 교실에서는 레슬링을 하지 말라고 말씀하셨다.

measure
[méʒər]

v. 측정하다　**n.** 측정, 측정 단위

How can you measure the depth of the ocean?
대양의 깊이는 어떻게 측정할 수 있습니까?
An inch is a measure of length.
인치는 길이의 측정 단위이다.
[measured–measured–measuring]

deal
[di:l]

v. 다루다, 취급하다

I don't know how to deal with this problem.
나는 이 문제를 어떻게 다루어야 할지 모르겠다.
[dealt–dealt–dealing]

aim
[eim]

n. 목표, 목적

A lot of teenagers don't have their aim in their lives.
많은 십대들이 인생의 목표를 가지고 있지 않다.

temperature
[témpərətʃər]

n. 기온, 온도, 체온

The temperature will rise rapidly in the afternoon.
오후에는 기온이 급격하게 오를 것이다.

violate
[váiəlèit]

v. 위반하다

A lot of drivers violate the traffic rules easily.
많은 운전자들이 교통 법규를 손쉽게 위반한다.
[violated–violated–violating]

duty
[djúːti]

n. 의무, 할 일, 본분

It is my duty to lock the door before leaving the classroom.
교실을 떠나기 전에 문을 잠그는 것이 내 의무이다.

observe
[əbzə́ːrv]

v. 관찰하다, 준수하다, 지키다

The students are observing the motion of the earthworm.
그 학생들은 그 지렁이의 움직임을 관찰하고 있다.
[observed-observed-observing]

■ observation[àbzərvéiʃən] n. 관찰, 관찰력

Through a long observation of his children, he could write the book.
자기 자식들에 대한 오랜 관찰을 통해 그는 그 책을 쓸 수 있었다.

■ observance[əbə́ːrvəns] n. 준수

The teacher stressed the observance of the rules.   선생님께서는 규칙의 준수를 강조하셨다.

rid
[rid]

v. 제거하다, 없애다

We tried everything to rid our house of cockroaches.
우리는 집에서 바퀴벌레를 제거하기 위해 모든 것을 해보았다.
[rid-rid-ridding]

■ get rid of ~을 제거하다

This cleaner will get rid of stains on your clothes.   이 세제는 옷에서 얼룩을 제거할 거야.

critical
[krítikəl]

a. 비판적인

This article is very critical about the college entrance system.
이 신문 기사는 대입 제도에 대해 매우 비판적이다.

include
[inklú:d]

v. 포함하다

The meal includes dessert and coffee.
식사에는 디저트와 커피가 포함됩니다.
[included–included–including]

statement
[stéitmənt]

n. 문장, 진술

These statements are not true.
이 문장들은 사실이 아니다.

reel
[ri:l]

n. 실패, 감개

An old woman was winding thread on a reel.
한 노인이 실패에 실을 감고 있었다.

provide
[prəváid]

v. 제공하다, 공급하다

The school will provide free school uniforms and textbooks for poor students.
그 학교는 가난한 학생들을 위해 무료 교복과 교과서를 제공할 것이다.
[provided–provided–providing]

quarrel
[kwɔ́:rəl]

v. 싸우다, 말다툼하다   **n.** 말다툼

The two brothers are always quarreling about everything.
그 두 형제는 모든 일에 대해 언제나 다투기만 한다.
Yesterday, I had a big quarrel with my boyfriend.
어제 나는 내 남자 친구와 큰 말다툼을 했다.
[quarreled–quarreled–quarreling]

confident
[kánfədənt]

a. 확신하는, 자신만만한　**n.** 자신감, 확신, 믿음

The singer is confident of the success of the new album.
그 가수는 새 음반의 성공을 확신하고 있다.
Teenagers want their parents to have confidence in them.
청소년들은 부모들이 자기들에게 믿음을 가지기를 원한다.

wheel
[*h*wi:l]

n. 바퀴

He wiped mud and dirt off the wheels of the car.
그는 자동차 바퀴의 진흙과 먼지를 닦아냈다.

reality
[riǽləti]

n. 진실, 현실

Parents usually don't accept the reality about their children.
부모들은 대개 자기 아이들에 대한 진실을 받아들이지 않는다.

■ real[rí:əl]　a. 진정한, 진짜의
You are my real friend.　너는 나의 진정한 친구야.

boss
[bɔ:s]

n. 상사, 사장

He had a quarrel with his boss last week.
그는 지난주에 상사와 말다툼을 했다.

universe
[jú:nəvə̀:rs]

n. 우주

The Earth is only a small part of the universe.
지구는 우주의 작은 일부일 뿐이다.

desire
[dizáiər]

n. 욕구, 갈망, 바램　**v.** 갈망하다

Everybody has a desire to be loved.
모든 사람들은 사랑받고자 하는 욕구를 가지고 있다.
She desired to be wealthy.
그녀는 부유해지기를 갈망했다.

focus
[fóukəs]

n. 초점 **v.** 초점을 맞추다

Her boyfriend is the main focus of her life.   남자 친구가 그녀 삶의 주요 초점이다.
The student's eyes didn't focus on me.
그 학생의 눈은 내게 초점을 맞추고 있지 않았다.
[focused-focused-focusing]

elbow
[élbou]

n. 팔꿈치

Don't put your elbows on the table.
식탁 위에 팔꿈치를 올리지 마라.

millionaire
[mìljənέər]

n. 백만장자

He became a millionaire when he was only 20.   그는 겨우 20세가 되었을 때 백만장자가 되었다.

copper
[kápər]

n. 구리, 동

This coin is made of copper.
이 동전은 구리로 만들어져 있다.

delighted
[diláitid]

a. 아주 기뻐하는

We all were delighted to see the show.
우리 모두는 그 쇼를 볼 수 있어 아주 기뻤다.

devote
[divóut]

v. (노력, 정성, 시간을) 바치다, 헌신하다

He devoted his life to helping the poor in Africa.
그는 아프리카에서 가난한 사람들을 돕는 데 일생을 바쳤다.
[devoted-devoted-devoting]
■devotion[divóuʃən]   n. 헌신, 전념
We were moved by his devotion.
우리는 그의 헌신에 감동받았다.

☐ **ability**
[əbíləti]

n. 능력, 유능함

He has the ability to speak English well.
그는 영어를 잘 말할 수 있는 능력이 있다.

■ able[éibl]   a. 할 수 있는, 유능한

I am able to talk with foreigners in English.
나는 외국인들과 영어로 말할 수 있다.

☐ **mammal**
[mǽməl]

n. 포유동물

Whales are mammals.
고래는 포유동물이다.

☐ **ash**
[æʃ]

n. 재

All roofs were covered with ash.
모든 지붕들은 재로 뒤덮여 있었다.

☐ **nutritious**
[njuːtríʃəs]

a. 영양가 많은

Teenagers need nutritious food to grow well.
청소년들은 잘 자라기 위해서 영양가 많은 음식을 필요로 한다.

☐ **shortcut**
[ʃɔ́ːrtkʌ̀t]

n. 지름길

Why don't you take a shortcut to school?
학교로 가는 지름길로 가는 게 어때?

☐ **deny**
[dinái]

v. 부인하다, 부정하다

The actress denied all the rumors about her divorce.
그 여배우는 그녀의 이혼에 대한 모든 소문들을 부인했다.
[denied-denied-denying]

tender
[téndər]

a. 부드러운, 연한, 다정한

This steak is so tender that even a child can eat it.
이 스테이크는 매우 부드러워서 어린아이조차 먹을 수 있다.

freedom
[fríːdəm]

n. 자유

Most students want the freedom of hair length.
대부분의 학생들은 두발의 자유를 원한다.

percent
[pərsént]

n. 퍼센트, 백분

More than fifty percent of the students use a computer three times a week.
50퍼센트 이상의 학생들이 1주일에 세 번 이상 컴퓨터를 사용한다.

chairperson
[tʃɛ́ərpəːrsn]

n. 의장, 사회자

We applauded the chairperson when the meeting was over.
회의가 끝났을 때 우리는 의장에게 박수 쳐 주었다.

faith
[feiθ]

n. 믿음, 신뢰, 신앙

She has deep faith in her husband.
그녀는 남편에 대한 깊은 믿음을 가지고 있다.

definitely
[défənitli]

ad. 확실히, 명확히

I definitely want to go to a foreign language high school.
나는 확실히 외국어 고등학교에 가고 싶다.

prove
[pru:v]

v. 증명하다

Can you prove that he is guilty?
그가 유죄라는 것을 증명할 수 있니?

- proof[pru:f]　n. 증거, 증명

Galilei showed the proof of his principle to everyone.
갈릴레이는 그의 이론의 증거를 모두에게 보여주었다.

[proved-proved-proving]

ache
[eik]

v. 아프다, 쑤시다　**n.** 통증, 아픔

My shoulders are aching too much.
어깨가 너무 아파요.
I have an ache in my knees.
나는 무릎에 통증이 있다.

[ached-ached-aching]

condition
[kəndíʃən]

n. 상태, 상황, 조건

The patient remains in the worst condition.
그 환자는 최악의 상태로 남아있다.

educate
[édʒukèit]

v. 교육하다

The Korean parents spend too much money on educating their children.
한국의 부모들은 그들의 아이들을 교육시키는 데 돈을 너무 많이 쓴다.

[educated-educated-educating]

- education[édʒukèiʃən]　n. 교육

My teacher majored in English education.
우리 선생님께서는 영어 교육을 전공하셨습니다.

penniless
[pénilis]

a. 빈털터리의, 무일푼의

When he arrived in Seoul, he was penniless.
서울에 도착했을 때, 그는 빈털터리였다.

D·A·Y 61

microwave oven
[máikrouwèiv ʌ́vən]

n. 전자레인지

I put the frozen pizza into the microwave oven.
나는 냉동 피자를 전자레인지에 넣었다.

maintain
[meintéin]

v. 유지하다, 지속하다

Food is necessary to maintain life.
음식은 생명을 유지하기 위해 필요하다.
[maintained–maintained–maintaining]

burn
[bəːrn]

v. 태우다

The old temple was burnt down completely.
그 오래된 절은 완전히 타버렸다.
[burned/burnt– burned/burnt–burning]

characteristic
[kæriktərístik]

a. 독특한, 특유의

The actress has her characteristic voice.
그 여배우는 독특한 목소리를 가지고 있다.

spill
[spil]

v. 엎지르다

When I sat at the table, I spilled milk by mistake.
내가 식탁에 앉았을 때, 그만 실수로 우유를 엎질렀다.
[spilled/spilt– spilled/spilt–spilling]

limit
[límit]

n. 제한, 한계 v. 제한하다

The speed limit is 90 kilometer per hour.
제한 속도는 시속 90km입니다.
The chairperson limited the speaking to
5 minutes. 의장은 발언을 5분으로 제한시켰다.
[limited-limited-limiting]

popularity
[pàpjulǽrəti]

n. 인기, 평판

The comedy program gained great
popularity among people.
그 코미디 프로그램은 사람들 사이에서 커다란 인기를
얻었다.
■ popular[pápjulər] a. 인기 있는
The comedian is popular among teenagers.
그 코미디언은 십대들 사이에서 인기가 있다.

portable
[pɔ́:rtəbl]

a. 휴대용의, 들고 다닐 수 있는

I would like to buy a portable video
game. 나는 휴대용 비디오 게임을 사고 싶다.

hurry
[hə́:ri]

v. 서두르다

The students hurried to get on the bus.
그 학생들은 버스를 타려고 서둘렀다.
[hurried-hurried-hurrying]

reservation
[rèzərvéiʃən]

n. 예약

I'd like to make a reservation for two at
6 o'clock. 6시에 두 사람 예약하고 싶습니다.

mostly
[móustli]

ad. 대개, 주로

Students mostly use personal computers
everyday.
학생들은 대개 매일 컴퓨터를 사용한다.

replace
[ripléis]

v. 대신하다

Televisions have replaced radios.
텔레비전이 라디오를 대신했다.
[replaced-replaced-replacing]

nuclear
[njú:kliər]

a. 핵의, 핵무기의

The novel describes the world after the nuclear war.
그 소설은 핵전쟁 이후의 세계에 대해 묘사하고 있다.

stationery
[stéiʃəneri]

n. 문방구, 문구류

I can go to the stationery store on the way to school.
학교 가는 길에 문방구에 들를 수 있다.

whisker
[hwískər]

n. 수염

The cat's whiskers were covered with milk.
고양이의 수염에 우유가 묻어 있었다.

mind
[maind]

n. 마음, 정신　**v.** 조심하다, 신경 쓰다, 싫어하다

A sound mind in a sound body.
(격언) 건강한 몸에 건강한 정신이 깃든다.
■ keep in mind　유념하다, 마음에 두다
Keep in mind that a man is known by his company.
사람은 그 친구로 알 수 있다는 것을 유념해라.

ruin
[rú:in]

n. 폐허, 옛터　**v.** 못쓰게 하다, 황폐하게 하다

The city is well-known for its ruins of the ancient kingdom.
그 도시는 고대 왕국의 폐허로 잘 알려져 있다.
The heavy rain ruined the half-built building.
폭우가 반쯤 지어진 빌딩을 못 쓰게 만들어 버렸다.

passionate
[pǽʃənət]

a. 열정적인

We were moved by his passionate performance.

우리는 그의 열정적인 연주에 감동을 받았다.

■ passion[pǽʃən] n. 열정, 정열

We could feel the singer's passion in the concert.

우리는 그 콘서트에서 그 가수의 정열을 느낄 수 있었다.

interfere
[ìntərfíər]

v. 방해하다, 간섭하다, 끼어들다

The noise from other classrooms interfered our lesson.

다른 교실에서의 소음이 우리 수업을 방해했다.

[interfered-interfered-interfering]

screwdriver
[skrú:dràivər]

n. 드라이버

The teacher fixed my desk with a screwdriver.

선생님은 드라이버를 가지고 내 책상을 고쳐 주셨다.

fitness center
[fítnis séntər]

n. 피트니스 센터

I will register a fitness center this summer.

이번 여름에는 피트니스 센터에 등록할 거야.

pleasant
[plézənt]

a. 유쾌한, 즐거운

I had a pleasant time with my friends yesterday.

나는 어제 친구들과 즐거운 시간을 보냈다.

■ pleasure[plézǝr] n. 즐거움, 기쁨, 유쾌함

It's my pleasure.

(고맙다는 말에 대해) 천만에요.

own
[oun]

v. 소유하다　**a.** 자기 소유의

Although she is young, she owns a house.
그녀는 젊음에도 불구하고 집을 한 채 가지고 있다.
- owner[óunər]　n. 주인

Who is the owner of this farm?
이 농장의 주인은 누구입니까?
[owned-owned-owning]

supply
[səplái]

v. 보급하다, 공급하다

The city decided to supply 60 computers to the poor children.
시는 가난한 아이들에게 60대의 컴퓨터를 보급하기로 결정했다.
[supplied-supplied-supplying]

passenger
[pǽsəndʒər]

n. 승객

There are only a few passengers in the subway.
전철 안에는 승객이 거의 없었다.

routine
[ru:tí:n]

n. 일과, 판에 박힌 일

According to the routine, I memorize 50 words a day.
일과에 따라 나는 매일 30개의 단어를 외운다.

access
[ǽkses]

n. 접근, 출입

Access to the data was denied.
그 정보에의 접근이 거부되었다.

glory
[glɔ́:ri]

n. 영광

Glory be in the heaven, and peace on earth!
하늘에는 영광, 땅에는 평화!

department
[dipá:rtmənt]

n. 부, 부문

My father belongs to the sales department.
우리 아버지께서는 영업부에 속해 계신다.

wizard
[wízərd]

n. 마법사, 귀재

Harry doesn't know that he is a great wizard.
Harry는 자신이 위대한 마법사라는 것을 모르고 있다.

awkward
[ɔ́:kwərd]

a. 어색한, 거북한

I feel very awkward in my new school uniform.
새 교복을 입으니 어색하다.

attitude
[ǽtitʃù:d]

n. 태도

The teacher praised the student's positive attitude.
선생님은 그 학생의 긍정적인 태도를 칭찬했다.

community
[kəmjú:nəti]

n. 공동체, 사회

A lot of people are volunteering for their community.
많은 사람들이 그들의 공동체를 위해 봉사활동을 하고 있다.

awful
[ɔ́:fəl]

a. 지독한, 심한

This soup is too salty. The taste is awful.
이 국은 너무 짜다. 맛이 지독해.

chore
[tʃɔːr]

n. 잡일, 허드렛일

I help my mother do the house chores in the evening.
저녁에는 나는 어머니를 도와 집안의 잡일을 한다.

shelter
[ʃéltər]

n. 피난처, 방공호

We have to find a shelter from bombing.
폭격으로부터 피난처를 찾아야만 한다.

follow
[fálou]

v. 따르다, 따라가다

The players should follow the rules of the game.
선수들은 시합의 규칙을 따라야만 합니다.

■ following[fálouiŋ] a. 다음의

Answer to the following question.
다음 질문에 답하시오.

[followed-followed-following]

fact
[fækt]

n. 실제, 현실

She wanted to hide the fact that she had an illness.
그녀는 자신이 병을 가지고 있다는 사실을 숨기기 원했다.

■ in fact 사실은

In fact, he broke the computer.
사실은 그가 컴퓨터를 고장냈다.

fix
[fiks]

v. 수리하다 (syn. repair), 고정시키다, ~을 달다

He fixed my CD player very easily.
그는 내 CD 플레이어를 매우 쉽게 수리했다.

[fixed-fixed-fixing]

adjust
[ədʒʌ́st]

v. 조절하다, 적응시키다

You can **adjust** the height of your desk with this bolt.

이 볼트로 네 책상의 높이를 조절할 수 있다.

[adjusted-adjusted-adjusting]

endanger
[endéindʒər]

v. 위험에 빠뜨리다, 위험하게 하다

People **endanger** many animals by too much timber harvest.

사람들은 무분별한 벌목으로 많은 동물들을 위험에 빠뜨린다.

[endangered-endangered-endangering]

■ endangered[endéindʒərd]
a. 위험에 처한, 멸종 위기에 놓인

How many animals are **endangered**?

얼마나 많은 동물들이 멸종 위기에 놓여 있습니까?

still
[stil]

ad. 아직도, 여전히   **a.** 고요한, 움직이지 않는

The dog is **still** waiting for his owners in front of the station.

그 개는 아직도 역 앞에서 주인을 기다리고 있다.

The dog sits **still** at the door.

그 개는 문에 움직이지 않고 앉아 있다.

affect
[əfékt]

v. ~에 영향을 미치다, 감동시키다

Weather may **affect** people's feelings.

날씨는 사람들의 기분에 영향을 미친다.

[affected-affected-affecting]

■ affection[əfékʃən]   n. 애정, 감동

My homeroom teacher has a deep **affection** for her students.

우리 담임선생님은 학생들에 대해 깊은 애정을 갖고 있다.

refund
[rifΛnd]

v. 환불하다　**n.** 환불

I'd like to refund this coat. I don't like the color.
이 코트를 환불하고 싶어요. 색깔이 마음에 들지 않아요.
I cannot give you a refund without the receipt.
영수증 없이는 환불해 드릴 수 없어요.
[refunded-refunded-refunding]

lack
[læk]

n. 부족, 결핍　**v.** 부족하다

The tree died for lack of water.
그 나무는 물 부족으로 죽고 말았다.
You seem to lack self-confidence.
너는 자신감이 부족해 보인다.
[lacked-lacked-lacking]

edge
[edʒ]

n. 가장자리, (칼, 가위 등의) 날

Some students are looking at the horizon at the edge of water.
몇몇 학생들이 물가에서 수평선을 바라보고 있다.

drowning
[dráuniŋ]

a. 익사하는

A drowning man will catch at a straw.
익사하는 사람은 지푸라기라도 잡는다.
[drowned-drowned-drowning]

geography
[dʒiːágrəfi]

n. 지리학

I am really interested in geography.
나는 지리학에 관심이 있다.

scar
[skɑːr]

n. 흉터

I have a scar between my eyes.
나는 두 눈 사이에 흉터를 갖고 있다.

feminist
[fémənist]

n. 여권주의자, 페미니스트

She considers herself a feminist.
그녀는 자신을 여권주의자라고 생각하고 있다.

describe
[diskráib]

v. 묘사하다

The child described what he experienced in the war.
그 어린아이는 자신이 전쟁에서 겪은 것들을 묘사했다.
[described–described–describing]

■ description[diskrípʃən]   n. 묘사, 기술

We could imagine the historical scene through his wonderful description.
우리는 그의 멋진 묘사를 통해 역사의 한 장면을 상상할 수 있었다.

found
[faund]

v. 설립하다, 세우다 (syn. establish)

The doctor went to Southern Africa and found a hospital for children.
그 의사는 남아프리카로 가서 아이들을 위한 병원을 설립했다.
[founded–founded–founding]

■ foundation[faundéiʃən]   n. 근거, 창립, 기초

The rumor about the singer has no foundation.
그 가수에 대한 소문은 근거가 없다.

frequently
[frí:kwəntli]

ad. 자주

My homeroom teacher frequently eats lunch with students.
우리 담임선생님은 자주 학생들과 점심을 먹는다.

■ frequent[frí:kwənt]   a. 자주 있는, 빈번한

Being late for school is a frequent occurence to me.
학교에 늦는 건 나에게는 자주 있는 일이다.

disaster
[dizǽstər]

n. 재해, 재난

It was a man-made disaster.
그것은 인간이 만든 재해(인재)였다.

■ disastrous[dizǽstrəs] a. 참담한, 재난을 불러일으키는

Her performance was a disastrous event.
그녀의 공연은 참담한 사건이었다.

extinguish
[ikstíŋgwiʃ]

v. 불을 끄다, 진화하다

The fire fighters were extinguishing the fire when I got out of the building.
내가 건물에서 뛰어나왔을 때, 소방수들이 불을 끄고 있었다.

[extinguished–extinguished–extinguishing]

■ extinguisher[ikstíŋgwiʃər] n. 소화기

The extinguisher is too old to use.
이 소화기는 오래 돼서 사용할 수 없다.

dynasty
[dáinəsti]

n. 왕조, 왕가

Nowadays, we have learned the history of Korea Dynasty.
요즘 우리는 고려 왕조의 역사에 대해 공부한다.

humorous
[hjúːmərəs]

a. 유머러스한, 해학적인, 웃기는

A lot of girls like boys who are humorous.
많은 소녀들이 유머러스한 소년들을 좋아한다.

■ humor[hjúːmər] n. 유머, 해학

The Korean traditional stories are full of humor and warmth.
한국의 민담은 유머와 따뜻함으로 가득하다.

afterward
[ǽftərwərd]

ad. 나중에 (syn. later)

We are going to have lunch together afterward.
우리는 나중에 점심을 함께 먹을 거야.

eyebrow
[áibràu]

n. 눈썹

Wow, where are your eyebrows?
와, 네 눈썹은 어디에 있니?

demand
[dimǽnd]

v. 요구하다, 필요로 하다

The school demands excellent ability of English.
그 학교는 우수한 영어 능력을 요구한다.
[demanded–demanded–demanding]

colorful
[kʌ́lərfəl]

a. 색채가 있는, 다채로운

Old people like colorful clothes.
나이든 사람들은 색채가 있는 옷을 좋아한다.
■ colorless[kʌ́lərlis]   a. 무색의
It is a colorless material.
그것은 무색 물질이다.

leap
[liːp]

v. 뛰다, 도약하다

Look before you leap.
(속담) 뛰기 전에 살펴보라. (돌다리도 두드려 보고 건너라.)
[leaped–leaped–leaping]

sword
[sɔːrd]

n. 검, 칼

The boy was too scared to draw his sword.
소년은 너무 겁에 질려 검을 뽑을 수 없었다.

please
[pliːz]

v. 기쁘게 하다 **ad.** 부디, 제발

It is difficult to please all your friends.
친구들을 모두 기쁘게 하는 것은 어렵다.
Could you open the door, please?
부디 문 좀 열어 주시겠어요?
[pleased–pleased–pleasing]

precious
[préʃəs]

a. 소중한, 값비싼 (syn. valuable)

He thinks his child is the most precious of all.

그는 자신의 아이가 모든 것 중에서 가장 소중하다고 생각한다.

trace
[treis]

n. 흔적, 발자국

The ghost disappeared in front of me without trace.

유령은 내 앞에서 흔적도 없이 사라져 버렸다.

transfer
[trænsfə́:r]

v. (차를) 갈아타다, 이동하다, 옮기다

We can transfer to the3 number 3 line at Seoul National University of Education Station.

우리는 서울교대 역에서 3호선으로 갈아탈 수 있어.

[transferred–transferred–transferring]

justice
[dʒʌ́stis]

n. 정의

He fought for justice bravely.

그는 정의를 위해 용감하게 싸웠다.

harmonious
[hɑːrmóuniəs]

a. 화목한, 조화된

My families are very harmonious.

우리 가족은 매우 화목하다.

■ harmony[hɑ́ːrməni] n. 조화

His paintings show a perfect harmony of colors.

그의 그림은 색채의 완벽한 조화를 보여준다.

advertise
[ǽdvərtàiz]

v. 광고하다

Teenagers want to wear the clothes that the popular singers advertise.
십대들은 유명한 가수들이 광고한 옷을 입고 싶어 한다.
[advertised–advertised–advertising]

■ advertisement[ǽdvərtàizmənt] n. 광고

Advertisers use famous people in advertisements.
광고주들은 광고에서 유명인들을 이용한다.

reduce
[ridʒúːs]

v. 줄이다

Most young people should reduce use of the Internet.
대다수의 젊은 사람들은 인터넷 사용을 줄여야만 한다.
[reduced–reduced–reducing]

moreover
[mɔːróuvər]

ad. 게다가, 더욱이

It becomes dark, and moreover it started to rain.
어두워지고 있었고, 게다가 비까지 내리기 시작했다.

safety
[séifti]

n. 안전

You should wear a helmet for your safety when you are riding a bike.
자전거를 탈 때는 안전을 위해 헬멧을 써야만 한다.

■ safe[seif] a. 안전한

It is not safe to ride a bike at night.
밤에 자전거를 타는 것은 안전하지 않다.

tide
[taid]

n. 조류, 조석간만

The tide is rising.
조류가 밀려오고 있다.

narrator
[nǽréitər]

n. 내레이터, 이야기하는 사람

The narrator started the explanation about the place.
그 내레이터는 궁전에 대한 설명을 시작했다.

pride
[praid]

n. 자존심, 자만, 자랑거리

The old soldier wanted to keep his pride.
그 나이든 병사는 그의 자존심을 지키길 원했다.
■ proud[praud]　a. 자랑스럽게 여기는, 자존심 있는
She is proud of her beauty.
그녀는 미모를 자랑스럽게 여긴다.

electronic
[ilektránik]

a. 전자의, 전자공학의

Can you borrow your electronic dictionary?
전자 사전 좀 빌려줄래?

mess
[mes]

n. 엉망진창

The students are making a mess in the classroom.
학생들이 교실을 엉망진창으로 만들고 있다.
■ messy[mési]　a. 어질러진, 흐트러진
He always makes his room messy.
그는 언제나 자신의 방을 엉망으로 만들어 놓는다.

worldwide
[wə́:rldwàid]

a. 세계적인

She is a worldwide movie director.
그녀는 세계적인 영화감독이다.

triumph
[tráiəmf]

n. 승리, 정복

All of them were happy about the triumph in the war.
그들 모두는 전쟁에서의 승리를 기뻐했다.

register
[rédʒistər]

v. 등록하다

I am going to register a swimming course this summer.
난 이번 여름에 수영 강좌를 등록하려고 해.
[registered-registered-registering]

severe
[səvíər]

a. 가혹한, 모진, 엄한

Some teachers are too severe with their students.
어떤 선생님들은 학생들에게 너무 가혹하다.

rip
[rip]

v. 떼어내다, 째다

He ripped the poster off the wall angrily.
그는 화를 내며 벽에서 포스터를 떼어냈다.
[ripped-ripped-ripping]

poison
[pɔ́izn]

n. 독

She put some poison into rice.
그녀는 밥에다 독을 넣었다.
- poisonous[pɔ́izənəs]   a. 유독한
After the accident, the coast was covered with poisonous chemicals.
그 사고 후, 해안은 유독한 화학 물질로 뒤덮였다.

vocabulary
[voukǽbjulèri]

n. 어휘

You have to know the basic vocabulary.
너는 기본 어휘를 알아야만 한다.

shortage
[ʃɔ́:rtidʒ]

n. 부족, 결핍

They had a great difficulty because of food shortage.
그들은 식량 부족 때문에 큰 어려움을 겪었다.

survive
[sərváiv]

v. 살아남다

Nobody survived in the accident.
그 사고에서 아무도 살아남지 못했다.
[survived–survived–surviving]

■ survival[sərváivəl]　n. 생존

The poor children had no chance of survival.
그 가엾은 아이들은 생존의 기회를 갖지 못했다.

escape
[iskéip]

v. 탈출하다, 달아나다

The two brothers escaped from the prison during the night.
그 두 형제는 밤중에 감옥에서 탈출하였다.
[escaped–escaped–escaping]

region
[rí:dʒən]

n. 지방, 지역

We can see this kind of plant only in the tropical region.
이 종류의 식물은 오직 열대 지방에서만 볼 수 있다.

peak
[pi:k]

n. 절정, 꼭대기, 봉우리,

She is now at the peak of her popularity.
그녀는 지금 인기의 절정에 있다.

gender
[dʒéndər]

n. 성별, 성(性)

The gender gap between boys and girls is being narrow.
소년과 소녀 간의 성별 격차가 작아지고 있다.

rug
[rʌg]

n. 융단, 깔개

They lied on their back on the rug.
그들은 융단 위에 누워 있었다.

equal
[í:kwəl]

a. 똑같은, 동등한　**v.** ~와 같다, 필적하다

One kilometer is equal to 1,000 meters.
1km는 1,000m이다.
Two and two equals four.
2 더하기 2는 4와 같다.
[equaled–equaled–equaling]

row
[rou]

n. 줄, 열(列)

The students are standing in a row.
학생들이 한 줄로 서 있다.

leak
[li:k]

v. 새어 나오다, 새다　**n.** 새는 곳, 누출

Dirty water leaked from the pipe.
파이프에서 더러운 물이 새어 나왔다.
There is a leak in the boat.
배에 물이 새는 곳이 있다.
[leaked–leaked–leaking]

scale
[skeil]

n. 저울, 규모

Could you please put the package on the scale?
소포를 저울에 올려놓으세요.

fierce
[fiərs]

a. 사나운, 흉포한

There lived a fierce tiger in the forest.
숲 속에 사나운 호랑이 한 마리가 살고 있었다.

reaction
[riækʃən]

n. 반응, 반작용

There was no reaction to the comedian's joke.
그 코미디언의 농담에 아무 반응이 없었다.

D·A·Y 64

razor
[réizər]

n. 면도기, 면도칼

My father bought me an electric razor for a birthday present.
우리 아버지께서는 내 생일 선물로 전기면도기를 사주셨다.

cruel
[krú:əl]

a. 잔인한

Sometimes children are very cruel to weak animals.
때때로 아이들은 약한 동물들에게 매우 잔인하게 군다.
■ cruelty[krú:əlti] n. 잔인, 잔인한 행동
She was shocked at the cruelty of the war.
그녀는 전쟁의 잔인함에 충격을 받았다.

loss
[lɔːs]

n. 손실, 손해, 실패

It is a great loss to lose this precious building. 이 귀중한 건물을 잃는 것은 큰 손실이다.

uncommon
[ʌnkámən]

a. 비범한, 희귀한 (syn. rare)

The boy has an uncommon talent for writing.
그 소년은 글쓰기에 대한 비범한 재능이 있다.

deposit
[dipázit]

n. 예금(액), 보증금   **v.** 예금하다, 두다

She has a lot of deposit in the bank.
그녀는 은행에 많은 예금이 있다.
She deposited 2,000 dollars in the bank.
그녀는 은행에 2000달러를 예금했다.
[deposited–deposited–depositing]

trash
[træʃ]

We saw a lot of trash here and there in the street.
우리는 거리 곳곳에서 많은 쓰레기를 보았다.

vegetarian
[vèdʒətɛ́əriən]

Everybody considers me a vegetarian.
모든 사람들이 나를 채식주의자로 생각한다.

explode
[iksplóud]

The gas may explode when it meets a flame.
그 가스는 불꽃을 만나면 폭발할 수 있다.
[exploded-exploded-exploding]

■ explosion[iksplóuʒən]   n. 폭발

There was a gas explosion accident in this area a few years ago.
몇 년 전 이 지역에서는 가스 폭발 사고가 있었다.

besides
[bisáidz]

Besides, he can't speak English.
게다가, 그는 영어를 하지 못한다.

vote
[vout]

Only 20% of people voted.
단지 20%의 사람들만이 투표를 했다
[voted-voted-voting]

arise
[əráiz]

Traffic accidents arise from careless driving.
교통사고는 부주의한 운전으로 발생한다.
[arose-arisen-arising]

carve
[kɑːrv]

v. 새기다, 조각하다

The bad students carved their names on the pillar of the temple.
그 못된 학생들은 자기들의 이름을 절 기둥에 새겼다.
[carved-carved-carving]

uneasy
[ʌníːzi]

a. 불안한, 염려스러운

Most students looked uneasy about the test results.
대부분의 학생들이 시험 결과에 대해 불안해 보였다.

ideal
[aidíːəl]

n. 이상

He felt pain between the ideal and the real.
그는 이상과 현실 사이에서 괴로워했다.

puddle
[pʌdl]

n. 웅덩이

There were a lot of puddles and little streams here and there after the heavy rain.
폭우가 내린 후 여기저기에 웅덩이와 개울이 생겼다.

yell
[jel]

v. 소리치다 (syn. shout)

Why are the students yelling so loudly?
학생들이 왜 저렇게 소리를 질러대고 있지?
[yelled-yelled-yelling]

swallow
[swálou]

v. 삼키다   n. 제비

Oh, my God! The baby has swallowed the coin!
맙소사! 아기가 동전을 삼켜 버렸어!
The greedy man broke the swallow's legs.
그 욕심쟁이 남자는 제비 다리를 부러뜨렸다.
[swallowed-swallowed-swallowing]

creature
[kríːtʃər]

Without water, all creatures on the Earth would disappear.
물이 없다면, 지구상의 모든 생물은 사라져 버릴 것이다.
■ create[kriéit]   v. 만들어내다, 창조하다
Hangul was created by King Sejong.
한글은 세종대왕에 의해 만들어졌다.

scratch
[skrætʃ]

The student was scratching his head without saying anything.
그 학생은 아무 말도 하지 않고 머리를 긁적였다.
[scratched-scratched-scratching]

physician
[fizíʃən]

The physician examined my stomach.
내과 의사가 내 위를 진단했다.

naked
[néikid]

The naked children were playing in the stream.
벌거숭이 아이들이 개울에서 놀고 있었다.

allow
[əláu]

My mother doesn't allow me to go out after nine in the evening.
어머니는 내가 저녁 아홉 시 이후에 외출하는 것을 허락하지 않으신다.
[allowed-allowed-allowing]
■ allowance[əláuəns]   n. 용돈, 수당
My mother gives me an allowance once a week.
어머니는 1주일에 한 번 용돈을 주신다.

conflict
[kánflikt]

n. 분쟁, 갈등

There is a serious conflict between the two party.   그 두 집단 사이에는 심각한 갈등이 있다.

personal
[pə́:rsənl]

a. 개인의, 사적인

You should be careful when you give out your personal information.

개인 정보를 제공할 때는 조심해야만 합니다.

■ person [pə́:rsn]   n. 사람, 개인

One person will be given one locker.

한 사람 당 1개의 사물함을 받을 것입니다.

rob
[rɑb]

v. 빼앗다, 훔치다

The bad boys robbed the old man of money.

그 못된 소년들은 노인에게서 돈을 빼앗았다.

[robbed–robbed–robbing]

■ robbery[rɑ́bəri]   n. 강도질

He was arrested for robbery.

그는 강도질을 해서 체포되었다.

translate
[trænsléit]

v. 번역하다, 해석하다

Could you translate his words into Korean?

그의 말을 한국어로 옮겨주실 수 있으신가요?

[translated–translated–translating]

■ translation[trænsléiʃən]   n. 번역

The translation of this book is well done.

이 책의 번역은 잘 되어 있다.

merely
[míərli]

ad. 단지, 다만 (syn. only)

You are merely a middle school student.

너는 단지 중학생일 뿐이야.

wage
[weidʒ]

n. 임금, 급료

His wage is about three million won a month.   그의 임금은 한 달에 약 300만원이다.

slide
[slaid]

v. 미끄러지다, 미끄러져 움직이다

We slided down the hill which was covered with snow.
우리는 눈 덮인 언덕을 미끄러져 내려갔다.
[slided-slided-sliding]

graveyard
[gréivjà:rd]

n. 묘지

The two boys went to the graveyard secretly at night.
그 두 소년은 밤에 몰래 묘지로 갔다.

bandage
[bǽndidʒ]

n. 붕대, 안대

The doctor wrapped his arm in a bandage.
의사는 그의 팔을 붕대로 감았다.

impact
[ímpækt]

n. 영향, 충돌, 충격

His parents' sudden death had a great impact on his paintings.
그의 부모의 갑작스런 죽음은 그의 그림에 큰 영향을 주었다.

superior
[səpíəriər]

a. 우수한, 뛰어난 (syn. excellent) (opp. inferior)

Korean food is superior to American food.
한국 음식이 미국 음식보다 우수하다.

inferior
[infíəriər]

a. 하급의, 열등한 (opp. superior)

This leather jacket is inferior to that one in quality
이 가죽 재킷은 저것에 비해 품질이 하급이다.

estimate
[éstəmèit]

v. 추정하다, 평가하다, 어림잡다

The doctor estimated that the cost will be more than ten million won.
의사는 비용이 1,000만 원 이상 될 것이라고 추정했다.
[estimated-estimated-estimating]

■ estimation[èstəméiʃən] n. 판단, 평가

In my estimation, the travel will take about two weeks.
내 판단으로는, 그 여행은 2주일 정도 걸릴 거야.

image
[ímidʒ]

n. 이미지, 인상

We can see a lot of images of tigers in traditional stories and paintings.
우리는 전래 농화와 그림에시 많온 호랑이이 이미지를 볼 수 있다.

thief
[θi:f]

n. 도둑

A brave middle school student caught the thief.
한 용감한 중학생이 도둑을 잡았다.

conference
[kánfərəns]

n. 회의, 협의

The conference starts at nine o'clock.
회의는 아홉 시에 시작한다.

jewelry
[dʒú:əlri]

n. 보석류

What did you buy at the jewelry store?
보석 가게에서 무엇을 샀니?

religion
[rilídʒən]

n. 종교

What is your religion?
당신의 종교는 무엇입니까?

■ religious[rilídʒəs]   a. 종교의, 종교적인

They sell religious books in the bookstore.
저 서점에서는 종교 서적을 판다.

roll
[roul]

v. 구르다, 뒹굴다   **n.** 한 통, 두루마리

The two children were rolling over and over on the floor.
두 명의 어린이들은 바닥 위를 구르고 또 굴렀다.

I'd like to buy two rolls of film.
나는 필름 두 통을 사고 싶습니다.

[rolled–rolled–rolling]

signal
[sígnəl]

n. 신호

Don't ignore the traffic signal!
교통 신호를 무시하지 마라!

classify
[klǽsəfài]

v. 분류하다

He classified the artworks into a few types.
그는 공예품들을 몇 개의 유형으로 나누었다.

[classified–classified–classifying]

bankrupt
[bǽŋkrʌpt]

a. 파산한

Many companies have gone bankrupt nowadays.
요즘 많은 회사들이 파산하고 있다.

■ bankruptcy[bǽŋkrʌptsi]   n. 파산

He did everything to prevent the bankruptcy of the company.
그는 그 회사의 파산을 막기 위해 모든 것을 했다.

abstract
[æbstrǽkt]

a. 추상(파)의, 추상적인

The art museum is displaying some abstract paintings.
미술관에서 추상화를 전시하고 있다.

liberate
[líbərèit]

v. 해방하다, 석방하다

Who liberated slaves?
누가 노예들을 해방시켰는가?
[liberated–liberated–liberating]

insult
[insʌ́lt]

v. 모욕하다

He insulted me in front of everybody!
그는 모든 사람들 앞에서 나를 모욕했어!

cliff
[klif]

n. 절벽, 낭떠러지

We saw a lighthouse on the cliff.
우리는 절벽 위에서 등대를 보았다.

unique
[juːníːk]

a. 독특한, 유일무이한

The educational system of this school is so unique that most students like it.
이 학교의 교육 체계는 매우 독특해서 대부분의 학생이 그것을 좋아한다.

consist
[kənsíst]

v. 이루어져 있다, ~에 있다

The English newspaper club consists of 25 students.
영어 신문 반은 25명의 학생들로 이루어져 있다.
[consisted–consisted–consisting]

□ **capture**
[kǽptʃər]

v. 붙잡다, 체포하다

The brave police officer chased the robber and captured him.
그 용감한 경찰관은 강도를 추적하여 붙잡았다.
[captured-captured-capturing]

□ **prosper**
[prɑ́spər]

v. 잘 되다, 번영하다

The IT business prospered a few years ago.
몇 년 전에는 IT 사업들이 잘 되었다.
[prospered-prospered-prospering]

□ **moral**
[mɔ́:rəl]

a. 도덕의, 윤리의

The moral education is necessary for teenagers.
10대들을 위한 도덕 교육이 필요하다.
■ morality[mərǽləti]　n. 도덕성, 도덕
The debate was about the morality of human cloning.
그 논쟁은 인간 복제의 도덕성에 대한 것이었다.

□ **client**
[klái ənt]

n. 의뢰인, 고객 (syn. customer)

The lawyer is supposed to meet a client at one o'clock.
그 변호사는 1시에 의뢰인과 만나기로 되어 있다.

□ **examine**
[igzǽmin]

v. 검사하다, 진찰하다, 시험하다

The doctor examined my stomach.
의사가 내 위를 검사했다.
[examined-examined-examining]
■ examination[igzæmənéiʃən]　n. 시험, 조사
The entrance examination of the school is very difficult.
그 학교의 입학시험은 매우 어렵다.

enable
[enéibl]

v. ~할 수 있게 하다, 가능하게 하다

Money enables one to do a lot of things.
돈은 많은 일들을 할 수 있게 한다.
[enabled–enabled–enabling]

abuse
[əbjúːz]

v. 남용하다, 오용하다, 학대하다　**n.** 학대, 남용, 욕설

The president abused his power.
그 대통령은 그의 권력을 남용했다.
Everybody was angry at the child abuse of the orphanage.
모든 사람들은 그 고아원의 아동 학대에 분노했다.
[abused–abused–abusing]

discomfort
[diskʌmfərt]

n. 불안, 불쾌

It caused me great discomfort.
그것은 내게 큰 불안을 일으켰다.

animation
[æ̀nəméiʃən]

n. 만화 영화, 생기, 활기

He was one of the most famous animation artists.
그는 가장 유명한 애니메이션 예술가 중 하나다.

noun
[naun]

n. 명사

Check all the nouns in the text.
본문에 있는 모든 명사들에 표시하세요.

influence
[ínfluəns]

n. 영향, 효과

The weather change have had a great influence on our life.
날씨의 변화는 우리 생활에 많은 영향을 미치고 있다.

arrange
[əréindʒ]

v. 배열하다, 정돈하다, 준비하다

The students are arranging desks for the test.
학생들이 시험을 위해 책상들을 배열하고 있다.
[arranged-arranged-arranging]
■ arrangement[əréindʒmənt]   n. 배열, 정돈, 준비
The arrangement of books in the library is necessary.
도서관의 책들을 배열하는 것이 필요하다.

asleep
[əslíːp]

a. 잠들어 (opp. awake)

Because the movie was too boring, I fell asleep.
영화가 너무 지루해서 나는 잠들어 버렸다.

violent
[váiələnt]

a. 폭력적인, 난폭한, 격렬한

Gangster movies are too violent for teenagers.
조폭 영화는 청소년들에게는 너무 폭력적이다.
■ violence[váiələns]   n. 폭력, 격렬함
The leader opposed violence bravely.
그 지도자는 폭력에 용감하게 맞섰다.

equator
[ikwéitər]

n. 적도

It is extremely hot around the equator.
적도 부근은 매우 덥다.

ecosystem
[éːkousìstəm]

n. 생태계

Today, we learned about the ecosystem of the sea.
오늘 우리는 바다의 생태계에 대해 배웠다.

saliva
[səláivə]

n. 침, 타액

Don't spit saliva.   침 뱉지 마라.

paste
[peist]

n. 풀, 반죽한 것   v. 풀로 붙이다

I put some paste on the stamp.
나는 풀을 우표에 발랐다.
She pasted a stamp on the envelope.
그녀는 우표를 편지 봉투 위에 풀로 붙였다.
[pasted-pasted-pasting]

tie
[tai]

v. 매다, 묶다   n. 넥타이, 끈

The child tied a big ribbon to the dog's tail.
그 어린아이는 개 꼬리에 커다란 리본을 매 놓았다.
You should wear a tie when you attend the ceremony.
기념식에 참가할 때는 넥타이를 매야 한다.
[tied-tied-tying]

refer
[rifə́:r]

v. 참고하다, 언급하다, 인용하다

He referred to the dictionary to understand the meaning.
그는 의미를 이해하기 위해 사전을 찾아보았다.
[referred-referred-referring]

frightened
[fráitnd]

a. 겁에 질린

The fire fighters found the frightened child in the basement.
소방관들은 지하실에서 겁에 질린 어린아이를 발견했다.
■ frighten[fráitn]   v. 겁먹게 하다
The man shook his fist to frighten the students.
그 남자는 학생들을 겁주려고 주먹을 흔들어 보였다.

fear
[fiər]

n. 두려움, 공포

The brave boy showed no fear in front of the giant.

그 용감한 소년은 거인 앞에서도 두려움을 보이지 않았다.

■fearful[fíərfəl]   a. 무시무시한, 무서운

The fearful darkness made me not go there.

무시무시한 어두움이 나를 그곳에 못 가게 했다.

fortunate
[fɔ́ːrtʃənət]

a. 운이 좋은, 행운의 (syn. lucky)

I was fortunate to meet the famous actor by chance.

저 유명한 영화배우를 만나다니 난 운이 좋았다.

■fortune[fɔ́ːrtʃən]   n. 재산, 부, 행운

She has a great fortune.

그녀는 막대한 재산을 갖고 있다.

rub
[rʌb]

v. 문지르다, 비비다

Because he rubbed his eyes too hard, they turned red.

그가 눈을 너무 세게 문질렀기 때문에, 눈이 빨갛게 되었다.

[rubbed-rubbed-rubbing]

edit
[édit]

v. 편집하다

I have to edit my journal by tomorrow.

나는 내일까지 일지를 편집해야 해.

[edited-edited-editing]

constant
[kánstənt]

a. 끊임없는, 불변의, 일정한

We heard the constant noise from outside.

우리는 밖에서 끊임없는 소음을 들었다.

■constantly[kánstəntli]   ad. 항상, 끊임없이

The student reads books constantly.

그 학생은 항상 책을 읽는다.

peninsula
[pənínsjulə]

n. 반도

Korean is spoken only in the Korean **Peninsula**.
한국어는 한반도에서만 사용된다.

approve
[əprú:v]

v. 승인하다, 찬성하다

He didn't **approve** my plan to invest money to the company.
그는 그 회사에 투자하자는 나의 계획을 승인하지 않았다.
[approved–approved–approving]

■ approval[əprú:vəl] n. 승인, 찬성

I visited my teacher to get **approval** to go out.
나는 외출을 하기 위한 허락을 받기 위해 선생님께 찾아갔다.

possible
[pásəbl]

a. 가능한, 있음직한 (opp. impossible)

Is it **possible** to swim across the river?
이 강을 가로질러 수영하는 것이 가능할까?

■ possibility [pàsəbíləti] n. 가능성 (syn. probability)

There is no **possibility** that he will love you.
그가 널 사랑할 가능성은 없다.

urgent
[ə́:rdʒənt]

a. 긴급한, 다급한

Nobody realized the **urgent** situation.
누구도 그 긴급한 상황을 깨닫지 못했다.

■ urgency[ə́:rdʒənsi] n. 절박, 긴급

I read the feeling of **urgency** in her eyes.
나는 그녀의 눈에서 절박한 감정을 읽을 수 있었다.

expert
[ékspə:rt]

n. 전문가

She is an **expert** on English education.
그녀는 영어 교육 전문가이다.

postpone
[poustpóun]

v. 연기하다 (syn. put off)

The school postponed the school excursion because of rain.

학교는 비 때문에 소풍을 연기했다.

[postponed—postponed—postponing]

term
[təːrm]

n. 학기, 기간

We are going to have a party on the last day of term.

우리는 학기 마지막 날에 파티를 하려고 한다.

province
[právins]

n. (한국의) 도(道), 지방

Most population lives in Seoul and around Gyeonggi Province.

대부분의 인구가 서울과 경기도 근교에서 거주한다.

souvenir
[sùːvəníər]

n. 기념품

What do you want to buy for souvenirs?

기념품으로 뭘 사고 싶니?

propose
[prəpóuz]

v. 제안하다 (syn. suggest), 청혼하다

He proposed going to movies after the mid-term exam.

그는 중간고사 끝나고 영화 보러 갈 것을 제안했다.

[proposed—proposed—proposing]

■ proposal[prəpóuzəl] n. 청혼, 제안

She refused his proposal.

그녀는 그의 청혼을 거절했다.

furthermore
[fə́:rðərmɔ̀:r]

ad. 게다가, 더군다나 (syn. moreover)

Furthermore, she helped her mother with house chores after school.
게다가, 그녀는 방과 후에 어머니의 집안일도 돕는다.

sigh
[sai]

v. 한숨 쉬다

The teacher sighed and turned his eyes away from me.
선생님께서는 한숨을 쉬더니 내게서 눈길을 돌리셨다.
[sighed-sighed-sighing]

vocation
[voukéiʃən]

n. 직업, 천직, 사명

If you had a vocation, it could be better.
네가 직업을 갖고 있다면, 더 나았을 텐데.

essential
[isénʃəl]

a. 필수적인, 가장 중요한, 본질적인

Water is essential to life.
물은 생명체에 필수적이다.
essence[ésns]   n. 본질, 정수
Tolerance is the essence of friendship.
인내는 우정의 본질이다.

freeze
[fri:z]

v. 얼음이 얼다, 매우 춥다

Water freezes at 0 degrees Centigrade.
물은 섭씨 0도에서 얼음으로 언다.
[froze-frozen-freezing]
frozen[fróuzn]   a. 냉동된, 얼어붙은
My father doesn't like frozen food.
우리 아버지께서는 냉동식품을 좋아하지 않으신다.

philosophy
[filásəfi]

n. 철학

Are you happy with your major, philosophy?
당신의 전공인 철학에 만족합니까?

■ philosopher[filásəfər]　n. 철학자, 현인

Her son grew up to be the greatest philosopher.
그녀의 아들은 자라서 가장 위대한 철학자가 되었다.

fairy
[fέəri]

n. 요정

The fairy was flying around the room and disappeared.
그 요정은 방 안을 날아다니다 사라져 버렸다.

efficient
[ifíʃənt]

a. 효율적인, 효과 있는 (syn. effective)

The teacher told the students about the efficient method of studying.
선생님은 학생들에게 효과적인 공부 방법에 대해 말해 주었다.

■ efficiently[ifíʃəntli]　ad. 효과적으로, 능률적으로

Most students don't know how to study efficiently.
대부분의 학생들은 어떻게 효과적으로 공부해야 하는지 모른다.

regular
[régjulər]

a. 규칙적인, 정기적인, 보통의 (opp. irregular)

Eating regular meals is good for health.
규칙적인 식사를 하는 것은 건강에 좋다.

■ regularly[régjulərli]　ad. 규칙적으로

You should exercise regularly to be healthy.
건강해지기 위해서는 규칙적으로 운동해야 한다.

foolish
[fú:liʃ]

a. 어리석은, 우둔한 (syn. stupid)

I was so foolish to believe his words.
나는 그의 말을 믿을 만큼 어리석었다.

■ fool[fu:l]　n. 바보, 멍청이

The student acted like a fool intentionally.
그 학생은 일부러 바보처럼 행동했다.

import
[impɔ́:rt]

v. 수입하다 (opp. export)

Korea has to import oil from other countries.
한국은 다른 나라에서 석유를 수입해야만 한다.

[imported–imported–importing]

fable
[féibl]

n. 우화

When I was a child, I liked to read Aesop's fables.
어린아이였을 때, 나는 이솝 우화를 읽기 좋아했다.

admire
[ædmáiər]

v. 존경하다, 감탄하다, 칭찬하다

I admire my father and love him very deeply.
나는 아버지를 존경하고, 깊이 사랑한다.

[admired–admired–admiring]

■ admiration[ædməréiʃən]　n. 찬양, 감탄

His efforts are worthy of the highest admiration.
그의 노력은 가장 높게 찬양될 가치가 있다.

except
[iksépt]

Everyone was prepared for the mid-term exam perfectly except me.

나를 제외하고는 모든 사람들이 완벽하게 중간고사를 준비했다.

■ exception[iksépʃən]   n. 예외, 제외

Every rule has its exception.

모든 규칙은 예외를 가지고 있다.

modify
[mádəfài]

The educational institute modified the entrance conditions.

그 학원은 입학 조건을 다소 변경했다.

[modified-modified-modifying]

■ modification[màdəfikéiʃən]   n. 변경, 수정

The modification of the entrance conditions did not make any changes.

입학 조건의 변경은 아무 변화도 일으키지 못했다.

honor
[ánər]

It's an honor to meet you.

당신을 만나다니 영광입니다.

■ honorable[ánərəbl]   a. 존경할 만한, 명예로운

The retired president is an honorable man.

은퇴한 그 대통령은 존경할 만한 분이다.

soak
[souk]

He soaked his donut into coffee and ate it.

그는 커피에 도넛을 적신 다음 먹었다.

[soaked-soaked-soaking]

☐ **nowadays**
[náuədèiz]

ad. 요즈음에는, 오늘날에는

Teenagers have been taller nowadays.
요즘은 십대들이 키가 더 커졌다.

☐ **charming**
[tʃá:rmiŋ]

a. 매력적인

She was so charming that every boy liked her.
그녀는 매우 매력적이어서 모든 남자아이들이 그녀를 좋아했다.

☐ **angle**
[ǽŋgl]

n. 각도, 각

You can measure an angle with this.
이것으로 각도를 잴 수 있습니다.

☐ **hydrogen**
[háidrədʒən]

n. 수소

Water is made up of hydrogen and oxygen.
물은 수소와 산소로 이루어저 있다.

☐ **offend**
[əfénd]

v. 기분 상하게 하다, 성나게 하다

You should be careful not to offend others.
다른 사람의 기분을 상하게 하지 않도록 주의해야만 한다.
[offended–offended–offending]

■ offense[əféns] n. 범죄, 위반, 위법 행위

It is a minor offense to shout and sing loudly at night.
밤에 크게 소리치고 노래 부르는 것은 경범죄이다.

☐ **landscape**
[lǽndskèip]

n. 경치, 풍경 (syn. scenery)

She took a picture of the beautiful landscape.
그녀는 그 아름다운 경치를 사진으로 찍었다.

historical
[histɔ́:rikəl]

a. 역사(상)의, 역사적인

Nowadays, historical TV dramas have been in fashion.
요즈음 역사 드라마가 유행이다.
- history[hístəri]　n. 역사

History is my favorite subject.
역사는 내가 가장 좋아하는 과목이다.

soil
[sɔil]

n. 흙, 토양

My father put black soil into the pot.
아버지는 화분에 검은 흙을 넣었다.

rude
[ru:d]

a. 무례한, 버릇없는 (syn. impolite)

The boy is rude to every teacher.
그 남자아이는 모든 선생님에게 무례하게 군다.
- rudeness[rú:dnis]　n. 무례함

I cannot bear his rudeness.
나는 그의 무례함을 참을 수 없다.

grain
[grein]

n. 낟알, 곡물

The man realized that there was not a grain of rice in the house.
그 남자는 집 안에 쌀 한 톨 없다는 것을 깨달았다.

imaginary
[imǽdʒənèri]

a. 상상의, 가공의

A dragon is an imaginary animal.
용은 상상의 동물이다.

sculpture
[skʌ́lptʃər]

n. 조각(물), 조각술

She made a lot of sculptures during her life time.
그녀는 생전에 많은 조각상들을 만들었다.

theory
[θíəri]

n. 이론, 학설

The scientist proved the theory of relativity first.
그 과학자는 상대성 이론을 최초로 증명했다.

evil
[íːvəl]

a. 사악한, 나쁜   **n.** 악

The country was ruled by an evil witch.
그 나라는 사악한 마녀에게 지배되고 있었다.
Where there is good, there is evil.
선한 것이 있는 곳에, 악도 있다.

mankind
[mæ̀nkáind]

n. 인류

The environmental pollution is a great threat to mankind.
환경오염은 인류에게는 큰 위협이다.

murder
[mə́ːrdər]

v. 살인하다

People were shocked that the man murdered so many people.
사람들은 그 사람이 그렇게 많은 사람들을 살인했다는 것에 충격을 받았다.
[murdered-murdered-murdering]

cotton
[kátn]

n. 면직물, 솜, 목화

This shirt is made of cotton.
이 셔츠는 면으로 만들어져 있다.

attribute
[ətríbjuːt]

v. ~의 덕분으로 하다, ~의 공으로 돌리다

He attributed his success to good luck.
그는 자신의 성공을 행운 덕분이라고 했다.
[attributed-attributed-attributing]

publish
[pʌ́bliʃ]

v. 출판하다, 발행하다, 발표하다

The book was published 100 years ago.
그 책은 100년 전에 출판되었다.
[published–published–publishing]

publication[pʌ̀bləkéiʃən]　n. 출판, 발행

I am expecting the publication of the book.
나는 그 책의 출판을 기대하고 있다.

reporter
[ripɔ́:rtər]

n. 기자

The reporter interviewed the president.
그 기자는 대통령과 인터뷰를 했다.

govern
[gʌ́vərn]

v. 다스리다, 통치하다

The king governed his people well.
왕은 자신의 백성들을 잘 다스렸다.
[governed–governed–governing]

original
[ərídʒənl]

a. 원래의, 최초의, 독창적인

Her original plan was to stay for a month.
그녀의 원래 계획은 한 달 동안 머무르는 것이었다.
■ origin [ɔ́:rədʒin]　n. 기원, 발단

I am interested in the origin of various words.
나는 다양한 단어들의 기원에 흥미가 있다.

independent
[ìndipéndənts]

a. (나라, 조직이) 독립한, 자치적인

Korea is an independent country.
한국은 독립 국가입니다.

peel
[pi:l]

v. 껍질을 벗기다

Can you peel me the orange?
오렌지 껍질 좀 벗겨 줄래?
[peeled–peeled–peeling]

representative
[rèprizéntətiv]

n. 대표자, 대리인　**a.** 대표적인, 대표의

She is the representative of the company.
그녀는 그 회사의 대표자이다.
What do you think of the Korean representative things?
한국의 대표적인 문물에 대해 어떻게 생각합니까?

entertain
[èntərtéin]

v. 즐겁게 하다, 접대하다

The teacher always entertains students by jokes.　그 선생님께서는 늘 농담으로 학생들을 즐겁게 해 주신다.
[entertained–entertained–entertaining]

■ entertainment[èntərtéinmənt]　n. 오락, 연예, 접대

You can enjoy entertainment on the first floor.　1층에서는 오락거리도 즐길 수 있습니다.

exclaim
[ikskléim]

v. 외치다

He exclaimed, "Are you crazy?"
그는 "너 미쳤니?" 라고 외쳤다.
[exclaimed–exclaimed–exclaiming]

vain
[vein]

a. 헛된, 무익한, 허영심 있는

She is depending on a vain hope.
그녀는 헛된 희망에 의지하고 있다.
■ vanity[vǽnəti]　n. 허영심, 자만심
Nothing can satisfy her vanity.
아무것도 그녀의 허영심을 만족시킬 수 없다.

liquid
[líkwid]

a. 액체의 (syn. solid)

I washed my face with liquid soap.
나는 액체 비누로 세수를 했다.

inhabit
[inhǽbit]

v. ~에 살다, 거주하다

A lot of hares and squirrels inhabit this forest.
많은 산토끼와 다람쥐들이 이 숲에 살고 있다.
[inhabited–inhabited–inhabiting]

■ inhabitant[inhǽbətənt] n. 주민, 거주자

The inhabitants of this village are usually over 65. 이 마을의 주민들은 대개 65세가 넘었다.

endure
[indʒúər]

v. 참다, 인내하다

She thought that she couldn't endure his impolite manners.
그녀는 그의 무례한 태도를 참을 수 없다고 생각했다.
[endured–endured–enduring]

■ endurance[indʒúərəns] n. 인내

Traditionally, Koreans have amazing endurance.
전통적으로, 한국인들은 놀라운 인내심을 갖고 있다.

partial
[pá:rʃəl]

a. 부분적인, 일부분의

A partial knowledge may be dangerous.
부분적인 지식은 위험할 수 있다.

■ part[pɑ:rt] n. 부분, 일부

It is much colder in the northern part of the building. 건물의 북쪽 부분은 훨씬 더 춥다.

instance
[ínstəns]

n. 사례, 보기

Here is an instance of his honesty.
여기 그의 정직함에 대한 한 사례가 있다.

■ for instance 예를 들어

For instance, apples and pears are fruit.
예를 들어, 사과와 배는 과일이다.

meadow
[médou]

n. 목초지, 초원

We saw sheep grazing in the meadow.
우리는 양떼들이 목초지에서 풀을 뜯는 것을 보았다.

grave
[greiv]

n. 무덤, 묘

He is digging his own grave.
그는 제 손으로 제 무덤을 파고 있어.

expressway
[ikspréswèi]

n. 고속도로

How far do we need to go to take the expressway?
고속도로를 타려면 얼마나 더 가야 합니까?

politician
[pàlətíʃən]

n. 정치가

The politician had been in public office for 40 years.
그 정치가는 40년 동안 공직에 있었다.

bind
[baind]

v. 묶다, 둘러 감다

He bound the pile of paper with a string.
그는 끈으로 종이 다발을 묶었다.
[bound–bound–binding]

burst
[bəːrst]

v. 폭발하다, 터지다

The news said that a huge bomb burst at the airport.
공항에서 거대한 폭탄이 터졌다고 뉴스에 나왔다.
[burst–burst–bursting]

indifferent
[indífərənt]

a. 무관심한, 냉담한

The teacher is always indifferent to her students and cares about herself.
그 선생님은 아이들에게 늘 무관심하고 자신에 대해서만 신경을 쓴다.

■ indifference[indífərəns]　n. 무관심

She was angry about her boy friend's indifference.
그녀는 남자친구의 무관심에 화가 났다.

childhood
[tʃáildhùd]

n. 어린 시절

The old pictures reminded me of my childhood.
옛날 사진들은 내게 어린 시절을 생각나게 했다.

novel
[návəl]

n. 소설 (syn. fiction)

The Japanese novels have been popular among youths.
젊은이들 사이에서 일본 소설이 인기 있다.

dig
[dig]

v. 파다, 파내다

I saw my dog dig a hole.
나는 개가 구멍을 파고 있는 것을 보았다.
[dug-dug-digging]

wool
[wul]

n. 양모, 모직물

You must not wash this sweater with water. It is made of wool.
이 스웨터는 물로 세탁하면 안 돼. 양모로 만들어졌거든.

process
[práses]

n. 과정, 진행

We were able to observe the process of TV drama production.
우리는 TV 드라마 제작 과정을 관찰할 수 있었다.

anniversary
[ǽnəvə́:rsəri]

n. 기념일, 기념제

We planned a party to celebrate our parents' wedding anniversary.
우리는 부모님의 결혼기념일을 축하해 드리기 위해 파티를 계획했다.

environment
[inváiərənmənt]

n. 환경

Shampoos are harmful to the environment.
샴푸는 환경에 해롭다.

■environmental[invàiərənméntl] a. 환경의

The politician is interested in the environmental problems.
그 정치가는 환경 문제에 관심이 있다.

actually
[ǽktʃuəli]

ad. 실제로 (syn. in fact)

Nobody knew what actually had happened to them.
그들에게 실제로 무슨 일이 일어났는지 아무도 알지 못했다.

dizzy
[dízi]

a. 현기증 나는, 어지러운

Lack of sleep may make you feel dizzy.
수면 부족은 현기증을 느끼게 할 수 있다.

originate
[ərídʒənèit]

v. 시작되다, 유래하다

The disease originated in Africa.
그 질병은 아프리카에서 시작되었다.
[originated-originated-originating]

shepherd
[ʃépərd]

n. 양치기

The shepherd raises about one hundred sheep.   그 양치기는 약 100마리의 양을 기른다.

announce
[ənáuns]

v. 발표하다, 알리다

The school announced the result of the entrance examination yesterday.
학교는 어제 입학시험 결과를 발표했다.
[announced–announced–announcing]

■ announcement[ənáunsmənt]   n. 발표, 공고

Listen to the announcement carefully.
그 발표를 주의 깊게 들어라.

bored
[bɔːrd]

a. 따분한, 지루한

He looked bored.   그는 매우 따분해 보였다.

■ boring[bɔ́ːriŋ]   a. 지루한, 지겨운

I had to have a boring time with him.
나는 그와 지루한 시간을 보내야만 했다.

instead
[instéd]

ad. 그 대신에

If you don't want to read that book, you can read this, instead.
네가 만약 그 책을 읽고 싶지 않다면, 그 대신에 이것을 읽을 수 있어.

■ instead of   ~대신에, ~하지 않고

A lot of youth watch TV or play computer games instead of studying.
많은 학생들이 공부는 하지 않고, TV를 보거나 컴퓨터 게임을 한다.

passive
[pǽsiv]

a. 소극적인, 수동적인

If you are too passive, you cannot make friends well.
너무 소극적이면, 친구들을 잘 사귈 수 없다.

priceless
[práislis]

a. 아주 귀중한, 값을 매길 수 없는

The documents are a priceless record about the Japanese invasion.
그 문서는 임진왜란에 대한 아주 귀중한 기록이다.

grasp
[græsp]

v. 붙잡다, 움켜잡다

She grasped me by the hand.
그녀는 내 손을 붙잡았다.
[grasped–grasped–grasping]

homesick
[hóumsìk]

a. 향수병의

The student had to come back to Korea because he felt homesick.
그 학생은 향수병에 걸려서 한국으로 돌아와야만 했다.

■ homesickness[hóumsìknis]　n. 향수병

She listened to the Korean popular songs to relieve homesickness.
그녀는 향수병을 달래기 위해 한국의 유행가를 들었다.

breeze
[briːz]

n. 산들바람, 미풍

The breeze was blowing soft.
산들바람이 부드럽게 불고 있었다.

conduct
[kándʌkt]

v. 수행하다, 처신하다　**n.** 품행, 행위, 수행

He was conducting an important experiment last night.
그는 어젯밤 중요한 실험을 수행하고 있었다.
The student's conduct at school was perfect.
그 학생의 학교에서의 품행은 완벽했다.
[conducted–conducted–conducting]

thankful
[θǽŋkfəl]

a. 감사하는, 고맙게 여기는

I'm very thankful to receive this reward.
이 상을 받게 된 것을 매우 감사하게 생각합니다.

☐ **honesty**
[ánisti]

n. 정직, 성실

The teacher was sure of his honesty.
그 선생님은 그의 정직을 확신하고 있었다.

honest[ánist] a. 정직한, 성실한

He is too honest that he can't deceive anybody.   그는 너무 정직해서 누구도 속일 수 없다.

☐ **mystery**
[místəri]

n. 신비, 수수께끼

The mystery of the Pyramid always draws people's attention.
피라미드의 신비는 언제나 사람들의 주목을 끈다.

☐ **staff**
[stæf]

n. 직원

The staffs are staying on the second floor.
직원들은 2층에 머무르고 있다.

☐ **choose**
[tʃuːz]

v. 고르다, 선택하다, 결정하다

The teacher helped me choose a good electronic dictionary.
선생님은 내가 좋은 전자 사전을 고르는 것을 도와 주셨다.
[chose-chosen-choosing]

■ choice[tʃɔis] n. 선택, 선택된 것

My parents respected my choice to go to the high school.
우리 부모님께서는 그 고등학교로 가기로 한 내 선택을 존중해 주셨다.

☐ **stripe**
[straip]

n. 줄무늬, 줄

My brother bought me a nice shirt with the red stripes.
형은 나에게 빨간 줄무늬가 있는 멋진 셔츠를 사주었다.

■ striped[straipt] a. 줄무늬가 있는

The girl was wearing a striped shirt.
그 여자아이는 줄무늬가 있는 셔츠를 입고 있었다.

consequently
[kánsəkwə̀ntli]

ad. 그 결과로서, 따라서

He didn't study at all. Consequently, he failed in the exam.
그는 공부를 전혀 하지 않았다. 그 결과로, 그는 시험에 불합격했다.

■ consequence[kánsəkwèns]   n. 결과 (syn. result)
Everybody was afraid of the consequence of it.   모든 사람들이 그것의 결과를 두려워했다.

passerby
[pǽsərbài]

n. 지나가는 사람, 통행인

There was no passerby on the street.
거리에는 지나가는 사람이 전혀 없었다.

hollow
[hálou]

a. 속이 빈, 움푹 들어간

There was a hollow tree in the garden.
그 정원에는 속이 텅 빈 나무가 있다.

maze
[meiz]

n. 미로, 미궁

Many thieves were kept in the maze of the Pyramid.
많은 도둑들이 피라미드의 미로에 갇혔다.

industrious
[indʌ́striəs]

a. 근면한, 부지런한 (syn. diligent)

The Korean workers are very industrious.
한국의 일꾼들은 매우 근면하다.

invade
[invéid]

v. 침략하다, 침입하다

Japan invaded Chosun in 1592.
1592년 일본은 조선을 침략했다.
[invaded-invaded-invading]

■ invasion[invéiʒən]   n. 침입, 침략
He protected Chosun against a Japanese invasion.   그는 일본의 침입으로부터 조선을 지켰다.

panic
[pǽnik]

n. 공포, 공황

The news of the accident caused a great panic among people.
그 사고 소식은 사람들 사이에 커다란 공포를 일으켰다.

dawn
[dɔːn]

n. 새벽, 여명

In summer dawn comes early.
여름에는 새벽이 일찍 온다.

disgusting
[disgʌ́stiŋ]

a. 역겨운, 메스꺼운

The liquid in the bottle smells disgusting.
병 속에 든 액체에서 역겨운 냄새가 난다.

nausea
[nɔ́ːziə]

n. 메스꺼움, 욕지기

I felt nausea when I smelled it.
그 냄새를 맡았을 때 나는 메스꺼움을 느꼈다.

shape
[ʃeip]

n. 모양, 형태 (syn. figure)

The mirror has a round shape.
그 거울은 둥근 모양을 하고 있다.

■in good shape 몸매가 좋은, 몸 상태가 좋은

She works out every day to be in good shape.
그녀는 몸매가 좋아지기 위해 매일 운동을 한다.

attempt
[ətémpt]

v. 시도하다 (syn. try)

We attempted to solve the difficult math problem.
우리는 그 어려운 수학 문제를 풀어보려고 했다.
[attempted–attempted–attempting]

lean
[li:n]

v. 기대다

The student leaned against the wall.
그 학생은 벽에 몸을 기댔다.
[leaned-leaned-leaning]

brilliant
[bríljənt]

a. 빛나는, 눈부신, 훌륭한

The wooden box was full of brilliant diamonds.
그 나무 상자는 빛나는 보석들로 가득 차 있었다.

cave
[keiv]

n. 동굴, 굴

The fifteen boys decided to stay in the cave.
열다섯 명의 소년들은 동굴 안에서 머물기로 결정했다.

stimulate
[stímjulèit]

v. 자극하다

You should be careful not to stimulate him.
그를 자극하지 않도록 조심해야만 해.
[stimulated-stimulated-stimulating]

diameter
[daiǽmətər]

n. 지름, 직경

How can we measure the diameter of the Earth?
지구의 지름은 어떻게 잴 수 있을까?

compulsory
[kəmpʌ́lsəri]

a. 필수의, 의무의, 강제적인

English is a compulsory subject to get into college.
영어는 대학에 가기 위한 필수 과목이다.

oath
[ouθ]

n. 선서, 서약, 맹세

First, we will take an oath.
우선, 우리는 선서를 할 것입니다.

involve
[inválv]

v. 말려들게 하다, 포함하다, 관계시키다

Don't **involve** me in your quarrels.
나를 너희 싸움에 말려들게 하지 마.
[involved–involved–involving]

completely
[kəmplí:tli]

ad. 완전히

After the scandal, the singer was **completely** forgotten among people.
그 스캔들 이후, 그 가수는 사람들 사이에서 완전히 잊혀졌다.

lucky
[lʌ́ki]

a. 운이 좋은, 행운의 (syn. fortunate)

I am very **lucky** to take a trip to Japan with you.
너와 함께 일본 여행을 하다니 나는 운이 정말 좋아.
■luck[lʌk] n. 행운, 운
Good **luck** to you! 행운을 빌어!

selfish
[sélfiʃ]

a. 이기적인, 자기 본위의

He always says, "People have become too **selfish** nowadays."
그는 언제나"사람들이 요즘 너무 이기적이야."라고 말한다.

research
[rísə́:rtʃ]

n. 연구, 조사

According to the **research**, a lot of students are suffering from lack of sleep.
연구에 따르면, 많은 학생들이 수면 부족에 시달리고 있다.

curse
[kə:rs]

n. 저주, 악담

Everybody was afraid of the **curse** of the Pharaoh.
모든 사람들은 파라오의 저주를 두려워했다.

D·A·Y 70

symbolize
[símbəlàiz]

v. 상징하다

In Korea, China, and Japan, the number '4' symbolizes death and disaster.

한국, 중국, 일본에서는 숫자 '4' 는 죽음과 재난을 상징한다.

[symbolized–symbolized–symbolizing]

---

calculator
[kǽlkjulèitər]

n. 계산기

You can solve the math problem very easily with this calculator.

이 계산기로 수학 문제를 매우 쉽게 풀 수 있다.

---

strict
[strikt]

a. 엄격한, 꼼꼼한

The teachers are usually kind to students, but sometimes they are very strict.

선생님들은 대개는 학생들에게 친절하지만, 가끔은 매우 엄격하다.

---

gasp
[gæsp]

v. 헐떡대다, 숨이 막히다

He was sitting on the ground, gasping.

그는 숨을 헐떡대며 땅바닥에 앉아 있었다.

[gasped–gasped–gasping]

---

mechanic
[məkǽnik]

n. 정비사, 수리공

The mechanic examined the engine of the car. 정비사는 차의 엔진을 점검했다.

■mechanical[məkǽnikəl] a. 기계적인, 기계의

There have been some mechanical problems in the ship. 배에 기계적인 문제가 좀 있다.

□ **collide**
[kəláid]

v. 충돌하다, 부딪치다

The two boys collided hard and one of them got wounded.
그 두 남자 아이는 심하게 부딪쳐서, 그 중 한 명이 다쳤다.
[collided-collided-colliding]

■collision[kəlíʒən] n. 충돌

Her car was destroyed completely in a collision.
충돌 사고로 그녀의 차는 완전히 부서졌다.

□ **tribe**
[traib]

n. 종족, 부족

There are a lot of different tribes in Africa.
아프리카에는 많은 다른 종족들이 있다.

□ **assign**
[əsáin]

v. 할당하다, 임명하다, 지정하다

One of my friends assigned the best seats for us.
친구 중 하나가 우리를 위해 가장 좋은 좌석을 할당해 주었다.
[assigned-assigned-assigning]

■assignment[əsáinmənt] n. 숙제, 할당, 임명

The history teacher always gives us a lot of assignments.
역사 선생님께서는 우리에게 언제나 많은 숙제를 내주신다.

□ **abundant**
[əbʌ́ndənt]

a. 풍부한, 많은

The world's most abundant food source is a kind of shrimp, krill.
세계의 가장 풍부한 식량원은 새우의 일종인 크릴이다.

□ **gravity**
[grǽvəti]

n. 중력

Newton thought of the law of gravity.
뉴턴은 중력의 법칙을 생각해냈다.

□ **ditch**
[ditʃ]

n. 도랑, 수로

My dog fell into a ditch. 개가 도랑에 빠지고 말았다.

rank
[ræŋk]

v. 정렬시키다, 분류하다, 등급을 매기다 **n.** 등급, 계급

The teacher ranked the students according to their heights.
선생님은 학생들을 키에 따라 정렬시켰다.
His English ability was in the first rank.
그의 영어 실력은 1등급이다.
[ranked-ranked-ranking]

threat
[θret]

n. 위협, 협박

Humans are a threat to sharks all over the world.　인간들은 전 세계에서 상어에게 위협이 되고 있다.
[threatened-threatened-threatening]

■ threaten[θrétn] **v.** 위협하다
The bully threatened me to take all the money out.
그 깡패는 나한테 돈을 모두 내놓으라고 위협했다.

ethical
[éθikəl]

a. 윤리적인, 도덕상의

Human cloning may cause a lot of ethical problems.
인간 복제는 많은 윤리적 문제를 일으킬지도 모른다.
■ ethics[éθiks] **n.** 윤리학, 윤리
What is the role of ethics in the modern society?　현대 사회에서 윤리학의 역할은 무엇일까?

weaken
[wíːkən]

v. 약화시키다

Playing computer games too much will weaken your muscles.
컴퓨터 게임을 너무 많이 하는 것은 네 근육을 약화시킬 것이다.
[weakened-weakened-weakening]

■ weak[wiːk] **a.** 약한
As I am weak, I am always anxious about my health.
나는 몸이 약해서, 내 건강에 대해서 항상 걱정을 한다.

stomach
[stʌmək]

n. 배, 복부, 위

After drinking the water in the bottle, I suffered from a stomach trouble.

병 안에 든 물을 마신 후, 나는 배탈로 고생했다.

astronaut
[ǽstrənɔ̀:t]

n. 우주비행사

One of them will be selected as the first Korean astronaut.

그들 중 한 명이 최초의 한국인 우주비행사로 선택될 것이다.

■ astronomy[əstránəmi] n. 천문학

She wants to major in astronomy in college.

그녀는 대학에서 천문학을 전공하고 싶어한다.

anthem
[ǽnθəm]

n. 축가, 찬송가

We sang the national anthem at the beginning of the ceremony.

우리는 기념식이 시작될 때 애국가를 불렀다.

cast
[kæst]

v. 던지다 (syn. throw), 역을 배정하다

The tree cast a long shadow into my room.

나무는 내 방으로 긴 그림자를 던졌다.

[cast-cast-casting]

barren
[bǽrən]

a. 메마른, 불모의

After most people left, the land became barren.

대부분의 사람들이 떠난 후, 땅은 메마르게 되었다.

species
[spí:ʃi:z]

n. 종(種)

Recently, many species of animals have been disappearing.

최근에 많은 종의 동물들이 사라지고 있다.

snap
[snæp]

v. 스냅 사진을 찍다, 잡아채다

The teacher likes to snap pictures of her students.
그 선생님은 학생들의 사진을 찍는 것을 좋아한다.
[snapped-snapped-snapping]

consume
[kənsúːm]

v. 소비하다, 낭비하다 (syn. waste)

We are consuming too much paper every day.
우리는 매일 너무 많은 종이를 쓰고 있다.
[consumed-consumed-consuming]

■ consumption [kənsʌ́mpʃən] n. 소비, 소비량

In summer, the consumption of electricity increases a lot.
여름에는 전기의 소비가 많이 증가한다.

neat
[niːt]

a. 단정한, 산뜻한, 솜씨 좋은

She always looks neat and clean.
그녀는 언제나 단정하고 깔끔해 보인다.

benefit
[bénəfìt]

n. 이득, 이익, 자선공연

We received a lot of benefit from his teaching. 우리는 그의 가르침에서 많은 이득을 얻었다.

professor
[prəfésər]

n. 교수

The professor recommended the book.
교수님께서 그 책을 추천해주셨다.

bleed
[bliːd]

v. 피가 나다, 출혈하다

My sister bleeds at the nose every morning.
내 여동생은 아침마다 코피가 난다.
[bled-bled-bleeding]

■ blood[blʌd] n. 피
She may die because she lost a lot of blood.
피를 너무 많이 흘려서 그녀는 죽을 지도 모른다.

sniff
[snif]

v. 냄새 맡다, 코를 킁킁거리다

The dog started sniffing around as soon as it entered my house.

그 개는 내 집에 들어오자마자 냄새를 맡으며 돌아다니기 시작했다.

[sniffed–sniffed–sniffing]

bullet
[búlit]

n. 총탄, 탄환

As soon as he got out of the car, he was hit by a bullet.

그가 차에서 내리자마자, 그는 총탄에 맞았다.

contest
[kántest]

n. 대회, 경쟁, 논쟁

I am going to take part in the English speech contest.

나는 영어 말하기 대회에 참가하려고 해.

career
[kəríər]

n. 경력, 직업

She began her career as a teacher at a small middle school.

그녀는 조그마한 중학교에서 교사로서의 경력을 시작했다.

drag
[dræg]

v. 질질 끌고 가다, 끌다

I had to drag my little brother to home.

나는 어린 동생을 질질 끌고서 집에 와야만 했다.

[dragged–dragged–dragging]

rhythm
[ríðm]

n. 리듬, 율동

We danced to the cheerful rhythm.

우리는 흥겨운 리듬에 맞춰 춤을 추었다.

appeal
[əpíːl]

v. 간청하다, 애원하다, 호소하다

They appealed to him for forgiveness, but he wouldn't listen.

그들은 그에게 용서를 빌었지만, 그는 들으려 하지 않았다.

[appealed-appealed-appealing]

symptom
[símptəm]

n. 증상, 징후, 전조

One of the most common symptoms of the disease is high fever.

그 병의 가장 흔한 증상 중 하나는 높은 열이다.

apologize
[əpálədʒàiz]

v. 사과하다

You have to apologize to her for your impolite behavior.

네 무례한 행동에 대해 넌 그 여자에게 사과해야만 해.

[apologized-apologized-apologizing]

ordinary
[ɔ́ːrdənèri]

a. 보통의, 평범한

She writes stories about ordinary people.

그녀는 보통 사람들에 대한 이야기를 쓴다.

primary
[práimèri]

a. 첫째의, 제1위의

To most high school students, it is the primary goal to get into a good college.

대부분의 고등학생들에게는 좋은 대학에 들어가는 것이 첫째의 목표이다.

flash
[flæʃ]

n. 번쩍임, 섬광

The child was scared at the flash of lightning.

그 어린아이는 번개의 번쩍임에 깜짝 놀랐다.

risk
[risk]

n. 위험, 모험

There is a risk of hurting yourself while climbing the mountain.

그 산을 오르는 동안 다칠 위험이 있다.

expedition
[èkspədíʃən]

n. 원정, 여행

He went on an expedition to the South Pole.

그는 남극을 향해 원정을 떠났다.

inspire
[inspáiər]

v. 영감을 주다, 격려하다

The great success of the movie inspired a lot of youths.

그 영화의 큰 성공이 많은 젊은이들에게 영감을 주었다.

[inspired–inspired–inspiring]

membership
[mémbərʃìp]

n. 회원, 회원 자격

I forgot to bring my membership card.

나는 회원 카드를 갖고 오는 걸 잊어버렸다.

tomb
[tuːm]

n. 무덤, 묘

The pyramids are thought to be tombs of the Egyptian kings.

피라미드는 이집트 왕들의 무덤으로 추정된다.

grab
[græb]

v. 꽉 잡다, 움켜잡다

The boy grabbed the girl by the hand.
소년은 소녀의 손을 꽉 잡았다.
[grabbed–grabbed–grabbing]

character
[kǽriktər]

n. 성격, 특성, 등장인물

In old days, people believed that the shape of body could show one's character.
옛날에 사람들은 몸의 형태가 사람의 성격을 보여준다고 믿었다.

frank
[fræŋk]

a. 솔직한, 숨김없는

The teacher is not frank with me about the problem.
선생님은 그 문제에 대해 내게 전혀 솔직하지 않다.

■ frankly[frǽŋkli] ad. 솔직하게

Frankly speaking, I don't like the homeroom teacher.
솔직히 말하면, 나는 담임선생님을 좋아하지 않아.

commercial
[kəmə́ːrʃəl]

a. 상업의, 상업적인   **n.** 광고(상업) 방송

There are a lot of tall buildings in the commercial area.
상업 지역에는 높은 건물들이 많이 있다.
I am sick and tired of a lot of commercials.
나는 너무 많은 광고 방송에 진절머리가 난다.

scarcely
[skέərsli]

ad. 거의 ~않다 (syn. hardly)

Since September, he scarcely comes to school.
9월 이후에 그는 학교에 거의 오지 않는다.

revenge
[rivéndʒ]

n. 복수

The boys wanted to take revenge on the bully.

소년들은 그 깡패에게 복수하길 원했다.

lottery
[látəri]

n. 복권 뽑기, 제비 뽑기

The poor man won in the lottery and became rich.

그 가난한 남자는 복권에 당첨되었고, 부자가 되었다.

disturb
[distə́:rb]

v. 방해하다, (마음을) 어지럽히다

Turn off your cell phone not to disturb others.

다른 사람을 방해하지 않도록 휴대폰을 끄세요.

[disturbed–disturbed–disturbing]

■ disturbance[distə́:rbəns] n. 소동, 소란, 방해

The wicked boy made a disturbance intentionally.

그 사악한 남자아이는 일부러 소동을 일으켰다.

annoy
[ənɔ́i]

v. 화나게 하다, 성가시게 굴다

I believe that the teacher is annoying me intentionally.

나는 선생님이 일부러 나를 화나게 하고 있다고 믿는다.

[annoyed–annoyed–annoying]

■ annoyance[ənɔ́iəns] n. 성가심, 불쾌감

To my annoyance, my mother is always nagging me.

성가시게도, 우리 어머니는 언제나 내게 잔소리만 하신다.

pattern
[pǽtərn]

n. 무늬, 양식, 패턴

I like the wallpaper patterns of this room.

나는 이 방의 벽지 무늬가 마음에 든다.

geometry
[dʒiːámətri]

n. 기하학

I am not good at geometry.
나는 기하학을 잘 하지 못한다.

hostile
[hástl]

a. 적대하는, 적의가 있는

She has some hostile feeling toward the homeroom teacher.
그녀는 담임선생님에 대해 적대하는 감정을 갖고 있다.

■ hostility[hastíləti]　n. 적의, 적개심

The man showed hostility toward the police officers.
그 남자는 경찰들을 향해 적의를 드러냈다.

durable
[djúərəbl]

a. 오래 견디는, 튼튼한

The jeans were very popular among workers because they were durable.
청바지는 내구력이 있었기 때문에 일꾼들 사이에서 매우 인기가 있었다.

dye
[dai]

v. 염색하다

A lot of students dyed their hair during the winter vacation.
많은 학생들이 겨울 방학 동안 머리를 염색했다.
[dyed-dyed-dying]

issue
[íʃuː]

n. 논쟁점, 논쟁, 발행물

We'll talk about the issue today.
우리는 오늘 그 논쟁점에 대해 이야기할 것입니다.

nightmare
[náitmɛ̀ər]

n. 악몽

It's a nightmare! I've got the worst score in the math test!
악몽이야! 수학에서 최악의 성적을 받았어!

interrupt
[ìntərʌ́pt]

v. 가로막다, 저지하다, 중단하다

It's impolite to interrupt others when they are talking.

다른 사람이 말하고 있는데 가로막는 것은 예의에 어긋나는 일이다.

[interrupted-interrupted-interrupting]

urban
[ə́:rbən]

a. 도시의 (opp. rural)

She was tired of urban life.

그녀는 도시 생활에 싫증이 났다.

roar
[rɔ:r]

v. 으르렁거리다, 고함치다, 울부짖다

When the hunter approached the wolf, it started to roar.

사냥꾼이 늑대에게 다가갔을 때 그 늑대는 으르렁거리기 시작했다.

[roared-roared-roaring]

worsen
[wə́:rsn]

v. 악화시키다

Too much exercise worsened his disease.

너무 많은 운동이 그의 병을 악화시켰다.

[worsened-worsened-worsening]

metal
[métl]

n. 금속

The window frames are made of metal.

그 창틀은 금속으로 만들어졌다.

rumor
[rú:mər]

n. 소문, 유언비어

There is a rumor that the singer will marry a lawyer next year.

내년에 그 가수가 어떤 변호사와 결혼할 것이라는 소문이 있다.

sink
[siŋk]

v. 가라앉다, 침몰하다　**n.** 싱크대, 개수대

The ship started to sink rapidly.
배는 빠르게 가라앉기 시작했다.
Why don't you put bowls and plates in the sink?　그릇과 접시를 싱크대에 넣자.
[sank-sunk-sinking]

weigh
[wei]

v. 무게가 ~나가다, 무게를 재다

How much do you weigh?
당신은 몸무게가 얼마나 나갑니까?
[weighed-weighed-weighing]
■ weight[weit]　n. 체중, 무게
I've gained a lot of weight since September.
9월 이후에 몸무게가 많이 늘었어.

insert
[insə́:rt]

v. 끼워 넣다, 삽입하다

Insert a 500 won coin into the slot.
투입구에 500원짜리 동전을 넣어라.
[inserted-inserted-inserting]

refresh
[rifréʃ]

v. 상쾌하게 하다, 기운 나게 하다

The cool wind refreshed all of us.
시원한 바람이 우리 모두를 상쾌하게 했다.
[refreshed-refreshed-refreshing]
■ refreshment[rifréʃmənt]
n. 가벼운 음식물, 다과, 원기 회복
Let's take some refreshments before leaving.
떠나기 전에 뭐 간단한 것 좀 먹자.

voyage
[vɔ́iidʒ]

n. 항해

We started our voyage to America.
우리는 미국으로 가는 항해를 시작했다.

psychology
[saikáledʒi]

n. 심리학

My mother majored in psychology in college.
우리 어머니께서는 대학에서 심리학을 전공하셨다.

■ psychologist[saikáledʒist] n. 심리학자

The psychologist advised her parents not to scold her too harshly.
그 심리학자는 그녀의 부모에게 그녀를 너무 가혹하게 꾸짖지 말라고 충고했다.

victim
[víktim]

n. 희생자, 희생

The first victims of the war were children.
전쟁의 첫 번째 희생자는 어린아이들이었다.

admit
[ædmít]

v. 인정하다, 들어오게 하다, 수용하다

She admitted that she had been too rude to her parents.
그녀는 그녀의 부모님에게 너무 무례했었다는 것을 인정했다.
[admitted-admitted-admitting]

■ admission[ædmíʃən]
n. 입장(입학/입국) 허가, 입장료

There is no charge for admission.
입장 요금이 없습니다.

utilize
[júːtəlaiz]

v. 이용하다 (syn. use)

You can utilize various studying materials to study English.
당신은 영어를 공부하기 위해 다양한 학습 자료를 이용할 수 있습니다.
[utilized-utilized-utilizing]

exaggerate
[igzǽdʒərèit]

v. 과장하다

The girl is always exaggerating everything about her boy friend.
저 여자애는 언제나 자기 남자 친구에 대한 모든 걸 과장해서 말해.
[exaggerated-exaggerated-exaggerating]

■ exaggeration[igzǽdʒəréiʃən]   n. 과장

It was not an exaggeration to say that he was in great danger.
그가 큰 위험에 빠져 있다는 것은 과장이 아니었다.

resist
[rizíst]

v. 저항하다

They resisted the Japanese soldiers bravely.
그들은 용감하게 일본 군인들에게 저항했다.
[resisted-resisted-resisting]

■ resistance[rizístəns]   n. 저항, 반대

The policy met with the resistance of students.
그 정책은 학생들의 저항에 부딪쳤다.

vomit
[vámit]

v. 토하다

I feel like vomiting.   토할 것 같다.
[vomited-vomited-vomiting]

suicide
[súːəsàid]

n. 자살

She committed suicide after her movie failed.   영화가 실패한 후 그녀는 자살하고 말았다.

emphasize
[émfəsàiz]

v. 강조하다, 역설하다

The teacher always emphasizes the importance of review.
그 선생님께서는 언제나 복습의 중요성을 강조하신다.
[emphasized-emphasized-emphasizing]

☐ **piety**
[páiəti]

n. 신앙심, 경건

The priest praised her piety.
신부는 그녀의 신앙심을 칭찬했다.

☐ **contrary**
[kántreri]

a. 어긋나는, 반대의, 적합지 않은

I did nothing contrary to the law.
저는 법에 어긋나는 짓은 하지 않았습니다.
■ on the contrary 그와는 반대로
On the contrary, he failed in the exam.
그와는 반대로, 그는 시험에서 실패했다.

☐ **content**
[kántent]

n. 내용, 내용물, 목차　**a.** 만족하는

Most people don't like the content of the TV drama.
대부분의 사람들은 그 TV 드라마의 내용을 좋아하지 않는다.
I am content with my school life.
나는 학교생활에 만족하고 있다.

☐ **private**
[práivət]

a. 사립의, 개인의, 사적인

There are two private high schools and one public high school near here.
이 근처에는 2개의 사립 고등학교와 1개의 공립 고등학교가 있다.
■ privacy[práivəsi] n. 사생활, 프라이버시
I want you to respect my privacy.
나는 네가 내 사생활을 존중해주길 바래.

☐ **reserve**
[rizə́:rv]

v. 예약하다

I've reserved a table for 4 people at the restaurant.
나는 그 레스토랑에 4인용 테이블을 예약해 두었어.
[reserved-reserved-reserving]

cherish
[tʃériʃ]

v. 귀여워하다, 소중히 하다

My grandparents cherish me very much.
우리 조부모님께서는 나를 무척 귀여워하신다.
[cherished–cherished–cherishing]

miserable
[mízərəbl]

a. 불쌍한, 비참한

The homeless around the station look very miserable.
역 근처의 노숙자들은 매우 불쌍해 보인다.

salary
[sǽləri]

n. 봉급, 급료 (syn. pay)

She decided to work for the company for a good salary.
그녀는 많은 봉급 때문에 그 회사에서 일하기로 결심했다.

authority
[əθɔ́:rəti]

n. 권위, 권힌

Parents have authority over their children.
부모들은 자신의 아이들에 대해 권위를 가지고 있다.

superstition
[sù:pərstíʃən]

n. 미신

According to superstition, we can know one's fortune through palm reading.
미신에 따르면, 우리는 손금을 보고 사람의 운수를 알 수 있다.

arrow
[ǽrou]

n. 화살

Time flies like an arrow.
시간이 화살처럼 지나간다.

oxygen [ɑ́ksidʒən]	**n.** 산소 We need oxygen to breathe. 우리는 숨을 쉬기 위해 산소가 필요하다.
abrupt [əbrʌ́pt]	**a.** 갑작스러운, 뜻밖의 (syn. sudden) She was embarrassed at the abrupt question. 그녀는 갑작스러운 질문에 당황했다.
technology [teknɑ́lədʒi]	**n.** 과학 기술 Young people depend on modern technology too much. 젊은 사람들은 현대 과학 기술에 너무 많이 의존한다.
utilize [júːtəlàiz]	**v.** 이용하다 (syn. use) You can utilize various studying materials to study English. 당신은 영어를 공부하기 위해 다양한 학습 자료를 이용할 수 있습니다. [utilized–utilized–utilizing]
departure [dipɑ́ːrtʃər]	**n.** 출발 (opp. arrival) You should check your departure time not to miss the train. 기차를 놓치지 않으려면 출발 시간을 체크해 두어야 한다.
mix [miks]	**v.** 섞다, 혼합하다 If you mix yellow and blue, you will get green. 노랑과 파랑을 섞으면, 녹색을 얻을 수 있다. [mixed–mixed–mixing]

☐ **ceremony**
[sérəmòuni]

n. 의식, 기념식

Some students didn't attend the graduation ceremony.　일부 학생들은 졸업식에 참석하지 않았다.

☐ **genius**
[dʒíːnjəs]

n. 천재, 천재성

Mozart was a musical genius.
모차르트는 음악의 천재였다.

☐ **telescope**
[téləskòup]

n. 망원경

We could see the craters of the Moon through the telescope.
우리는 망원경을 통해 달의 크레이터들을 볼 수 있었다.

☐ **gloomy**
[glúːmi]

a. 우울한, 어두운, 음침한

The student has looked gloomy since Monday.　그 학생은 월요일부터 줄곧 우울해 보인다.

☐ **substance**
[sʌ́bstəns]

n. 물질, 재료 (syn. material)

This substance is very poisonous.
이 물질은 매우 유독하다.

☐ **sympathy**
[símpəθi]

n. 동정심, 공감, 동감

I feel sympathy for those who lost their children.
나는 자식을 잃은 사람들에게 동정심을 느낀다.

■sympathetic[sìmpəθétik]　a. 동정심 있는, 인정 있는

The teacher is very sympathetic for students who have no parents.
그 선생님은 부모님이 없는 학생들에게 동정심을 갖고 있다.

grind
[graind]

v. 갈다, 연마하다

While my mother prepares breakfast, I grind coffee.

어머니가 아침을 준비하는 동안 나는 커피를 간다.

[grinded/ground-grinded/ground-grinding]

Pacific
[pəsífik]

a. 태평양의

California is one of the Pacific states.

캘리포니아는 태평양에 면한 주들 가운데 하나이다.

■ the Pacific / the Pacific Ocean   태평양

We can see the North Pacific from this seashore.   우리는 이 해안에서 북태평양을 볼 수 있다.

submarine
[sʌbməríːn]

n. 잠수함

A submarine sails under the water.

잠수함은 물 밑으로 항해한다.

select
[silékt]

v. 선택하다, 뽑다 (syn. choose)

You can select two from 31 types of ice creams.

31가지 종류의 아이스크림 중에서 2개를 고를 수 있다.

[selected-selected-selecting]

■ selection[silékʃən]   n. 선택된 것, 선발, 선택

The selection of his paintings is exhibited at the art museum.

그의 그림들 중 선택된 것이 미술관에 전시되어 있다.

wave
[weiv]

n. 파도, 물결   **v.** (손을) 흔들다

A huge wave is coming close to us!

거대한 파도가 우리에게 다가오고 있어!

They waved their hands toward us to greet.

그들은 인사하기 위해 우리를 향해 손을 흔들었다.

[waved-waved-waving]

compete
[kəmpíːt]

v. 경쟁하다, 맞서다

They compete**d** with the world famous players, and finally won the victory.
그들은 세계적인 선수들과 경쟁해서 마침내 우승했다.
[competed–competed–competing]

■ competition[kὰmpətíʃən]　n. 경쟁, 경쟁시험

An athlete's goal is to win the first prize in a competition.
운동선수의 목표는 경쟁에서 1등을 하는 것이다.

agency
[éidʒənsi]

n. 대리점, 대행 회사

My sister is working for a travel agency.
우리 누나는 여행사에 다니고 있어.

concern
[kənsə́ːrn]

v. 걱정시키다, 관계가 있다　**n.** 관심, 걱정, 관계

My parents are always concern**ed** about my grade.
우리 부모님은 언제나 내 성적을 걱정하신다.
I have no concern about political issues.
나는 정치 문제에 관심이 없다.
[concerned–concerned–concerning]

device
[diváis]

n. 장치, 고안품

This is a device to stop waste of tap water.
이것은 수돗물의 낭비를 막는 장치입니다.

occupation
[ὰkjupéiʃən]

n. 직업 (syn. job)

What is your father's occupation?
아버지의 직업은 무엇입니까?

phenomenon
[finámənὰn]

n. 현상 (pl. phenomena)

Earthquake is a natural phenomenon.
지진은 자연 현상의 하나이다.

□ **eventually**
[ivéntʃuəli]

ad. 결국, 드디어 (syn. finally)

Eventually, some animals may die out.
결국 어떤 동물들은 멸종될지도 모른다.

□ **automatic**
[ɔ́:təmǽtik]

a. 자동의

The Korean subways have automatic doors, but the French subways doesn't.
한국의 지하철은 자동문이 있지만, 프랑스는 그렇지 않다.

□ **tremble**
[trémbl]

v. 떨리다, 벌벌 떨다 (syn. shake)

Her lips were trembling with cold.
그녀의 입술이 추위로 떨리고 있었다.
[trembled-trembled-trembling]

□ **cloning**
[klóuniŋ]

n. 복제, 클로닝

Most politicians are against human cloning.
대부분의 정치가들은 인간 복제에 반대하고 있다.

□ **accomplish**
[əkámpliʃ]

v. 이루다, 성취하다

If you try hard, you can accomplish your goal someday.
노력한다면 언젠가는 네 목표를 이룰 수 있을 것이다.
[accomplished-accomplished-accomplishing]
■ accomplishment[əkámpliʃmənt] n. 업적, 성취
The scientist was famous for a lot of accomplishments.
그 과학자는 많은 업적으로 유명하다.

□ **tuck**
[tʌk]

v. 쑤셔 넣다, 밀어 넣다

The student tucked trash behind the lockers.
그 학생은 쓰레기를 사물함 뒤에 쑤셔 넣었다.
[tucked-tucked-tucking]

□ **identification**
[aidèntəfikéiʃən]

n. 신분증, 신원 확인

You need to bring your identification to register.

등록하기 위해서는 신분증을 가져올 필요가 있습니다.

[identified-identified-identifying]

■ identify[aidéntəfài] v. 확인하다, 증명하다

She identified the man as her attacker.

그녀는 그 남자가 자신을 공격한 사람임을 확인했다.

□ **passage**
[pǽsidʒ]

n. 구절, 통행, 통과

What is the topic of the passage?

이 구절의 주제는 무엇입니까?

□ **external**
[ikstə́:rnl]

a. 외부의, 외면의

The windows were broken completely by some external power.

유리창들은 어떤 외부의 힘에 의해 완전히 깨졌다.

□ **internal**
[intə́:rnl]

a. 내부의, 내면의

The building has an internal heating and cooling system.

그 건물은 내부 온방과 냉방 시스템을 갖고 있다.

□ **wander**
[wɑ́ndər]

v. (정처 없이) 돌아다니다, 헤매다

They wandered in the downtown after the exam.

그들은 시험이 끝난 후 시내를 돌아다녔다.

[wandered-wandered-wandering]

□ **vet**
[vet]

n. 수의사 (veterinarian)

My dog is sick. Can you recommend a good vet?

내 개가 아파. 좋은 수의사 좀 추천해 줄래?

reveal
[riví:l]

v. 폭로하다, 드러내다

He revealed his boss's crime.
그는 자신의 상사의 범죄를 폭로했다.
[revealed–revealed–revealing]

hate
[heit]

v. 싫어하다, 미워하다 (syn. dislike) (opp. like)

I hate rainy days.
나는 비오는 날이 싫다.
[hated–hated– 없음]

homework
[hóumwə̀:rk]

n. 숙제, 예습, 복습

I should go home early to finish my homework.
나는 숙제를 끝마치기 위해 일찍 집에 가야 해.

picture
[píktʃər]

n. 사진 (syn. photo), 그림

I have a family picture in my wallet.
나는 지갑 안에 가족사진을 갖고 있다.

right
[rait]

a. 옳은, 알맞은 (opp. wrong)

My answer to the question is right.
이 문제에 대한 내 답은 옳다.

leg
[leg]

n. 다리

My brother kicked my leg angrily.
형은 화가 나서 내 다리를 걷어찼다.

☐ **so**
[sou]

conj. 그래서, 그러므로   **ad.** 그와 같이, 그처럼

He is a good student, so I like him.
그는 좋은 학생이다. 그래서 나는 그를 좋아한다.

A : I think the subway is clean.
지하철이 깨끗해.
B : I think so.
나도 그렇게 생각해.

☐ **town**
[taun]

n. 소도시, 읍

My grandparents are living in the town near Incheon.
우리 조부모님은 인천 근처의 소도시에 살고 계십니다.

☐ **north**
[nɔːrθ]

n. 북쪽   **ad.** 북쪽에, 북쪽으로

The end of the compass always points at the north.
나침반의 끝은 언제나 북쪽을 가리킨다.
I'll not travel north.
나는 북쪽으로 여행하지 않을 것이다.

☐ **order**
[ɔ́ːrdər]

n. 주문   **v.** 명령하다, 지시하다

A : Can I take your order?
주문 받을까요?
B : I'd like a hamburger and coke.
나는 햄버거와 콜라를 먹고 싶어요.

The doctor ordered me to rest.
그 의사는 내게 휴식을 취하라고 지시했다.
[ordered–ordered– ordering]

laugh
[læf]

v. 웃다, 재미있어 하다

I laugh a lot every time I read this comic book.

나는 이 만화책을 읽을 때마다 많이 웃는다.

[laughed-laughed-laughing]

■laugh at   ~을 듣고(보고) 웃다

The girl laughed at the boy's mistake.

그 소녀는 그 소년의 실수를 보고 웃었다.

join
[dʒɔin]

v. 참가하다, 가입하다

She wants to join the tennis club.

그녀는 테니스 클럽에 가입하고 싶어한다.

[joined - joined - joining]

drugstore
[drʌgstɔ́ːr]

n. 약국

Are there any drugstores around here?

근처에 약국이 있나요?

win
[win]

v. 이기다, 상을 타다 (opp. lose)

The Korean team won the game.

한국팀이 경기에서 이겼다.

The class president won first prize in the math contest.

반장이 수학 대회에서 1등을 했다.

[won-won- winning]

glove
[glʌv]

n. 장갑

I lost my gloves at school.

나는 학교에서 지갑을 잃어버렸다.

fan
[fæn]

n. 선풍기, 부채

It is too hot in the room. Why don't you turn on the fan?

방 안이 너무 덥다. 선풍기를 트는 게 어때?

kick
[kik]

v. 차다

The boys are running and kicking the ball.
그 소년들은 달리고 공을 차고 있다.
[kicked –kicked– kicking]

taste
[teist]

n. 맛, 취미　**v.** 맛이 나다

The medicine has a bitter taste.
그 약은 쓴 맛을 가지고 있다.
He has a taste for music.
그는 음악에 취미를 가지고 있다.
A good medicine tastes bitter.
(속담) 좋은 약은
[tasted –tasted– tasting]

each
[iːtʃ]

a. 각각의　**ad.** 각각

Each student is given one locker.
각각의 학생에게는 사물함이 1개씩 주어진다.

knee
[niː]

n. 무릎

I got hurt my knees when I fell.
나는 넘어졌을 때 무릎을 다쳤다.

tip
[tip]

n. 팁, 봉사료

How much tip should I give the waiter?
웨이터에게 팁을 얼마나 주어야 합니까?

surprising
[sərpráiziŋ]

a. 깜짝 놀랄만한

It is surprising that he passed the difficult
exam.　그가 그 어려운 시험을 합격한 것은 놀랍다.

thigh
[θai]

n. 허벅지

The soccer player has very strong thighs.
그 축구선수는 매우 튼튼한 허벅지를 가지고 있다.

dangerous
[déindʒərəs]

a. 위험한 (opp. safe)

A little knowledge is dangerous.
(속담) 어설픈 지식은 위험하다. (선무당이 사람 잡는다.)

■ danger[deindʒər]   n. 위험 (opp. safety)

He is in danger now.
그는 지금 위험에 처해 있다.

gain
[gein]

v. 얻다, 획득하다 (opp. lose)

He gained honor through the contest.
그는 대회를 통해 명성을 얻었다.

[gained – gained – gaining]

bargain
[bá:rgən]

n. 특가품, 싼 물건

There are lots of bargains that you may like.
네가 좋아할 만한 특가품이 많이 있다.

■ at a bargain   싸게

I'm going to sell these old story books at a bargain.
나는 이 낡은 이야기책을 싸게 팔려고 해.

ever
[évər]

ad. (긍정문)언제나, (의문문, 부정문)언제인가

He is ever late for school.
그는 언제나 학교에 늦는다.
Have you ever been abroad?
외국에 언제인가 다녀온 적 있니?

applaud
[əplɔ́:d]

v. 박수치다

All the students in the hall applauded her.
강당 안의 모든 학생들이 그녀에게 박수를 쳤다.

[applauded–applauded–applauding]

plate
[pleit]

n. 접시

She put a pile of plates on the table.
그녀는 접시더미를 식탁 위에 올려놓았다.

share
[ʃɛər]

v. 함께 나누다　**n.** 몫

When I didn't bring my lunch, he shared his lunch with me.
내가 점심을 가져오지 않았을 때, 그는 그의 점심을 나와 함께 나누어 먹었다.
The money is my fair share.
그 돈은 내 정당한 몫이다.
[shared-shared- sharing]

ruler
[rú:ler]

n. 자, 통치자

Can I borrow your ruler?
자 좀 빌려줄 수 있어?

pea
[pi:]

n. 완두콩

She always add some peas when she cooks rice.
그녀는 밥을 지을 때면 언제나 완두콩을 넣는다.

rope
[roup]

n. 밧줄

She tied the boat with a rope.
그녀는 밧줄로 배를 매어 두었다.

rule
[ru:l]

n. 규칙, 법칙　**v.** 통치하다

It is against the rule to drink coffee in the library.
도서관에서 커피를 마시는 것은 규칙에 어긋납니다.
[ruled – ruled – ruling]

adjust
[ədʒʌ́st]

v. 조절하다, 적응시키다

I adjusted the temperature of the room with that dial.
나는 저 다이얼로 방의 온도를 조절했다.
[adjusted – adjusted – adjusting]

strong
[strɔːŋ]

a. 강한, 튼튼한 (opp. weak)

He is very strong and can move the rock easily.
그는 매우 강해서 그 바위을 쉽게 옮길 수 있다.

deeply
[díːpli]

ad. 깊이, 몹시, 진심으로

The dog dug the ground deeply.
그 개는 땅을 깊이 팠다.

avoid
[əvɔ́id]

v. 피하다, 회피하다

I'd like to avoid crowded places.
나는 사람 많은 장소는 피하고 싶다.
[avoided-avoided- avoiding]

artificial
[aːrtəfíʃəl]

a. 인조의, 인공적인

I don't want play soccer on artificial turf.
나는 인조 잔디 위에서 축구를 하고 싶지 않아.

steep
[stiːp]

a. 가파른

He went up the steep stairs.
그는 가파른 계단을 올랐다.

global
[glóubəl]

a. 전 세계의, 세계적인

The movie is now watched by global viewers.
그 영화는 현재 전 세계의 관객들에게 보여 지고 있다.
■globe[gloub]　n. 지구, 구체
All around the globe, the song will be sung.
지구 전체에 그 노래가 불려질 것이다.

immediately
[imí:diətli]

ad. 당장, 즉시

You have to tell the teacher about it immediately.
너는 당장 선생님에게 그것에 대해 말해야만 한다.
■immediate[imí:diit]   a. 당장의, 즉시의
They gave me an immediate answer to the question.
그들은 그 질문에 관해 즉시 답을 주었다.

part-time
[pá:rt-tàim]

a. 시간제 노동의, 아르바이트의

He works at the school as a part-time teacher.
그는 시간제 교사로서 그 학교에서 일합니다.

fellow
[félou]

n. 사나이, 녀석

He is a nice fellow.
그는 멋진 사나이다.

thermometer
[θərmámitər]

n. 온도계, 체온계

The thermometer stood at minus 17 degrees.
온도계는 영하 17도를 가리키고 있었다.

balance
[bǽləns]

n. 균형, 평형, 통장 잔고

She lost her balance and fell from the beam.
그녀는 균형을 잃고 평균대에서 떨어졌다.

equation
[iːkwéiʒən]

n. 방정식

I like solving equations.
나는 방정식을 푸는 것을 좋아한다.

heal
[hiːl]

v. 치유하다, 치료하다

Some kind of music can heal our mind.
어떤 종류의 음악은 우리의 마음을 치유 할 수 있다.
[healed-healed-healing]

fault
[fɔːlt]

n. 결점, 잘못

My homeroom teacher always finds
my faults.
우리 담임 선생님은 언제나 나의 결점만 찾아내신다.

object
[ábdʒikt]

n. 목적, 목적어, 물건, 물체 (syn. purpose, aim)

A lot of youths have no object of life.
많은 젊은이들이 인생에 목적을 가지고 있지 않아.

steam
[stiːm]

n. 증기, 김

I couldn't see outside through the
window because of the steam.
나는 김 때문에 창문을 통해 밖을 볼 수 없었다.

argue
[áːrgjuː]

v. 주장하다, 논쟁하다

My father always argues that to study
is students' responsibility.
우리 아버지께서는 언제나 공부하는 것은 학생의 의
무라고 주장하신다.
[argued-argued-arguing]
■ argument [áːrgjumənt]　n. 말다툼, 논쟁
I had an argument with my friend.
나는 친구와 말다툼을 했다.

beware
[biwέər]

n. 조심하다, 경계하다

The sign says, "Beware of the fall of rocks."
표지판에는 "낙석을 조심하시오"라고 적혀 있다.
[bewared-bewared-bewaring]

adolescence
[ǽdəlésns]

n. 사춘기

During the adolescence, teenagers become more interested in the opposite sex.
사춘기동안 청소년들은 이성에 더욱 관심이 생기게 된다.

originally
[ərídʒənəli]

ad. 원래, 처음에는

Peppers are originally from South America.
고추는 원래 남아프리카에서 왔다.

republic
[ripʌ́blik]

n. 공화국

Korea is a republic.
한국은 공화국이다.

instant
[ínstənt]

a. 인스턴트의, 즉석의

Don't eat instant food too often.
인스턴트 음식을 너무 자주 먹지 마라.

script
[skript]

n. 대본, 각본

He was so nervous that he couldn't take his eyes off the script.
그는 너무 긴장해서 대본에서 눈을 뗄 수 없었다.

temporary
[témpərèri]

a. 임시의, 일시적인

The temporary worker made a big mistake.
임시 고용인이 큰 실수를 저질렀다.

receive
[risí:v]

v. 받다

Did you receive the letter from the homeroom teacher?
담임선생님으로부터 편지 받았니?
[received-received-receiving]

■ receipt[risi:t]　n. 영수증

You need the receipt to get a refund.
환불을 하시려면 영수증이 필요합니다.

belong
[bilɔ́:ŋ]

v. ~에 속하다, ~의 소유물이다

I belong to the English newspaper club.
나는 영자 신문 클럽에 소속되어 있다.
[belonged-belonged-belonging]

■ belonging[bilɔ́:ŋiŋ]　n. 소지품, 소유물

Put your belongings into your personal locker.
소지품을 모두 사물함에 넣어 두세요.

polite
[pəláit]

a. 예의 바른, 공손한 (opp. impolite)

Most passengers are polite, but some are rude.
대부분의 승객들은 예의 바르지만, 몇몇은 무례합니다.

■ politeness[pəláitnis]　n. 공손함

He praised her politeness.
그는 그녀의 공손함을 칭찬했다.

disappointment
[disəpɔ́intmənt]

n. 실망

The concert was a disappointment.
그 콘서트는 실망 그 자체였다.

discourage
[diskə́:ridʒ]

v. ~의 용기를 잃게 하다, 낙담시키다

The news discouraged students to study hard.
그 소식은 학생들로 하여금 공부할 용기를 잃게 했다.
[discouraged-discouraged-discouraging]

forehead
[fɔ́:rid]

n. 이마

She has a scar on her forehead.
그녀는 이마에 흉터가 있다.

entire
[intáiər]

a. 전체의 (syn. whole), 완전한

The entire students cannot enter the gym.　학생 전원이 체육관에 들어갈 수는 없다.
- entirely[intáiərli]　ad. 완전히, 아주

I admit it was entirely my fault.
나는 그것이 완전히 내 실수였음을 인정한다.

confirm
[kənfə́:rm]

v. 확인하다, (결심을) 굳게 하다

I'd like to confirm my reservation for a flight to New York next week.
다음 주 뉴욕으로 가는 비행편의 예약을 확인하고 싶습니다.
[confirmed-confirmed-confirming]
- confirmation[kànfərméiʃən]　n. 확인, 확정

Can you tell me the confirmation number of your reservation?
예약 확인 번호를 말씀해 주시겠어요?

feature
[fíːtʃər]

The best feature of the school is the modern and convenient dormitory.
그 학교의 가장 좋은 특징은 현대적이고 편리한 기숙사이다.

abrupt
[əbrʌ́pt]

She was embarrassed at the abrupt question.
그녀는 갑작스러운 질문에 당황했다.

technology
[teknálədʒi]

Young people depend on modern technology too much.
젊은 사람들은 현대 과학 기술에 너무 많이 의존한다.

moderate
[mádərət]

You should be moderate in eating and drinking.
먹고 마시는 데 절제가 있어야만 한다.

numerous
[njúːmərəs]

There are numerous stars in space.
우주에는 수많은 별들이 있다.

bulletin
[búlətin]

The teacher put the list on the bulletin board.
선생님께서는 명단을 게시판에 붙이셨다.